Kohlhammer

Brennpunkt Schule

Herausgegeben von Fred Berger, Doris Lindner, Wilfried Schubarth, Sebastian Wachs und Alexander Wettstein

Die Autorin

Dr. Petra Siwek-Marcon ist Lehrende der Bildungswissenschaft und wissenschaftliche Geschäftsführerin der School of Education an der Paris Lodron Universität in Salzburg sowie klinische und Gesundheitspsychologin.

Petra Siwek-Marcon

Psychische Störungen in Schule und Unterricht

Verstehen – erkennen – vorbeugen

Verlag W. Kohlhammer

Dieses Werk einschließlich aller seiner Teile ist urheberrechtlich geschützt. Jede Verwendung außerhalb der engen Grenzen des Urheberrechts ist ohne Zustimmung des Verlags unzulässig und strafbar. Das gilt insbesondere für Vervielfältigungen, Übersetzungen, Mikroverfilmungen und für die Einspeicherung und Verarbeitung in elektronischen Systemen.

Die Wiedergabe von Warenbezeichnungen, Handelsnamen und sonstigen Kennzeichen in diesem Buch berechtigt nicht zu der Annahme, dass diese von jedermann frei benutzt werden dürfen. Vielmehr kann es sich auch dann um eingetragene Warenzeichen oder sonstige geschützte Kennzeichen handeln, wenn sie nicht eigens als solche gekennzeichnet sind.

Es konnten nicht alle Rechtsinhaber von Abbildungen ermittelt werden. Sollte dem Verlag gegenüber der Nachweis der Rechtsinhaberschaft geführt werden, wird das branchenübliche Honorar nachträglich gezahlt.

Dieses Werk enthält Hinweise/Links zu externen Websites Dritter, auf deren Inhalt der Verlag keinen Einfluss hat und die der Haftung der jeweiligen Seitenanbieter oder -betreiber unterliegen. Zum Zeitpunkt der Verlinkung wurden die externen Websites auf mögliche Rechtsverstöße überprüft und dabei keine Rechtsverletzung festgestellt. Ohne konkrete Hinweise auf eine solche Rechtsverletzung ist eine permanente inhaltliche Kontrolle der verlinkten Seiten nicht zumutbar. Sollten jedoch Rechtsverletzungen bekannt werden, werden die betroffenen externen Links soweit möglich unverzüglich entfernt.

1. Auflage 2026

Alle Rechte vorbehalten
© W. Kohlhammer GmbH, Stuttgart
Gesamtherstellung: W. Kohlhammer GmbH, Heßbrühlstr. 69, 70565 Stuttgart
produktsicherheit@kohlhammer.de

Print:
ISBN 978-3-17-043621-3

E-Book-Formate:
pdf: ISBN 978-3-17-043622-0
epub: ISBN 978-3-17-043623-7

Inhaltsverzeichnis

1	**Ziele und Anliegen des Bandes**	7
2	**Psychische Gesundheit von Kindern und Jugendlichen vor, während und nach Covid-19, oder: War früher alles besser?**	11
3	**Schulrelevante psychische Störungen verstehen**	17
3.1	Was ist (k)eine psychische Störung? Definition und einige Begriffsklärungen	17
3.2	Wie entsteht (k)eine psychische Störung? Ein Überblick über relevante Einfluss-, Risiko- und Schutzfaktoren	19
	Stress und seine Bedeutung	19
	Wenn die Welt auf dem Kopf steht: Entwicklungsaufgaben und kritische Lebensereignisse	24
	Das bio-psycho-soziale Modell von Krankheit und Gesundheit	28
	Die Rolle frühkindlicher Bindungserfahrungen	47
	Das Jugendalter – eine vulnerable Phase	58
	Das Vulnerabilitäts-Stress-Modell	62
4	**Schulrelevante psychische Störungen erkennen**	66
4.1	Vorbemerkungen	66
4.2	Funktion und Nutzen von Klassifikationssystemen für psychische Störungen	68

| 4.3 | Die häufigsten psychischen Auffälligkeiten in der Schule | 70 |

Depressivität		70
Schulrelevante Angststörungen		93
Posttraumatischer Formenkreis		116
Störungen des Körperbildes		127
Nicht stoffgebundene Süchte		142
Selbstverletzendes Verhalten und Suizidalität		153
Störungsübergreifende konstruktive Gesprächsführung		159

5 Schulrelevanten psychischen Störungen vorbeugen 168

| 5.1 | Möglichkeiten, Verantwortung und Grenzen der Schule: »Back to Basics« | 168 |
| 5.2 | Psychische Gesundheit in der Schule stärken | 172 |

Self care! Oder: Das eigene Wohlbefinden kennenlernen 173
Das positive (Selbst-)Bild und der Weg dorthin 179
Ressourcen sehen und ausbauen 184
Wege aus der Krise 198
Soziales Miteinander und Gruppenkohäsion 203

6 Zusammenfassung und Ausblick 211

Literatur 215

1 Ziele und Anliegen des Bandes

Schule kann nicht beeinflussen, wie ihre Mitglieder – Schüler:innen, Lehrpersonen oder andere Professionist:innen – in sie eintreten: aus unterschiedlichen persönlichen und Bildungsbiografien, Absichten und Motivationen, Lebensplänen, sozialen Schichten und Lebensumständen. Doch kann Schule sehr wohl mitgestalten, wie die Mitglieder ihre Zeit dort erleben und wie sie sie wieder verlassen – von gestärkt bis gebrochen ist alles möglich, und wir alle kennen Beispiele der Varianten.

Diese Gestaltungsmacht der Schule ist auch in Hinblick auf psychische Gesundheit nicht zu unterschätzen, verbringen ihre Mitglieder doch einen Großteil ihrer aktuellen Lebenszeit und – im Falle der Schüler:innen der Sekundarstufe – besonders prägende Jahre dort, in denen aus Kindern junge Erwachsene werden. Nicht zufällig haben die meisten psychischen Störungen in diesen »wilden Jahren« des Umbruchs ihren Ursprung, in denen die körperlichen und neuronalen Veränderungen der Pubertät mit vielen weiteren Herausforderungen einhergehen. Dazu gehören nicht nur besondere persönliche Lebensumstände und Krisen, sondern auch die Identitätsfindung in einer sich ständig ändernden Welt, in der nichts (mehr) vorhersagbar und verlässlich erscheint, die Gestaltung sozialer Beziehungen on- und offline, die Bewältigung schulischer und privater Leistungsanforderungen und eines Alltags, der oft von Selbstinszenierung und Selbstoptimierung geprägt ist. Für jede noch so gestandene Persönlichkeit stellen diese Entwicklungsaufgaben eine große Herausforderung dar.

Wenn Sie dieses Buch in Händen halten, weil Sie sich für psychische Belastungen in der Schule interessieren und sich mit der Thematik auseinandersetzen möchten, bringen Sie bereits die besten und wichtigsten Voraussetzungen für den kompetenten Umgang damit und für die Unterstützung betroffener Schüler:innen und Kolleg:innen mit. Nämlich die Anerkennung, dass:

- In der Schule sehr viel mehr passiert als Unterricht, Lehrplanumsetzung, Administration und Leistungsfeststellung.
- Belastungen aller Art – aber auch viele Ressourcen! – in der Schule allgegenwärtig sind.
- Schule zur Entstehung und Aufrechterhaltung, aber auch zur Prävention und zur Unterstützung bei psychischen Belastungen wesentlich beiträgt.

Psychische Gesundheit ist dabei ein Thema, das uns in der Schule allein aufgrund ihrer Intensität und Dauer in wesentlichen Lebensphasen ihrer Mitglieder ständig begegnet und immer noch relevanter wird (warum dies so ist, ist u. a. Thema des ersten Kapitels) (▶ Kap. 1). Über die häufigsten Störungsbilder und Problembereiche Bescheid zu wissen, ihre Entstehung zu verstehen und zu wissen, wie Betroffene kompetent und – auch mit den immer zu knappen Ressourcen in der Schule – konstruktiv unterstützt werden können, gibt also nicht nur wichtiges Handlungswissen, sondern trägt auch zur eigenen Gesunderhaltung in- und außerhalb des Schulumfelds bei.

Dementsprechend möchte dieses Buch Sie dabei unterstützen, Schule und Unterricht als einen Raum zu gestalten, der die psychische Gesundheit und Gesundheitsförderung aller ihrer Mitglieder im Blick hat, ja, sie sich vielleicht sogar zur Aufgabe macht.

In einem einleitenden Kapitel (▶ Kap. 2) wird dazu ein Überblick über den Status Quo von psychischen Belastungen und psychischer Gesundheit von Kindern und Jugendlichen gegeben. Dabei wird schwerpunktmäßig auf Effekte von Smartphones und Social Media im Zusammenspiel mit der Covid-19 Pandemie und deren Auswirkungen auf die heutigen Jugendlichen der Sekundarstufe eingegangen. Die Pandemie und ihre Begleiterscheinungen haben bei der Gesamtbevölkerung, insbesondere aber bei Jugendlichen Angst und Unsicherheit ausgelöst, bestehende psychische Probleme verstärkt und neue Belastungsreaktionen hervorgerufen (vgl. Brakemaier et al., 2020). Darüber hinaus zeigt die Forschung, dass der Konsum sozialer Medien, der seit 2015 deutlich angestiegen ist und durch die Pandemie nochmals an Bedeutung gewonnen hat, in deutlichem Zusammenhang mit der Belastung von Kindern und Jugendlichen steht (vgl. Haidt, 2024; JIM-Studie, 2022). Die heute spürbaren Auswirkungen daraus analysiert dieses Kapitel im Rahmen einer Aufarbeitung des aktuellen Forschungsstandes.

Das Folgekapitel (▶ Kap. 3) hat das Anliegen, die Entstehungsbedingungen psychischer Störungen verständlich zu vermitteln, um einerseits die Vielgestaltigkeit der Einflussfaktoren und deren Interaktion zu erfassen, andererseits ein Verständnis für die oft so unterschiedlichen individuellen Verläufe psychischer Belastungen und das Erleben der Betroffenen zu entwickeln. Das Kapitel fährt fort mit einer Analyse der entwicklungspsychologischen Faktoren des Jugendalters, die darlegt, warum sich psychische Störungen im Alter zwischen 10 und 18 so besonders oft zum ersten Mal zeigen bzw. bevorzugt in dieser Altersspanne entstehen und warum sich eine Störung des psychischen Gleichgewichts gerade zu einem bestimmten Zeitpunkt und nicht »wann anders« manifestiert. Außerdem werden spezifische Schutzfaktoren und Ressourcen geschildert, die u. a. auch im schulischen Umfeld genutzt werden können, um ungünstige Verläufe zu beeinflussen und Stressoren abzumindern.

Kapitel 4 (▶ Kap. 4) möchte grundlegendes diagnostisches Wissen zu den häufigsten psychischen Auffälligkeiten, die uns im schulischen Umfeld begegnen, vermitteln. Der Fokus liegt dabei auf internalisierenden Störungen, also auf depressiven Störungen und verschiedenen Ängsten, auf Folgen von Traumatisierungen, auf Störungen des Körperbildes, Verhaltenssüchten wie pathologischem Gaming und verschiedenen Formen selbstverletzenden Verhaltens. Sinn und Funktion wissenschaftlicher Klassifikationssysteme werden diskutiert, die Symptome der jeweiligen Störungsbilder werden vorgestellt und mit den Entstehungsbedingungen aus dem Vorkapitel verknüpft. Das Ziel ist hier nicht, Diagnosen stellen zu können, sondern interessierte Lehrpersonen mit geschärften Kompetenzen zum Erkennen von Warnsignalen (ohne »Alarmismus«) und mit einem noch tieferen Verständnis für die Erlebenswelt ihrer Schüler:innen und anderer betroffenen Personen auszustatten. Auch das Ansprechen potenziell »schwieriger« und belastender Themen und die kompetente Gesprächsführung mit Betroffenen, Angehörigen und Mitschüler:innen wird in diesem Kapitel behandelt, ebenso wie Ansatzpunkte zur störungsspezifischen Prävention.

Kapitel 5 (▶ Kap. 5) widmet sich den Möglichkeiten zur allgemeinen Prävention und Förderung der psychischen Gesundheit im schulischen Umfeld. Während – erfreulicherweise – zu nahezu jedem schulrelevanten Störungs- und Problembereich mittlerweile erprobte, forschungsbasierte Programme existieren (im Überblick Lohaus & Domsch, 2009), deren Einzeldarstellung den Rahmen dieses Buches sprengen würde, fokussiert sich dieses Kapitel auf Methoden und Möglichkeiten zur Stärkung persönlicher Ressourcen und Resilienz, die einfach in den Unterricht integriert werden können. Sie sprechen eine Breite von Selbstkompetenzen bei den Schüler:innen an, die sich auf alle der genannten Belastungen positiv auswirken.

Auf diese Weise möchte das Buch interessierten Kolleg:innen Sicherheit und Handlungskompetenz im Umgang mit psychischen Herausforderungen vermitteln. Darüber hinaus möchte es eine Handreichung sein, die dabei unterstützt, mit Zuversicht, Selbstvertrauen und mehr Leichtigkeit in den Schulalltag und in den Umgang mit psychischen Belastungen gehen zu können.

Dazu gehören auch die eigenen Belastungen, die, wie von der Forschung immer wieder herausgestellt, im Lehrberuf beträchtlich und allgegenwärtig sind (vgl. Gärtner, 2016). Auch wenn der Fokus der Ausführungen in diesem Buch auf der psychischen Gesundheit der Schüler:innen – und hier insbesondere auf der Sekundarstufe – liegt, finden sich daher in jedem Kapitel Hinweise auf die Bedeutung der Inhalte für die Gesundheit von Lehrer:innen und anderen im Schulumfeld tätigen Professionist:innen – denn für eine wirklich »gesunde« Schule bedarf es Maßnahmen für das psychische Wohlbefinden aller Schulmitglieder gleichermaßen.

2 Psychische Gesundheit von Kindern und Jugendlichen vor, während und nach Covid-19, oder: War früher alles besser?

Wenn heute von der psychischen Gesundheit von Kindern und Jugendlichen die Rede ist, kommt niemand an der Covid-19 Pandemie vorbei, in deren Verlauf alarmierende Zahlen psychischer Belastungen bei Kindern und Jugendlichen evident wurden. Häufig ist zu lesen, die Auswirkungen auf die individuelle Belastbarkeit, die schulische Leistungsfähigkeit und weitere personale Entwicklungsfaktoren jener, die zwischen 2019 und 2022 in die Schule gingen, seien nach wie vor stark spürbar und wirksam (»Generation Corona«).

Es soll daher einleitend kurz der Frage nachgegangen werden, wie sich Auftreten und Häufigkeit psychischer Belastungen im Verlauf der letzten Jahre verändert haben und ob die Raten vor der Pandemie tatsächlich niedriger waren, als sie heute sind.

Die Antwort der Forschung auf diese Frage lautet: jein; denn bereits vor Covid-19 waren die Belastungszahlen sehr hoch. So fand etwa eine bekannte, repräsentative Längsschnittbefragung aus dem deutschsprachigen Raum (BELLA-Studie; Klasen et al., 2017; Otto et al., 2021), dass rund 17 % (!) aller Kinder und Jugendlichen zwischen 7 und 17 Jahren schon vor der Covid-Zeit klinisch bedeutsame psychische Belastungen aufwiesen. Dabei bestanden laut Angabe der Eltern bei 11 % der Kinder und Jugendlichen klinisch bedeutsame Anzeichen für eine Depression, bei 10 % für eine Angststörung und bei 5 % für eine hyperkinetische Störung (ADS/ADHS). Die befragten Kinder und Jugendlichen selbst berichteten noch höhere Raten (16 % Hinweise auf eine Depression, 15 % auf eine Angststörung; Klasen et al., 2017, nach Heinrichs & Lohaus, 2020)[1]. Eine psychische Belastung im Kindes- und Jugendalter erhöhte die Wahrscheinlichkeit, auch im Erwachsenenalter an einer Störung zu leiden, signifikant (Otto et al., 2021). Dabei erfuhr etwa jedes vierte Kind mit einer diagnostizierten psychischen Störung keine Behandlung, was auch Befunden aus dem internationalen Raum entspricht (Otto et al., 2021).

Weitere internationale Studien zeichnen ein ähnliches Bild und attestierten schon vor der Pandemie besorgniserregende Raten psychischer Belastungen bei Kindern und Jugendlichen (vgl. zusammenfassend Otto et al., 2021; Heinrichs & Lohaus, 2020): jedes siebte Kind und jede/r Jugendliche nahm sich als deutlich psychisch belastet wahr und internalisierende Störungen spielten schon damals eine Hauptrolle.

Dann kam die Covid-19 Pandemie und mit ihr eine Vielzahl von Belastungen für uns alle, besonders aber für Kinder und Jugendliche. Die wahrgenommene Unkontrollierbarkeit der Gesamt- und der eigenen Lebenssituation, die erlebte Isolation und Entfremdung, ausgelöst u. a. durch Ausgangs- und Kontaktbeschränkungen, ständige Veränderung des schulischen Umfelds (z. B. Distance Learning), Quarantäneregelungen oder Masken- und Testpflicht haben laut Forschung bei der Gesamtbevölkerung, insbesondere aber bei Jugendlichen bestehende psychische Probleme verstärkt und neue Belastungsreaktionen ausgelöst (vgl. Brakemaier et al., 2020). Nach einer kurzen »Schockstarre« zu Beginn des pandemischen Geschehens in den westlichen Ländern war eine starke Zunahme an wissenschaftlichen Studien feststellbar, die auf die Gesundheit von Kindern und Jugendlichen fokussierten. Dabei erhoben viele davon Querschnittsdaten, d. h. sie zeigten durch einen einmaligen Befra-

---

1 Wie Heinrichs und Lohaus (2020) zusammenfassen, ist es häufig so, dass Eltern internalisierende Auffälligkeiten ihrer Kinder (d. h. »nach innen« gerichtete Probleme wie Ängste) als niedriger einschätzen als die Kinder selbst, weil sie solche Belastungen weniger wahrnehmen als Lern- und Aufmerksamkeitsstörungen oder externalisierende (»nach außen« gerichtete) Probleme wie Aggressivität.

gungszeitpunkt eine Momentaufnahme von Belastungs- und Ressourcenerleben. Solche Studien fanden während der Pandemie Prävalenzraten von um die 50 % (!) von Kindern und Jugendlichen zwischen 10 und 18 Jahren, die eine klinisch relevante Symptomatik einer oder mehreren psychischen Belastungen aufwiesen (vgl. etwa Pieh et al., 2021; Rabanek, 2022; Ravens-Sieberer et al., 2021; Schabus & Eigl, 2021). Dabei wurden Depressivität und verschiedene Angststörungen am häufigsten berichtet, doch auch Essstörungen und Symptome wie selbstverletzendes Verhalten, posttraumatische Belastungssymptomatik, Konzentrations- und Schlafstörungen sowie insgesamt deutlich erhöhtes Stresserleben und signifikant beeinträchtigtes Wohlbefinden gehörten in der Pandemiezeit zur Erlebenswelt etwa jedes/r zweiten Schüler:in.

Mehrere Forscher:innen gingen seitdem in groß angelegten Studien der Frage nach, wie belastbar diese doch sehr erschreckenden Querschnittsergebnisse sind, und wie sich die Prävalenzraten im Vergleich zu den Zeiträumen vor und nach der Pandemie entwickelt haben (vgl. z. B. Liu et al., 2024 oder Madigan et al., 2023). In diesen Analysen zeigte sich, dass insbesondere Depressions- und Angstsymptome bei Kindern und Jugendlichen über die letzten zehn Jahre insgesamt signifikant gestiegen sind und hier vor allem Mädchen/junge Frauen aus der sozialen Mittel- und Oberschicht in westlichen Ländern (allen voran aus den USA und Europa) betroffen sind. Jungen scheinen zwar über die Studien hinweg im Vergleich etwas weniger durch affektive Störungen, Ängste und Essstörungen belastet als Mädchen, zeigen aber deutlich mehr externalisierende Störungen (Heinrichs & Lohaus, 2020) und problematisches Verhalten wie Computerspielsucht (WHO, 2024).

Insgesamt haben sich Prävalenzzahlen psychischer Störungen bei Kindern und Jugendlichen nach Abklingen der extremen »Belastungs-Hochs« der Coronazeit augenscheinlich in etwa auf vor-pandemischem Niveau wiedergefunden; dieses ist mit 15–20 % aber dennoch erschreckend hoch und bedeutet nicht nur für die Betroffenen, sondern auch gesamtgesellschaftlich und für Gesundheits- und Schulsysteme eine große Belastung (vgl. auch Brakemaier et al.,

2020; Otto et al., 2021). Es zeichnet sich in diesen internationalen Studien außerdem ab, dass die Tendenz für psychische Belastungen im Jugendalter weiterhin steigend ist (vgl. zusammenfassend Madigan et al., 2023; WHO, 2024). Wie kann dieser Anstieg erklärt werden?

Wie Haidt (2024) in seinem viel beachteten Buch »The anxious generation« herausstellt, mag er – neben den Nachwirkungen der Pandemie – vor allem in der problematischen Nutzung von Technologie wie Smartphones und Co. durch Jugendliche, insbesondere in Form von Einfluss aus den sozialen Medien, begründet liegen. Haidt, ein Gesundheits- und Sozialpsychologe aus den USA, zeigt eindrucksvoll, wie statistische sprunghafte Anstiege psychischer Belastungen bei Jugendlichen im amerikanischen, aber auch im internationalen Raum, vor allem von Angststörungen, Depressionen und Suizidalität, mit technologischen Neuerungen wie der Einführung von Front-Facing Kameras auf Smartphones (2015) und der entsprechenden Aktivität von Kindern und Jugendlichen in sozialen Netzwerken zusammenhängen. Insbesondere die Nutzung von Social Media Plattformen wie Instagram und TikTok, bei denen Selbstdarstellung und Manipulation große Bedeutung haben, aber auch die hohen Nutzungsdaten von Pornografie und anderen höchst problematischen Inhalten im Internet durch Kinder und Jugendliche werden mit starken negativen Auswirkungen auf die psychische Gesundheit assoziiert. Haidt betont, dass diese Entwicklung an die Entwicklung von Technologien geknüpft ist, die für die psychische Gesundheit Jugendlicher noch desaströseren (und auch langfristigeren) Einfluss haben als vergleichsweise begrenztere Belastungen wie die Pandemie.

Es kann weiters davon ausgegangen werden, dass sich beide Faktoren gegenseitig verstärkt haben bzw. ihre Interaktion immer noch nachwirkt, da die lang andauernde soziale Isolation während der Pandemie u. a. zu verstärkter Nutzung von online-Plattformen zur Vernetzung und Beschäftigung geführt hat. Diese verstärkte Nutzung wurde und wird – als Teil des Alltags – auch nach der Pandemie aufrechterhalten; Jugendliche zwischen 12 und 19 Jahren verbringen im Schnitt rund vier Stunden ihrer täglichen Freizeit online, den Großteil davon auf Social Media, Gaming- und Streaming-Plattformen (vgl. JIM-Studie, 2023). Dies führt unter anderem dazu, dass Kinder und Jugendliche weniger Gelegenheiten erleben, ihre sozialen und Selbstkompetenzen im direkten Kontakt mit ihren Peers zu erproben und weiterzuentwickeln. Daraus wiederum ergeben sich mehr soziale Schwierigkeiten und mehr Gefühle von Isolation, Einsamkeit und Entfremdung. Wenn dann noch wenige Strategien zum Umgang mit Belastungen zur Hand sind oder sich Belastungen häufen, etwa im familiären oder schulischen Umfeld, ist der Weg zu dysfunktionalen Bewältigungsstrategien und in der Folge zur psychischen Belastung nicht mehr weit; die hohen Belastungsraten, die in internationalen Studien gefunden werden, spiegeln diese Entwicklung wider.

Schließlich stellt sich noch die Frage, ob höhere Prävalenzraten tatsächlich eine Zunahme an psychischen Störungen in der Bevölkerung abbilden oder (zumindest teilweise) auch durch andere Faktoren erklärbar sind; so weisen Heinrichs und Lohaus unter Berufung auf Steffen et al. (2020) darauf hin, dass ebenso eine erhöhte Bereitschaft von Eltern und Jugendlichen, bei psychischen Belastungen ärztliche Hilfe in Anspruch zu nehmen, eine gestiegene Sensibilisierung von medizinischem- und Lehrpersonal gegenüber psychischen Erkrankungen, aber auch eine »Medikalisierung von Gefühlen, die früher gesamtgesellschaftlich als nicht pathologisch betrachtet wurden (z.B. in der Pubertät)« (ebenda, S. 77), eine Rolle dafür spielen könnten. Und nicht zuletzt können auch methodische Fragen Prävalenzraten beeinflussen, beispielsweise die Güte der in den Erhebungen eingesetzten Instrumente (Fragebögen u.ä.) oder eine Weiterentwicklung der Art und Weise, wie psychische Störungen klassifiziert werden. So wurde etwa darauf hingewiesen, dass durch die Einführung des überarbeiteten Klassifikationssystems ICD-11 und der dort umgesetzten Neuerungen gegenüber den Vorversionen insgesamt höhere Diagnosezahlen für psychische Belastungen zu erwarten sind (vgl. Fahlböck, 2024), etwa, weil neue Diagnosen inkludiert wurden (z.B. pathologisches Spielen am PC).

Insgesamt reflektiert sich also ein Zusammenspiel aus mehreren Faktoren in einem sehr hohen Belastungserleben von Kindern und Jugendlichen, die heute unsere Sekundarstufen besuchen. Doch so erschreckend die aktuellen Raten und die internationale Befundlage auch sind, so bewirken sie auch insofern Gutes, als die psychische Gesundheit sowie psychische Belastungen, die – wie dargestellt – schon immer Teil des Erlebens und Verhaltens etlicher Schüler:innen waren, in der öffentlichen Wahrnehmung und auch im Bildungsbereich vermehrt ins Bewusstsein rücken. Dies wiederum ebnet den Weg für eine weitere Entstigmatisierung psychischer Belastungen (auch) in der Schule, für den dringend benötigten Ausbau schulischer Unterstützungssysteme und für gezielte Maßnahmen der schulischen Förderung von psychischer Gesundheit und Wohlbefinden in Schule und Unterricht. Dieses Buch zeigt an verschiedenen Stellen auf, welche dies konkret sein können, geht aber zunächst noch genauer auf jene Faktoren ein, die in der Entstehung und Aufrechterhaltung psychischer Belastungen im Jugendalter – auch abseits von Covid-19 und Social Media – eine Rolle spielen.

3 Schulrelevante psychische Störungen verstehen

3.1 Was ist (k)eine psychische Störung? Definition und einige Begriffsklärungen

Die erste Frage, die sich in der Auseinandersetzung mit der Thematik für Lehrpersonen stellt, wird immer sein, ob das, was gerade bei einem/r Schüler:in beobachtet wird, »schon eine Störung« oder »noch normal« ist. Die Psychologie gibt auf diese Frage folgende Antwort: ob ein Verhalten und Erleben störungswürdig ist, hängt von

- dessen *Dauer* (je nach Störungsbild mindestens zwei Wochen [z.B. depressive Episode] bis zwölf Monate [z.B. Gaming Disorder] an der Mehrzahl der Tage),
- dessen *Intensität* (also der Anzahl und dem Schweregrad der Symptome, die als störungstypisch klassifiziert werden können) sowie
- dem Ausmaß der *subjektiven Beeinträchtigung* der betroffenen Person ab (d.h. vom persönlichen Leidensdruck, der Auswirkung auf persönlich relevante Lebensbereiche u.ä.).

Während manche dieser Aspekte aufmerksamen Beobachter:innen, vor allem jenen, die die betroffene Person gut kennen, auch von außen auffallen können, kann doch der/die Betroffene nur selbst in vollem Ausmaß Auskunft über sein/ihr Belastungserleben auf den verschiedenen Ebenen geben; viele Beeinträchtigungen haben einen schleichenden Beginn, die Intensität kann variieren und so lange die

3 Schulrelevante psychische Störungen verstehen

eigene Funktionalität im Alltag halbwegs aufrechterhalten werden kann, ist oft den Betroffenen selbst gar nicht klar, dass ihr Wohlbefinden schon länger aus dem Lot geraten ist.

In der Schule fallen uns *externalisierende* (also nach außen gerichtete) Verhaltensweisen besonders (und im Regelfall negativ) auf, da sie diejenigen sind, die sich für die Umwelt als am störendsten darstellen (beispielsweise körperliche Unruhe und Ablenkbarkeit bei AD(H)S oder Aggressivität gegen die Mitschüler:innen bei Störungen des Sozialverhaltens). *Internalisierende* Verhaltensweisen sind all jene, bei denen die Symptome vor allem nach »innen« gerichtet sind und sich in der betroffenen Person abspielen, zum Beispiel exzessives Grübeln (u. a. depressive Störungen), Schuldgefühle (u. a. posttraumatischer Formenkreis) oder emotionale Spannungszustände, wie sie einer Selbstverletzung oder einer Ess-Brech-Attacke (Bulimia nervosa) vorausgehen. Der subjektive Leidensdruck kann bei beiden Formen hoch sein, auch, wenn es auf den ersten Blick den Anschein hat, als würde bei externalisierenden Verhaltensweisen primär die Umgebung des/r Betroffenen leiden und das Kind selbst relativ unberührt von den Konsequenzen des eigenen Verhaltens durchs (Schul-)Leben gehen.

Dieser Band fokussiert auf internalisierende Störungen, da diese einerseits oft im Jugendalter erstmals auftreten (vgl. Heinrichs & Lohaus, 2020) und in der Schule sehr weit verbreitet sind (etwa jede/r 5.–10. Schüler:in ist im Laufe seines/ihres Schulalters betroffen; vgl. zusammenfassend z. B. Keyes et al., 2024). Andererseits sind externalisierende sowie Lern- und Entwicklungsstörungen (z. B. Autismus-Spektrums-Störungen, AD(H)S, pathologische Störungen des Sozialverhaltens) in Entwicklung und Verlauf sehr anders als internalisierende Störungen und haben starke neurologische sowie entwicklungsbedingte Komponenten. Diese lassen sich einerseits im schulischen Umfeld schwer beeinflussen (die Schule muss daher eher »mit ihnen leben« und Voraussetzungen aushandeln, mittels derer Lernen und Unterricht trotzdem noch möglich sind), andererseits sind sie im Umgang so komplex, dass es Sinn macht, sich bei Bedarf separat einzulesen. Die Reihe »Brennpunkt Schule« stellt zu den Themenbereichen ADHS, Gewalt, Amoklauf und Medien sowie zum Umgang mit extremistischen Schüler:innen verschiedener Orientierungen und weiteren verwandten Themenbereichen jeweils eigene Bände zur Verfügung, die auf diese Problemlagen hoch qualifiziert und in der nötigen Ausführlichkeit eingehen.

3.2 Wie entsteht (k)eine psychische Störung? Ein Überblick über relevante Einfluss-, Risiko- und Schutzfaktoren

Die einleitenden Abschnitte haben gezeigt, dass Kinder und Jugendliche heute psychisch insgesamt stark belastet sind. Um diese Situation besser verstehen zu können, ist es hilfreich zu wissen, welche belastenden und schützenden Faktoren ganz allgemein Einfluss auf Entstehung und Verlauf von Belastungen nehmen. Darüber hinaus ist es hilfreich, wichtige entwicklungspsychologische Bedingungen zu kennen, die u.a. dazu beitragen, ob es zu einer Störung kommt oder nicht, und mit klinisch-psychologischen Konzepten zum Verständnis von psychischer Gesundheit und zum Auftretenszeitpunkt von Störungen vertraut zu sein. In den nachfolgenden Abschnitten wird daher auf diese Faktoren eingegangen.

Stress und seine Bedeutung

Wir alle kennen Stress. Was aber vielleicht nicht jede/r bedenkt ist, dass dies auch schon auf Kinder und Jugendliche zutrifft: fast jede/r zweite Jugendliche zwischen 12 und 19 Jahren beschreibt sich selbst als gestresst, wobei als Hauptursachen schulische Leistungsanforderungen und die Nutzung sozialer Medien genannt werden (JIM-Studie, 2023). Zu noch höheren Stressraten bei Jugendlichen kommt

3 Schulrelevante psychische Störungen verstehen

die SINUS-Jugendstudie (2024), die sich mit den Lebenswelten von Jugendlichen im Alter von 14 bis 17 Jahren beschäftigt: etwa 60 % der befragten Jugendlichen geben an, sich aufgrund der Vielzahl an perzipierten Krisen wie Kriege, Energieknappheit, Inflation und Klimawandel besorgt und gestresst zu fühlen.

Um die Bedeutung von Stress in der Entstehung von Belastungen (auch) bei Kindern und Jugendlichen besser verstehen zu können, muss zunächst klargestellt werden, wovon genau die Rede ist, wenn wir von Stress sprechen. Während die frühe Stressforschung (Selye, 1956, n. Siwek-Marcon, 2008) Stress als eine reine Reaktion eines Organismus auf einen schädigenden Außenreiz auffasste (Beispiel: hohe schulische Anforderungen = Bauchschmerzen) oder ihn mit schwerwiegenden Lebensereignissen, also einem Stressor, gleichsetzte (Beispiel: hohe schulische Anforderungen = Stress; Rice, 2000, n. Siwek-Marcon, 2008), wird Stress in der heutigen Forschung als ein interaktiver bzw. transaktionaler *Prozess* aufgefasst. Dabei spiegelt die interaktive Auffassung eine bekannte und weitverbreitete Definition von Stress als einem *Ungleichgewicht zwischen den Anforderungen von Situation/Umwelt und den Ressourcen und Bewältigungsstrategien einer Person* wider (Fletcher, 1991, n. Siwek-Marcon, 2008).

Das transaktionale Stressmodell (im Original von Lazarus & Folkman, 1984) erweitert diese Auffassung auf Stress als einen *Prozess, in dem die subjektive Bewertung einer Situation/eines Stressors erst entscheidet*, ob und in welchem Ausmaß dieser als bedrohlich empfunden wird. Die Autoren unterscheiden dabei verschiedene Stadien des Bewertungsprozesses: in der primären Bewertung (*primary appraisal*) nimmt das Individuum einen Stressor (in unserem Beispiel: hohe schulische Anforderungen) wahr und stellt dieser Wahrnehmung seine subjektive Relevanz (»Wie wichtig ist Erfolg bei diesen kommenden Anforderungen für mich?«) sowie die Bedeutung für das eigene Wohlbefinden gegenüber (»Wie wird es mir gehen, wenn ich Erfolg habe bzw. scheitere?«).

Je nachdem, wie dieser Bewertungsprozess ausgeht, wird die Situation als a) möglicherweise bedrohlich interpretiert (»Puh, das wird schwierig, da muss ich mich ordentlich anstrengen«), b) als

3.2 Wie entsteht (k)eine psychische Störung?

sicher bedrohlich interpretiert (»Oh Gott, wie soll ich das nur machen, ich werde sicher scheitern so wie letztes Mal«) oder c) als potenziell positive Herausforderung und Chance gesehen (»Hmm, mühsam, aber ich pack' das schon«).

Dieser ersten Bewertungsschleife schließt sich eine zweite an (»*secondary appraisal*«), in der den Herausforderungen die subjektiven Ressourcen gegenübergestellt werden, über die die Person zur Bewältigung verfügt. Beispiele für solche Ressourcen wären z.B. Selbstwirksamkeitsüberzeugungen (»Schaffe ich die Prüfung, wenn ich viel lerne?«); subjektives Wohlbefinden (»Kann ich mich zur Zeit gut konzentrieren, fühle ich mich voller Energie oder eher schlapp, müde, unkonzentriert?«); kognitive Strategien (»Kann ich mir Inhalte gut merken, meine Zeit gut einteilen?«); emotionale und instrumentelle soziale Unterstützung (»Kenne ich Leute, die mir die Inhalte erklären können, die mit mir lernen, mich stützen oder habe ich das Gefühl, alleine dazustehen?« »Habe ich eine ruhige Lernumgebung, alle Materialien, die ich brauche?«) u.v.m.

Diese Bewertungen sind höchst subjektiv, was erklärt, warum ein und derselbe potenzielle Stressor von mehreren Personen ganz unterschiedlich erlebt wird. Hinzu kommt, dass sich die Situation selbst auch verändert und weiterentwickelt. Dies bewertet das Individuum wiederum für sich, was den Prozess weiter verändern kann (Beispiel: es stellt sich heraus, dass der Stoff doch nicht so umfangreich war wie ursprünglich angenommen; ein/e Kolleg:in hat mir einen schwierigen Stoff erklärt oder mir eine Aufgabe abgenommen; eine andere Verpflichtung ist weggefallen o.ä.). Laut Lazarus und Folkman (1984, n. Siwek-Marcon, 2008) bestimmt das Zusammenspiel dieser höchst subjektiven Bewertungsprozesse, wie viel Stress erlebt wird und wie stark und auf welche Art und Weise sich Stress äußert; je nachdem, wie die persönliche »Kosten-Ressourcen-Nutzen-Rechnung« der Bewertungsschleifen aussieht, erlebt das Individuum eine Situation mehr oder weniger stressbehaftet und reagiert unterschiedlich.

Weiters muss noch bedacht, dass nicht nur ein »zu viel« Stress auslöst, sondern auch ein »zu wenig«, d.h. es kommt ebenfalls zu einem Spannungszustand, wenn Bedürfnisse einer Person nicht adäquat erfüllt werden. Diese reichen von basalen Bedürfnissen (z. B. Bedürfnis nach Sicherheit in gewalttätigen Beziehungen oder emotionaler Zuwendung in vernachlässigenden Elternhäusern) bis zur Möglichkeit, die eigenen Interessen zu explorieren und ihnen nachzugehen (Selbstverwirklichung in Freizeit, Schule und Beruf, Wahl des passenden Schulzweigs u. ä.).

Die Auswirkungen dieser Bewertungsprozesse spüren wir dann auf mehreren Ebenen, die separat wahrgenommen werden können, aber auch miteinander interagieren. Es sind dies:

- Symptome auf körperlicher Ebene (z. B. Verspannungen, erhöhte Müdigkeit, Bauchschmerzen, erhöhter Puls u. ä.),
- Symptome auf emotionaler Ebene (z. B. Angst, Druck, Gefühle der Unzulänglichkeit),
- Symptome auf kognitiver Ebene (z. B. negative Gedanken, ungünstige Selbstzuschreibungen und Bewertungen – »Das schaffe ich sowieso nicht, die anderen glauben, ich bin komisch/unfähig/ ...« u. ä.) und
- Symptome auf Verhaltensebene (z. B. durch erhöhte Irritabilität mehr Streit mit anderen Familienmitgliedern, Vermeidungs- oder Aufschiebeverhalten, Kompensation – so erscheinen uns Schreibtisch und Wohnung immer besonders unordentlich, wenn eine Deadline oder Lernverpflichtungen anstehen – und ähnliche Reaktionen).

Genauso sind alle vier Ebenen und deren Zusammenspiel wesentlich, wenn es um die konstruktive *Bewältigung* von Stress geht (z. B. körperliche Ebene: bewusste Reduktion der wahrgenommenen Anspannung durch Entspannungstechniken, Bewegung, gesunde Ernährung, Schlaf u. ä.; emotionale/kognitive Ebene: Umdeutung belastender Gedanken, Selbstbestärkung, Auffüllen emotionaler »Speicher« durch positive Aktivitäten, Gespräche mit wohlwollenden Dritten u. ä.; Verhaltensebene: z. B. Anwendung von Zeitmanagement- und Lerntechniken, besseres Formulieren der eigenen

3.2 Wie entsteht (k)eine psychische Störung?

Bedürfnisse gegenüber anderen u.ä.). Persönliche Werte, Ziele und Verpflichtungen moderieren diese individuellen Muster (Rice, 2000, n. Siwek-Marcon, 2008).

Trotz aller Individualität im Erleben und in der Verarbeitung von Stress fällt auf, dass manche Stressoren eher individuell erlebt werden, während andere Stressoren bei vielen Menschen ähnliche Reaktionen auslösen und damit eher als universell angesehen werden können. Dies wird nachvollziehbar, wenn bedacht wird, dass folgende Faktoren eine Hauptrolle in der Bewertung von Stressoren spielen (Rice, 2000, n. Siwek-Marcon, 2008):

- Neuheit und Unmittelbarkeit der Situation (Grad der persönlichen Betroffenheit, zeitliche und räumliche Nähe);
- gemeinsames/gleichzeitiges Auftreten mehrerer belastenden Faktoren (summative Effekte) und parallele Auswirkungen auf mehrere Lebensbereiche;
- Intensität, Dauer und Kontrollierbarkeit der Bedrohung.

Diese Faktoren machen deutlich, warum die Pandemie ein so breit wirksamer Stressor war (große Betroffenheit weltweit, Neuheit, lange Dauer, unmittelbare Auswirkung auf multiple, persönlich höchst bedeutsame Lebensbereiche und Beziehungen, intensive, lang andauernde und unkontrollierbar wirkende Bedrohung und Lebenssituation durch ständige Änderung der Bedingungen und mangelnde Sicherheiten).

Weiters wird dadurch verständlich, warum trotz aller Individualität im Stressprozess einige Lebensbereiche und -themen in den eingangs genannten großen Jugendstudien identifiziert wurden, die heute einen Großteil der Jugendlichen Stress erleben lassen; Kriege in räumlicher Nähe, persönlich spürbare Auswirkungen der Klimakrise oder Geldknappheit in der Familie als Folge von gestiegenen Lebenshaltungskosten sind breit wirksame, intensive, lang andauernde und subjektiv kaum kontrollierbare Einflussfaktoren. (Soziale) Medien bieten eine ständige Flut an neuen, unmittelbaren, fast immer negativ getönten Inhalten, und schulische Leistungsanforderungen sind ebenfalls allgegenwärtig, meist dauerhaft vorhanden und von den Jugendlichen selbst subjektiv wenig steuerbar.

Gleichzeitig muss uns bewusst sein, dass Kinder und Jugendliche den Umgang mit Stress und Belastung erst erlernen und noch nicht über so breite Strategien verfügen, wie wir sie vielleicht aus dem Erwachsenenalter kennen (und wir alle wissen, dass sie auch hier noch oft genug zu kurz greifen und die Ausbildung und Weiterentwicklung von funktionalen Copingstrategien eine praktisch lebensbegleitende Entwicklungsaufgabe ist).

Zusammenfassend geht es also im Verständnis von Stress – und damit zusammenhängend in der Stressbewältigung – zentral darum, die hohe Individualität und Vielgestaltigkeit des Prozesses anzuerkennen; jede/r von uns erlebt Belastungen anders, und was als stressauslösend erlebt wird, ist sehr subjektiv. Dementsprechend gibt es keine »Norm« für dieses Erleben und das Belastungserleben anderer sollte anerkannt, nicht »kleingeredet«, belächelt oder mit den eigenen Standards verglichen werden (»Das ist ja wohl nicht so schlimm«, »Stell' Dich nicht so an«, etc.).

Für die Stressbewältigung ergeben sich daraus – analog zu den vier Ebenen des Stresserlebens – viele Ansatzmöglichkeiten, innerwie außerschulisch. Ziel dabei ist, einerseits ein Gleichgewicht zwischen Person und ihrer Umwelt zu suchen (z. B. indem mehr Ressourcen aktiviert oder Stressoren aktiv reduziert werden), andererseits möglichst viel Raum und Möglichkeiten dafür zu bieten, dass neue Situationen als bewältigbare Herausforderungen und Chancen erlebt werden können statt als Bedrohungen. Wie genau Schule hier unterstützen kann, ist u. a. Thema des Abschlusskapitels.

Wenn die Welt auf dem Kopf steht: Entwicklungsaufgaben und kritische Lebensereignisse

Zwei weitere Begriffe, die uns sofort begegnen, wenn von psychischen Ungleichgewichten und ihrer Entstehung die Rede ist, sind *Entwicklungsaufgaben* und *kritische Lebensereignisse*.

3.2 Wie entsteht (k)eine psychische Störung?

Das Konzept der Entwicklungsaufgabe wurde von Havinghurst (1981, nach Berk, 2019) geprägt und beschreibt reifungsbedingte Veränderungen, die in einer bestimmten Lebensaltersspanne typischerweise auftreten und durch das Individuum bewältigt werden müssen, um erfolgreich persönlich zu wachsen und in der eigenen Entwicklung voranschreiten zu können. Havinghurst schreibt den Entwicklungsaufgaben dabei schon in seiner Originaldefinition eine eminente Bedeutung für die psychische Gesundheit zu:

> »A developmental task is a task which arises at or about a certain period in the life of the individual, successful achievement of which leads to his (sic!) happiness and to success with later tasks, while failure leads to unhappiness in the individual, disapproval by society, and difficulty with later tasks« (Havinghurst, 1981, S. 2 n. Gasser, 2024).

Die Bewältigung von Entwicklungsaufgaben erstreckt sich dabei über einen längeren Zeitraum (Wochen – Monate) und wirkt sich auf mehrere Lebensbereiche aus. Eine Störung entsteht nach diesem Modell dann bzw. wird eine Entstehung dann begünstigt, wenn eine Entwicklungsaufgabe nicht altersadäquat bewältigt werden kann. Die Forschung unterscheidet hierbei körperliche, gesellschaftliche, kulturelle und individuelle Entwicklungsaufgaben, die eine Person (oft gleichzeitig) in einem bestimmten Lebensabschnitt zu bewältigen hat.

Körperliche/physiologische Entwicklungsaufgaben betreffen die körperliche Reifung und Entwicklung, wie z. B. das Wachstum, die Entwicklung motorischer Fähigkeiten und hormonelle Veränderungen während der Pubertät. *Kulturelle* Entwicklungsaufgaben entstehen aus den Anforderungen und Erwartungen der Gesellschaft und Kultur, in der eine Person lebt. Beispiele hierfür sind der Schulbesuch, die Berufswahl und das Einhalten gesellschaftlicher Normen und Werte[2]. *Gesellschaftliche* Entwicklungsaufgaben ergeben

---

2 Es regt – insbesondere für den Schulkontext – zum Nachdenken an, dass solche kulturellen Entwicklungsaufgaben bei Gasser (2024) als »kultureller Druck« (S. 7) formuliert werden.

sich aus den sozialen Rollen und Verantwortlichkeiten, die eine Person im Laufe ihres Lebens übernimmt, wie z. b. die Rolle als Schüler:in einer bestimmten Schulform, aber auch als Partner:in in Beziehungen, Elternteil oder in beruflichen Rollen. Ergänzend zu diesen tendenziell *universalen* Entwicklungsaufgaben, die in unserem Kulturkreis die meisten Personen im Lauf ihres Lebens zu bewältigen haben, stellen sich *individuelle* Entwicklungsaufgaben, d. h. Anpassungen an Veränderungen im persönlichen Leben, die selbst gewählt sind oder sich aus den persönlichen Lebensumständen ergeben. Beispiele hierfür sind etwa die Neuorganisation des Alltags nach einer Scheidung oder einem Umzug, aber auch die Formulierung und die Verfolgung persönlicher Lebensziele oder Karriereschritte zählen hier dazu.

Der Bewältigung von Entwicklungsaufgaben wird eine wichtige Rolle in der Entstehung und im Verlauf psychischer Störungen zugeschrieben. Eine nicht erfolgreiche Bewältigung von Entwicklungsaufgaben (man denke z. B. für den schulischen Kontext an mangelnde Anpassung an die Erwartungen des Schulumfelds hinsichtlich Arbeitshaltung, äußerem Erscheinungsbild, Leistung etc.) kann zu Stress, Unsicherheit, sozialen Schwierigkeiten und einem Gefühl der Hilflosigkeit führen, was wiederum das Risiko für die Entwicklung von psychischen Störungen erhöhen kann. Wenn Entwicklungsaufgaben erfolgreich gemeistert werden, steht dies hingegen mit Gefühlen der Zufriedenheit, des Erfolgs und des Wohlbefindens in Zusammenhang (vgl. Berk, 2019; Gasser, 2024), was als Schutzfaktor wirksam werden und das Risiko für psychische Störungen verringern kann.

Zusammenfassend kann also festgehalten werden, dass eine erfolgreiche Bewältigung von Entwicklungsaufgaben als Ressource wirken und das psychische Wohlbefinden unterstützen kann, während Schwierigkeiten in dieser Hinsicht das Risiko bzw. die Vulnerabilität[3] für psychische Störungen erhöhen können.

---

3 *Vulnerabilität* = Verletzlichkeit; die klinische Psychologie beschreibt mit diesem Begriff die Risikoausprägung für das Manifestieren einer psychischen

3.2 Wie entsteht (k)eine psychische Störung?

Kritische Lebensereignisse sind – in Abgrenzung zu Entwicklungsaufgaben – punktuelle, oft kurzfristig oder überraschend eintretende, einschneidende Ereignisse, die das Leben der betroffenen Person maßgeblich verändern, starke Emotionen hervorrufen und eine radikale Neuanpassung und -ausrichtung der bisherigen Lebensumstände, -gewohnheiten und Ressourcen einer Person erfordern (Berk, 2019). Beispiele, die hier sofort in den Sinn kommen, sind etwa der Verlust eines/r nahen Angehörigen (z. b. eines Elternteils) durch Tod, schwere Erkrankung oder Trennung, traumatisierende Ereignisse (wie Betroffene/r oder Zeug:in eines schweren Unfalls, einer Gewalttat oder einer Naturkatastrophe zu werden), oder der Verlust von Sicherheiten wie dem Arbeitsplatz oder dem eigenen Zuhause, z. b. bei Schüler:innen mit Fluchterfahrungen. Kritische Lebensereignisse sind – entgegen dessen, was ihr Name suggeriert – aber nicht immer negativ, denn es fordern auch positive und erfreuliche punktuelle Ereignisse (wie die Geburt eines [Geschwister-]Kindes, eine Heirat, der Abschluss einer Schul- oder beruflichen Ausbildung oder der Erwerb eines Eigenheims) die persönlichen Ressourcen über das gewohnte Maß hinaus und haben einen einschneidenden und lebensverändernden Charakter, der eine Neuanpassung aller am Ereignis Beteiligten erfordert.

Abhängig von der subjektiven Wahrnehmung und Bewertung des Ereignisses, der persönlichen Ressourcen und den individuellen Bewältigungsmöglichkeiten und -stilen kann ein solches Ereignis in unterschiedlichem Ausmaß auf die Entstehung und Aufrechterhaltung von psychischen Störungen einwirken; so lässt sich wieder nicht mit Sicherheit sagen, dass ein bestimmtes Ereignis, möge es auch noch so schwerwiegend sein, Auslöser (oder schon gar nicht alleiniger Auslöser) einer psychischen Störung ist/sein wird. Tatsächlich sind gerade Kinder und Jugendliche beeindruckend resilient

---

Störung. Sie kann durch Belastungen erhöht, durch Ressourcen (also positiv wirksame, stärkende Faktoren inner- und außerhalb einer Person) verringert werden.

(vgl. Brakemaier et al., 2020). Doch müssen kritische Lebensereignisse immer als Momente im Leben einer Person herangezogen werden, die maßgeblich als Stressor wirken und die persönlichen Ressourcen des/r Betroffenen über Gebühr beanspruchen. Damit erhöhen sie also die Vulnerabilität für die Entstehung einer psychischen Störung sicherlich, diese wird aber erst in Interaktion mit anderen individuellen Einflussfaktoren auf biologischer, psychologischer und sozialer Ebene wirksam. Der nächste Abschnitt erläutert diese Wirkfaktoren genauer und bettet sie in das moderne psychologische Erklärungsmodell von Krankheit, Störungen und Gesundheit ein.

Das bio-psycho-soziale Modell von Krankheit und Gesundheit

Psychische und physische Gesundheit sind komplexe Konstrukte. Wie die WHO schon seit langem definiert, ist Gesundheit nicht allein durch die Abwesenheit von Krankheit bestimmt, sondern beschreibt einen »Zustand von vollkommenem physischem, mentalem und sozialem Wohlbefinden« (WHO, 2024) – wobei »vollkommen« in einem qualitativen, holistischen Sinn aufgefasst werden sollte (d. h.: gesund ist, wer aus allen drei Bereichen schöpfen kann, in allen drei Bereichen auf viele Ressourcen zurückgreifen kann) und nicht in einem quantitativen Sinn (d. h. gesund ist nur, wer in allen drei Bereichen »perfekt« ist; vgl. Schramme, 2023).

Schramme (2023) zitiert zum besseren Verständnis dieses Konzepts von Gesundheit einen Forscher der 1940er Jahre (!) mit folgenden, immer noch sehr aktuell und relevant klingenden Worten:

> »A healthy individual is one who is well balanced bodily and mentally, and well adjusted to his physical and social environment. He (sic!) is in full control of his physical and mental faculties, can adapt to environmental changes, so long as they do not exceed normal limits; and contributes to the welfare of society according to his ability. Health is, therefore, not simply the absence of disease: it is something positive, a joyful attitude toward life, and a

3.2 Wie entsteht (k)eine psychische Störung?

cheerful acceptance of the responsibilities that life puts upon the individual« (Sigerist, 1941, S. 100 n. Schramme, 2023).

Damit wird evident, dass Gesundheit ein Zusammenspiel und eine Balance vieler Faktoren ist und dass die individuelle Wahrnehmung dieser Faktoren für die Beurteilung von Wohlbefinden und Belastungen, für Gesundheit und Krankheit eine entscheidende Rolle spielt. So sieht ein Zustand sozialen Wohlbefindens für introvertierte Menschen sicher ganz anders aus (nämlich z. B. zu Hause auf der Couch, von allen in Ruhe gelassen, vielleicht mit einem Haustier oder höchstens einer sehr vertrauten Person als Gesellschaft) als für Menschen, die stark nach außen orientiert sind und sich am wohlsten fühlen, wenn sie in einer großen Gruppe unterwegs sind, Spaß haben und im Mittelpunkt der Aufmerksamkeit stehen. Und während sich jede/r von uns einer bestimmten Ausprägung des breiten Spektrums an Persönlichkeitsstilen am ehesten zugehörig fühlen mag, kann jede/r bestätigen, dass die eigenen Bedürfnisse auch variieren und zu verschiedenen Zeitpunkten unterschiedliche Faktoren zum Wohlbefinden beitragen.

Gesundheit drückt also ein multifaktorielles und individuelles Spektrum aus, das sich auf den drei Achsen Körper, Psyche und soziale Einbindung aufspannen lässt. Dementsprechend erklärt auch die moderne Psychologie die Entstehung, Aufrechterhaltung und die Erholung von psychischen Belastungen hinsichtlich dieser drei Faktoren, nämlich als bio-psycho-soziales Modell von Krankheit und Gesundheit, das in Abbildung 1 illustriert wird.

Wie das Modell verdeutlicht, werden für jede Störung des psychischen Wohlbefindens – und damit auch für die psychische Gesundheit! – multiple Einfluss- und Erklärungsfaktoren auf körperlicher, psychischer und sozialer Ebene angenommen. In einem Prozess der gegenseitigen Beeinflussung interagieren diese Faktoren miteinander. Während einige Faktoren bereits genetisch oder durch Einflüsse im Mutterleib, während der Geburt (z. B. durch Komplikationen oder Frühgeburt) oder in der frühen Kindheit (z. B. durch Bindungserfahrungen) grundgelegt sind, bekommen andere (z. B.

3 Schulrelevante psychische Störungen verstehen

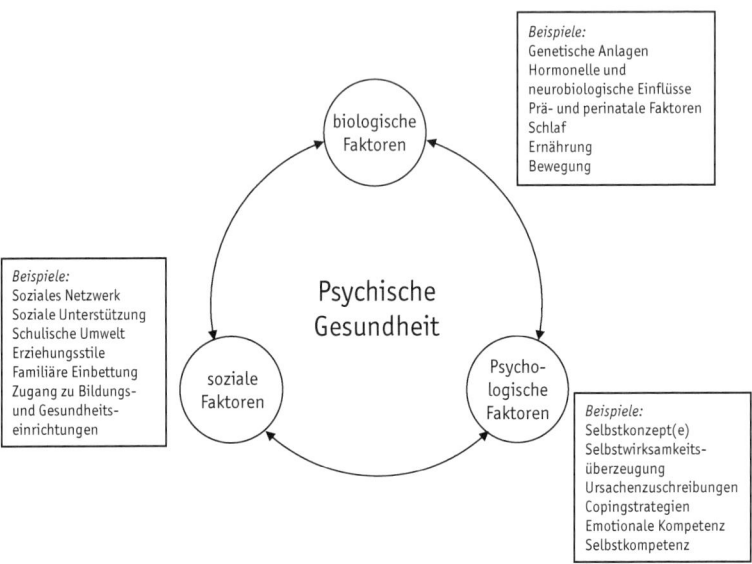

Abb. 1: Das bio-psycho-soziale Modell von Krankheit und Gesundheit

kognitive Prozesse wie Bewertungen, Selbstzuschreibungen u. ä.) erst später in der Entwicklung Bedeutung. Bei unseren Schüler:innen der Sekundarstufe kann aber guten Gewissens der gesamte »Mix« an Faktoren und ihre Interaktion mitbedacht werden, wenn es um die psychische Gesundheit geht.

Zum besseren Verständnis listen die Tabellen 1a–1c einige zentrale Faktoren auf biologischer, psychischer und sozialer Ebene, die sich bei psychischen Problemen immer wieder als relevant erweisen, und geben vertiefende Erklärungen und Beispiele für deren Bedeutung und Wirksamkeit in bestimmten Störungsbereichen. Dabei wird evident, dass jeder Faktor das Potenzial hat, als Stressor, aber auch als Ressource wirksam zu werden; so breit Risikofaktoren für psychische Probleme also auch sein mögen, so zahlreich sind auch die Schutzfaktoren (protektive Faktoren, Resilienz und Ressourcen einer Person), die ihnen entgegengestellt werden können.

Tab. 1a: Exemplarische Wirkfaktoren im bio-psycho-sozialen Modell psychischer Störungen und psychischer Gesundheit: biologische Ebene

Exemplarischer Wirkfaktor	Erläuterung des Wirkfaktors	Beispiel für Wirkung als (negativer) Stressor	Beispiel für Wirkung als Ressource	Exemplarische Störungsbereich(e) mit erhöhter Relevanz
Physischer Allgemeinzustand	Beurteilung und subjektive Wahrnehmung der eigenen physischen Gesundheit und etwaiger Einschränkungen	Verletzungen, chronische oder wiederkehrende Schmerzen, Vorerkrankungen u. ä. beeinflussen das subjektive Wohlbefinden negativ	Guter subjektiver Allgemeinzustand und körperliche Fitness ermöglichen Teilnahme an einer Vielzahl von Aktivitäten	Psychosomatische Beschwerden, Depression, Ängste
Schlaf	Schlafumfang, -qualität und -gewohnheiten	Konzentrations- und Performanzprobleme durch Schlafmangel oder Tag-Nacht-Umkehr Geringere Stressresistenz Höhere Anfälligkeit für Infekte und Verletzungen	Guter Schlaf befördert Performanz, Konzentration, Stimmung, Resistenz gegen Stress und Krankheitserreger	Lern- und Leistungsprobleme; Depression; Suizidalität; nicht stoffgebundene Süchte (z. B. Computerspielsucht); Störungen des Sozialverhaltens
Genetische Vorbelastungen und Dispositionen	Erhöhte Wahrscheinlichkeit, dass bei entsprechend hohem Belastungsniveau eine Reaktion in einer bestimmten Richtung auftritt bzw. man	Erhöhte Vulnerabilität für bestimmte psychische Reaktionen und Belastungen Erhöhte Toleranzschwelle für Suchtmittel bei Kindern mit suchtkranken Elternteil(en)	Protektive Wirkung günstiger genetischer Konstellationen, z. B. Elternteile mit guter psychischer Gesundheit	Alle Störungsbereiche in unterschiedlicher Ausprägung; besonders hoch bei z. B. Schizophrenie, bipolaren Störungen und ADHS

Tab. 1a: Exemplarische Wirkfaktoren im bio-psycho-sozialen Modell psychischer Störungen und psychischer Gesundheit: biologische Ebene – Fortsetzung

Exemplarischer Wirkfaktor	Erläuterung des Wirkfaktors	Beispiel für Wirkung als (negativer) Stressor	Beispiel für Wirkung als Ressource	Exemplarische Störungsbereich(e) mit erhöhter Relevanz
	dafür vulnerabler ist als andere Personen			
Prä- und perinatale Einflussfaktoren	Komplikationen während der Schwangerschaft oder Geburt	Einfluss von schädigenden Stoffen im Mutterleib (Teratogene) wie z. B. Alkohol, Nikotin, bestimmte Medikamente, Drogen, Nahrungsmittel; wirken entwicklungsverzögernd, induzieren Frühgeburt u. a. m.	Komplikationsloser Schwangerschafts- und Geburtsverlauf begünstigt eine bestmögliche kognitive, körperliche und soziale Entwicklung	Verschiedene Entwicklungsverzögerungen und Lernbeeinträchtigungen; Intelligenzminderung
Neurologisches und hormonelles Gleichgewicht	Ungleichgewichte in Neurotransmittern wie Serotonin, Dopamin und Noradrenalin sowie hormonelle Veränderungen, wie sie etwa während der Pubertät verstärkt auftreten	Erhöhte Reizbarkeit, vermehrte Stimmungsschwankungen, »tiefere« Stimmungstäler	Mehr Ausgeglichenheit, erleichterter Zugang zu persönlichen Ressourcen, mehr Empfinden von Glück und Freude durch funktionierenden Serotoninhaushalt, besseres Gedächtnis durch hohe Neuroplastizität von	Depression, Ängste, Zwänge

Tab. 1a: Exemplarische Wirkfaktoren im bio-psycho-sozialen Modell psychischer Störungen und psychischer Gesundheit: biologische Ebene – Fortsetzung

Exemplarischer Wirkfaktor	Erläuterung des Wirkfaktors	Beispiel für Wirkung als (negativer) Stressor	Beispiel für Wirkung als Ressource	Exemplarische Störungsbereich(e) mit erhöhter Relevanz
			Hippocampus und Neocortex	
Ernährungs- und Bewegungsverhalten	Ungesunde oder einseitige Gewohnheiten stellen Körper und Gehirn nicht alle notwendigen Stoffe zur Verfügung, um optimal arbeiten zu können	Konzentrationsprobleme, reduzierte Stressresistenz, Gewichtszu- oder -abnahme, Beeinflussung der Produktion und Regulation von Neurotransmittern	Gesunde Ernährung stellt Körper und Gehirn die notwendige Energie für gute Leistungen zur Verfügung, regelmäßiges, gesundes Bewegungsverhalten baut Stresshormone ab, regt Serotoninausschüttung an und unterstützt so körperliches und psychisches Wohlbefinden inkl. dem Aufbau eines positiven Körperbildes	Nicht stoffgebundene Süchte Essstörungen Depression

Anmerkungen: eigene Zusammenstellung basierend auf Berk (2019) sowie Heinrichs & Lohaus (2020).

3 Schulrelevante psychische Störungen verstehen

Wie Tabelle 1a veranschaulicht, ist für sämtliche psychische Störungen eine gewisse genetische Komponente im Sinne einer erhöhten Vulnerabilität nachgewiesen, je nach Störungsbild variieren die Anteile. Dies ist aber – wie oben erwähnt – nicht determinierend für eine gewisse Störung, vielmehr kann so gedacht werden, dass jede/r von uns genetische »Neigungen« in die eine oder andere Richtung mitbringt. Analog dazu kann jeder der genannten Faktoren, so auch die genetische Veranlagung, als Schutzfaktor gegen eine Vielzahl an Belastungen wirksam werden. Dementsprechend lassen sich schon auf biologischer Ebene viele »Stellschrauben« identifizieren, an denen gedreht werden kann, wenn es darum geht, das Wohlbefinden und die eigene Resilienz gegen Belastungen positiv zu beeinflussen.

Dabei interagieren diese biologischen Faktoren mit psychischen und sozialen Belastungen und Ressourcen, die beispielhaft in den auf der nächsten Seite folgenden Tabellen illustriert sind.

Wie Tabelle 1b illustriert, handelt es sich bei den psychologischen Faktoren des bio-psycho-sozialen Modells von Krankheit und Gesundheit um ein Bündel aus psychischen Kompetenzen, selbstbezogenen Überzeugungen, Zuschreibungsmustern etc., die wiederum teilweise biologisch grundgelegt, zu einem großen Teil aber auch erlernt sind. Insbesondere Sozialisations- und Lernerfahrungen aus der (frühen) Kindheit kommt hier eine starke Bedeutung zu. Ein Beispiel zur Veranschaulichung dieser gegenseitigen Abhängigkeiten: jemand mag aufgrund seiner/ihrer genetischen Veranlagung zu mehr oder weniger Selbstvertrauen tendieren. Dementsprechend werden im Kleinkindalter mehr oder weniger deutliche Erkundungsversuche der Umwelt unternommen, die wiederum mehr oder weniger positiv von den Eltern und anderen wichtigen Bezugspersonen gesehen, begleitet und rückgemeldet werden.

Diese Rückmeldungen und die daraus beim Kind entstehenden Gefühle (z. B. Freude und Stolz, etwas richtig gemacht zu haben, vs. Scham oder Unsicherheit, wenn es für seine Explorationsversuche belächelt wird oder negative Konsequenzen erfährt) erhöhen bzw. verringern wiederum die Wahrscheinlichkeit, dass das Kind wei-

Tab. 1b: Exemplarische Wirkfaktoren im bio-psycho-sozialen Modell psychischer Störungen und psychischer Gesundheit: psychologische Ebene

Exemplarischer Wirkfaktor	Erläuterung des Wirkfaktors	Beispiel für Wirkung als (negativer) Stressor	Beispiel für Wirkung als Ressource	Exemplarische Störungsbereich(e) mit erhöhter Relevanz
Attributionsstil	Ursachenzuschreibungen, d. h. Annahmen, die wir heranziehen, um Dinge zu erklären, die uns widerfahren	Schulische Misserfolge/ schlechte Noten in einem bestimmten Fach werden der eigenen Unfähigkeit oder fehlendem Talent zugeschrieben (internal-stabile Attribution = in der Person gelegen, unveränderbar) oder aber auf rein äußerliche, unveränderbare Umstände zurückgeführt (external-stabile Attribution)	Die Ursachenzuschreibung von Leistungen erfolgt zum größten Teil internal-variabel, d. h. die Person ist überzeugt, durch die eigenen Anstrengungen den Ausgang von Situationen beeinflussen zu können, erlebt dadurch Gefühle der Kontrollierbarkeit, Beeinflussbarkeit und (Selbst-)Sicherheit	Depression, Ängste
Selbstwirksamkeitsüberzeugungen	Annahmen, wie viel und welche Art von Einfluss und Kontrolle wir über unsere Umwelt haben	Auch bei größten persönlichen Anstrengungen stellen sich nicht die erwünschten Wirkungen ein, daher hört die Person auf, Versuche zu unternehmen, die eigene Situation zu	Grundvertrauen, durch eigenes Aktivwerden positive Wirkungen z. B. im akademischen Bereich erzielen zu können	Depression

Tab. 1b: Exemplarische Wirkfaktoren im bio-psycho-sozialen Modell psychischer Störungen und psychischer Gesundheit: psychologische Ebene – Fortsetzung

Exemplarischer Wirkfaktor	Erläuterung des Wirkfaktors	Beispiel für Wirkung als (negativer) Stressor	Beispiel für Wirkung als Ressource	Exemplarische Störungsbereich(e) mit erhöhter Relevanz
		beeinflussen (»erlernte Hilflosigkeit«)		
Selbstkonzept	Überzeugungen zu unseren akademischen, persönlichen, sportlichen, kreativen usw. Fähigkeiten und deren emotionale Tönung	Aus Erfahrungen, einseitigen Rückmeldungen und Wahrnehmungen gespeiste, internalisierte Überzeugung, ein (oder eben kein) »sportlicher Typ«, »guter Mensch« o. ä. zu sein	Man hat eine gute Meinung von sich selbst und den eigenen Fähigkeiten und traut sich selbst grundsätzlich viel zu, geht daher optimistisch und positiv an neue Herausforderungen heran	Depression, Essstörungen u.v.a.
Emotionale Kompetenz	Fähigkeit zur Empathie, zum Hineinversetzen in und dem Verstehen anderer Personen sowie die Fähigkeit, ein breites Spektrum an Gefühlen wahrnehmen zu können, diese richtig zu erkennen und damit kompetent umzugehen	Schwierigkeiten, nonverbale Signale bei anderen Menschen (z. B. Gesichtsausdruck) richtig deuten zu können bzw. sich in andere hineinzuversetzen, führen zu Ablehnung und weniger Anschlussmöglichkeiten im sozialen Umfeld	Hohe Empathiefähigkeit nachweislich assoziiert mit sozialer Integration und Beliebtheit → hohe emotionale Kompetenz führt zu größerem Freundeskreis (= mehr soziale Ressourcen) und vielen positiven zwischenmenschlichen Erlebnissen	Autismus-Spektrums-Störungen, soziale Angststörungen

3.2 Wie entsteht (k)eine psychische Störung?

Tab. 1b: Exemplarische Wirkfaktoren im bio-psycho-sozialen Modell psychischer Störungen und psychischer Gesundheit: psychologische Ebene – Fortsetzung

Exemplarischer Wirkfaktor	Erläuterung des Wirkfaktors	Beispiel für Wirkung als (negativer) Stressor	Beispiel für Wirkung als Ressource	Exemplarische Störungsbereich(e) mit erhöhter Relevanz
Selbstkompetenz	Sammelkonstrukt von Fähigkeiten des verständigen Umgangs mit sich selbst, den eigenen Gefühlen, Gedanken und Erwartungen, inkl. des Aushaltens von Frustrationen, der Einordnung von Scheitern und Misserfolgserfahrungen u. a. m., aber auch Selbstreflexionsfähigkeit und die Fähigkeit, die eigenen Bedürfnisse stimmig zu erkennen und sozial verträglich auszudrücken	Konstruktiver vs. destruktiver Umgang mit Erfahrungen von Ablehnung oder Misserfolg; z. B. Sich-selbst-Heruntermachen vs. Selbstbestärkung; Bereitschaft, über sich selbst, die eigenen Verhaltensweisen, Überzeugungen, Kommunikationsmuster u. ä. kritisch zu reflektieren und mit sich selbst und anderen darüber in Austausch zu treten		Persönlichkeitsstörungen, Depression
Soziale Kompetenz	Fähigkeiten zum verständigen und sozial verträglichen Umgang mit anderen, z. B. richtiges	Schwierigkeiten, die eigenen Interessen durchzusetzen, Beziehungen aufzubauen und zu erhalten	Hohe Fähigkeit zum Beziehungsaufbau ist assoziiert mit Wahrnehmung durch andere als sympa-	Soziale Angststörungen, Depression, Suchterkrankungen

37

Tab. 1b: Exemplarische Wirkfaktoren im bio-psycho-sozialen Modell psychischer Störungen und psychischer Gesundheit: psychologische Ebene – Fortsetzung

Exemplarischer Wirkfaktor	Erläuterung des Wirkfaktors	Beispiel für Wirkung als (negativer) Stressor	Beispiel für Wirkung als Ressource	Exemplarische Störungsbereich(e) mit erhöhter Relevanz
	Erkennen der Bedürfnisse und Gefühle anderer sowie adäquate Reaktion darauf, Ausdrucks- und Präsentationsfähigkeiten, Fähigkeit, das eigene Recht sozial verträglich durchzusetzen, Beziehungen zu anderen aufzubauen (inkl. Sympathie gewinnen) und zu erhalten, Konfliktfähigkeit	oder mangelnde Konfliktfähigkeit führen zu negativen Rückmeldungen aus dem sozialen und schulischen Umfeld, weniger sozialen Ressourcen und weniger privaten und beruflichen Möglichkeiten	thisch, kompetent etc. → mehr soziale Vernetzung, Anerkennung und positive Verstärkung von außen, mehr berufliche Chancen	

Anmerkungen: eigene Zusammenstellung basierend auf Berk (2019) sowie Heinrichs und Lohaus (2020).

3.2 Wie entsteht (k)eine psychische Störung?

terhin solche und ähnliche Versuche unternehmen wird. Dies führt in der Folge zu mehr oder weniger weiterer Bereitschaft zur Auseinandersetzung mit Lerngelegenheiten, bei denen die eigene Wirksamkeit ausprobiert werden kann und dafür Rückmeldungen erhalten werden können. In diesem Beispiel führt also die Kombination aus genetischer Veranlagung, negativen Gefühlen und Rückmeldungen auf eigene Versuche von Selbstwirksamkeit und einem Mangel an (korrigierenden) Lerngelegenheiten zu tendenziell niedrigem Vertrauen in die eigenen Fähigkeiten, das sich über die Zeit verfestigt und wiederum mit anderen Faktoren auf biologischer, psychologischer und sozialer Ebene interagiert.

Tabelle 1c illustriert solche im Beispiel bereits angesprochenen Wirkfaktoren auf sozialer Ebene nochmals im Detail.

Wie aus den Erläuterungen in den Tabellen 1a–1c evident wird, interagieren die Faktoren auf biologischer, psychologischer und sozialer Ebene in hohem Maß miteinander. So kann kein Faktor für sich allein genommen als störungsauslösend angesehen werden, sondern wird immer erst im Zusammenspiel mit anderen Faktoren wirksam und beeinflusst wiederum Reaktionen und Symptome auf allen drei Funktionsebenen.

Dadurch wird einfach nachvollziehbar, warum Kinder und Jugendliche, die aus mehreren Bereichen Vorbelastungen mitbringen, vulnerabler für psychische Probleme sind als Kinder, die aus vielen Bereichen mit Ressourcen ausgestattet sind. Dementsprechend macht es ebenso Sinn, sich beim Versuch, die Entstehung, Aufrechterhaltung und den Verlauf einer psychischen Problematik (egal welcher) zu verstehen, an allen drei Bereichen zu orientieren und möglichst viele der genannten Faktoren in eine Beurteilung miteinzubeziehen.

Tab. 1c: Exemplarische Wirkfaktoren im bio-psycho-sozialen Modell psychischer Störungen und psychischer Gesundheit: soziale Ebene

Exemplarischer Wirkfaktor	Erläuterung des Wirkfaktors	Beispiel für Wirkung als (negativer) Stressor	Beispiel für Wirkung als Ressource	Exemplarische Störungsbereich(e) mit erhöhter Relevanz
Modelllernen	Identifikation mit und Beobachtung sowie Nachahmung von Vorbildern	Orientierung an Verhalten und Empfehlungen von Vorbildern hinsichtlich Ess- und Bewegungsverhalten, Aussehen, Einstellungen gegenüber Dritten usw., bspw. aus sozialen Medien (Influencer & Co.); in der Folge erhöhte Selbstzweifel, weniger Lebenszufriedenheit, verminderte Selbstakzeptanz	Positive Vorbilder aus verschiedenen Lebensbereichen erleichtern die persönliche Sinn- und Zielfindung und sorgen für positive Erfahrungen und Rückmeldungen aus dem sozialen Umfeld	Essstörungen, stoffgebundene und nicht stoffgebundene Süchte, selbstverletzendes Verhalten
Familiäre Sozialisation	Gewohnheiten, Werte, Normen und Überzeugungen, die (oft unbewusst) in der Familie präsent sind oder waren und die individuelle Entwicklung beeinflussen	Copingstrategien der Eltern im Umgang mit Problemen, Kommunikationsstile in der Familie, Erziehungsstil der Eltern; eine desorganisierte oder überorganisierte Familie	Wertschätzung von persönlicher Individualität, offener Umgang mit Gefühlen, konstruktive Konfliktbewältigung	Essstörungen, Depression, Ängste, Substanzmissbrauch

3.2 Wie entsteht (k)eine psychische Störung?

Tab. 1c: Exemplarische Wirkfaktoren im bio-psycho-sozialen Modell psychischer Störungen und psychischer Gesundheit: soziale Ebene – Fortsetzung

Exemplarischer Wirkfaktor	Erläuterung des Wirkfaktors	Beispiel für Wirkung als (negativer) Stressor	Beispiel für Wirkung als Ressource	Exemplarische Störungsbereich(e) mit erhöhter Relevanz
		hemmt z. B. die Entwicklung von Autonomie und Selbstständigkeit		
Peergruppe	Normen, Werte und Überzeugungen von Gleichaltrigen, die der Person wichtig sind; Orientierungsrahmen z. B. hinsichtlich Kleidungsstil, Konsumverhalten, Freizeitgestaltung, Beziehungsgestaltung, Meinungen etc.	Erfahrungen von Ausgrenzung und Ablehnung, z. B. in Form von Mobbing	Vermittlung von Gefühlen der Sicherheit und des Akzeptiertwerdens, positive gemeinsame Erlebnisse, soziales Netz, Erleben von Regeln und »Rangordnung« außerhalb von Schule und Elternhaus, Stabilität und Orientierungsrahmen in Gruppe, Hilfe bei der Bewältigung von Entwicklungsaufgaben wie Identitätsfindung, Abgrenzung u. a. m.	Depression, selbstverletzendes Verhalten, Essstörungen, Suchtverhalten
Bindungserfahrungen	Erfahrungen aus der frühen Kindheit, was die	Schwierigkeiten im Aufbau eigener, vertrauensvoller,	Vertrauensvolles, positiv-konsistentes eigenes Ver-	Essstörungen, selbstverletzendes Verhalten,

Tab. 1c: Exemplarische Wirkfaktoren im bio-psycho-sozialen Modell psychischer Störungen und psychischer Gesundheit: soziale Ebene – Fortsetzung

Exemplarischer Wirkfaktor	Erläuterung des Wirkfaktors	Beispiel für Wirkung als (negativer) Stressor	Beispiel für Wirkung als Ressource	Exemplarische Störungsbereich(e) mit erhöhter Relevanz
	Verlässlichkeit der Bezugsperson und deren Vermittlung von Wärme, Nähe, Autonomie und Sicherheit betrifft, sowie daraus entstandene internale Arbeitsmodelle (d. h. Überzeugungen, wie z. B. Beziehungen funktionieren oder wie Anerkennung und Liebe erhalten werden können)	intimer Beziehungen (z. B. überhöhte Eifersucht, Selbstunsicherheit, Abwertung gegenüber des/r Partners:in oder sich selbst), Zurückweisung von anderen; Selbstaufgabe in Beziehungen, Bereitschaft, alles auszuhalten, was (scheinbar) notwendig ist, um den Partner/die Partnerin zu halten oder seine/ihre Liebe und Anerkennung zu erfahren (z. B. Gewalt); Beziehungsabbrüche, Verlustängste	halten in Beziehungen, stimmige Wahrnehmung und Artikulation eigener Gefühle, gleichzeitig hohes Vertrauen in die eigenen Fähigkeiten und Offenheit für Neues	posttraumatischer Formenkreis, Ängste, Depression
Familiäre Stabilität	Gefühl der Sicherheit und des Geliebtwerdens unabhängig von Leistung, Verminderte Selbstwirksamkeits-überzeugungen und Selbstwertgefühle		Erfahrungsraum für bedingungslose Liebe und Anerkennung, Familie als	Essstörungen u. v. a.

Tab. 1c: Exemplarische Wirkfaktoren im bio-psycho-sozialen Modell psychischer Störungen und psychischer Gesundheit: soziale Ebene – Fortsetzung

Exemplarischer Wirkfaktor	Erläuterung des Wirkfaktors	Beispiel für Wirkung als (negativer) Stressor	Beispiel für Wirkung als Ressource	Exemplarische Störungsbereich(e) mit erhöhter Relevanz
und Einbettung	halten u. ä., positive soziale Interaktionen in der Familie		»sicherer Hafen« bei Problemen → Verlässlichkeit, Sicherheit, stabiler Selbstwert	
Sozioökonomischer Status	Finanzielle Situation, Status und Bildungsniveau der Eltern	Beeinflusst bestimmte Lebenswegentscheidungen, wie z. B. Schulwahl, Wohnort, Möglichkeiten der Freizeitgestaltung, Zugang zu Einrichtungen des Gesundheitswesens, Medienkonsum, Ernährungsgewohnheiten, Orientierung gegenüber Schule, Beruf, Leistung, u. a. m.		empirische Zusammenhänge u.a. mit ADHS, Essstörungen, Ängsten, Depression
Soziale Integration	Einbettung in soziale Netze auch außerhalb der Familie (z. B. in Vereinen, außerschulischen Freundesgruppen)	Die individuelle Entwicklung wird durch negative Erfahrungen oder soziale Isolation (Bsp. Covid) ungünstig beeinflusst	Positive Rollenmodelle und Beziehungen außerhalb der Familie bieten und ermöglichen eine Vielzahl von (auch korrektiven) Beziehungserfahrungen, soziale Unterstützung und Möglichkeiten zur Exploration	Depression; Verhaltenssüchte; u.v.a.

Tab. 1c: Exemplarische Wirkfaktoren im bio-psycho-sozialen Modell psychischer Störungen und psychischer Gesundheit: soziale Ebene – Fortsetzung

Exemplarischer Wirkfaktor	Erläuterung des Wirkfaktors	Beispiel für Wirkung als (negativer) Stressor	Beispiel für Wirkung als Ressource	Exemplarische Störungsbereich(e) mit erhöhter Relevanz
Schulerfahrungen	Breite Wirkung auf die Bewältigung, Unterstützung oder Hemmung einer Vielzahl von Entwicklungsaufgaben und persönlichkeitsbildenden Erfahrungen	Beeinflussung z. B. des Fähigkeitsselbstkonzepts in akademischer, sozialer u. ä. Hinsicht; prägende Rolle sozialer Integration im Klassen- und Schulverband (Bsp. Mobbing, Erfahrungen von Ausgrenzung); negative Erfahrungen und Umgang mit Leistung und Leistungsdruck	Positive Fehlerkultur und wenig (negativer) Leistungsdruck, Ermöglichung der Erkundung der eigenen Interessen und Fähigkeiten jenseits von ständiger Bewertung, positive Beziehungserfahrungen zu Lehrpersonen und Gleichaltrigen ration und Förderung der eigenen Interessen	Ängste; Depression; u.v.a.

Anmerkungen: eigene Zusammenstellung basierend auf Berk (2019) sowie Heinrichs und Lohaus (2020)

3.2 Wie entsteht (k)eine psychische Störung?

Das folgende Beispiel aus dem Schulumfeld soll hierfür zur Illustration dienen.

Fallbeispiel Stefan
Stefan ist 15 Jahre alt und besucht die erste Klasse (9. Schulstufe) einer höheren technischen Schule im Schwerpunktzweig Elektronik und Elektrotechnik. Im Rahmen der Kennenlernwochen zu Beginn des Schuljahres hatte die LP Gelegenheit, einige Zeit mit Stefan zu verbringen und ihn ein wenig kennenzulernen. Dabei fiel von Anfang an Stefans große Nervosität im Umgang mit der LP selbst und Mitschüler:innen auf, er errötete schnell, stotterte des Öfteren und erzählte ungern etwas von sich. Es entstand der Eindruck, er wolle Gespräche mit anderen eher vermeiden, auch im Klassengespräch brachte er sich nie unaufgefordert ein und blieb in den Pausen von Beginn an für sich.

Nach den anfänglichen Startschwierigkeiten gelang es der LP dennoch, im Gespräch einiges über Stefan herauszufinden: er berichtet, dass er schon lange in eine technische Schule gehen wollte, da er sich immer sehr für Technik interessiert hat und in seiner Freizeit gerne baut und bastelt, z. B. an seiner Elektroeisenbahn; er ist stolz, es hierher geschafft zu haben, allerdings auch sehr nervös, ob er weiterhin in dieser Schule bestehen können wird. Er beschreibt sich selbst als eher schlechten Schüler, insbesondere in den sprachlichen Fächern. Seine gesamte Familie ist der Meinung, die Schule sei zu schwer für ihn und er würde an der Aufnahmeprüfung bzw. spätestens an den Anforderungen im Unterricht scheitern. Er selbst gibt sich nach der bestandenen Aufnahmeprüfung vorsichtig optimistisch, meint aber, dies sei wohl eher Glück gewesen, und glaubt selbst, dass er sich zumindest in den sprachlichen Fächern schwertun werde, weil er hierfür, wie er sagt, kein Talent habe, und sicher mehr lernen werde müssen als andere. Zudem beschreibt er große Prüfungsangst insbesondere bei mündlichen Prüfungen, die ihn in der Vergangenheit öfter daran gehindert habe, seine volle Leistung abrufen zu können. Die Freizeit verbringt er neben seinen Basteleien meistens mit Spielen auf PC und Tablet, enge Freunde hat er nach eigenen Angaben keine, nur mit einem Cousin versteht er sich gut, dieser ist aber im letzten Sommer mit den Eltern in ein anderes Bundesland übersiedelt, wodurch der Kontakt weniger wurde.

Auf die Frage der LP, wie wohl er sich denn in der Klasse fühle und ob er schon ein paar Leute kennengelernt habe, zuckt er mit den Schultern und meint, dass er da in der Vergangenheit eher schlechte Erfahrungen gemacht habe und den anderen lieber keine Gelegenheit geben wolle, seine Schwächen herauszufinden und sich darüber lustig zu machen, deswegen bliebe er lieber für sich.

Von einem Kollegen, der Klassenvorstand von Stefans Klasse ist und die Familie auch privat kennt, erfährt die LP, dass Stefan als Einzelkind aufwächst, nachdem ein 5 Jahre jüngerer Bruder im ersten Lebensjahr am plötzlichen Kindstod verstorben ist. Der Kollege beschreibt die Mutter als sehr behütend und besorgt um Stefan, so bringt sie ihn z. B. immer noch täglich selbst in die Schule und holt ihn von dort ab, damit er nicht entlang der stark befahrenen Landstraße nach Hause gehen muss bzw. im Schulbus (wie es in der Sekundarstufe I öfter der Fall war, wie die Mutter erzählt hat) Opfer von Hänseleien durch andere Kinder wird; sie befürchtet auch, dass die Schule Stefan insgesamt überfordern wird, da sie ihrer Meinung nach zu schwer für ihn ist. Der Vater hingegen tritt gegenüber der Schule recht entschieden und fordernd auf und meint, die Schulwahl sei für Stefan gut, da es ohnehin an der Zeit sei, dass »der Bub mal was über das richtige Leben lernt, und da gibt's auch nicht nur Gewinner«.

Anhand dieses Beispiels werden mehrere Faktoren evident, die für eine erhöhte Vulnerabilität des Schülers im Sinne des oben angeführten Modells sprechen. Neben den pubertär bedingten Veränderungen auf biologischer Ebene und den damit einhergehenden Entwicklungsaufgaben in Stefans Alter und einer erhöhten Anspannung in sozialen Situationen, die sich u. a. auf körperlicher

3.2 Wie entsteht (k)eine psychische Störung?

Ebene zeigen (z. B. Erröten, Schwitzen, zittrige Stimme), sind aus der Fallbeschreibung mehrere potenzielle Risikofaktoren auf psychologischer und sozialer Ebene wahrnehmbar. Diese reichen von ungünstigen Ursachenzuschreibungen (Bestehen der Aufnahmeprüfung in die Schule war Glück, bisherige schulische Misserfolge werden internal-stabil attribuiert, d. h. über die eigene »Fähigkeit« begründet) über ein augenscheinlich niedriges akademisches Selbstkonzept (er beschreibt sich selbst als schlechten Schüler, traut sich wenig zu) und geringes Selbstwertgefühl im psychologischen Bereich hin zu gehemmtem Verhalten und Belastungserleben in sozialen Situationen. Zudem ist auf sozialer Ebene geringe soziale Unterstützung und Einbettung wahrnehmbar (kaum existenter Freundeskreis, negative Erfahrungen mit Gleichaltrigen, soziale Isolation in der Klasse, wenige Hobbies). Dazu kommt ein problembehaftetes Beziehungs- bzw. Erziehungsverhalten der Eltern (Mutter überbehütend, Vater autoritär), welches in beiden Fällen hemmend auf die Autonomieentwicklung wirkt (vgl. Berk, 2019). Als weiterer Risikofaktor für die Manifestierung einer psychischen Beeinträchtigung kommt ein kritisches, potenziell traumatisierendes Lebensereignis in der Kindheit durch den Verlust des Bruders hinzu. Dem gegenüber kann die Lehrperson auf den ersten Blick eher wenige Ressourcen ausmachen, die Stefan derzeit auf den verschiedenen Ebenen zur Verfügung stehen, um mit Belastungen umzugehen. Damit kann die Vulnerabilität von Stefan für die Entstehung einer psychischen Störung als erhöht angesehen werden; ebenso breit sind aber die Ansatzmöglichkeiten für positive Interventionen, um Stefans Ressourcen auszubauen und (zumindest manchen) der Risikofaktoren präventiv zu begegnen. Einige Vorschläge für eine Umsetzung in der Schule werden im letzten Kapitel gegeben.

Die Rolle frühkindlicher Bindungserfahrungen

Viele zentrale Strömungen der Psychologie schreiben der frühen Kindheit für unser Verständnis des weiteren Lebensverlaufs und seiner Komplexitäten, und insbesondere für die Entstehung und Aufrechterhaltung psychischer Störungen, eine große Bedeutung zu. Spätestens seit Bowlbys (2008) richtungsweisenden Arbeiten ist die Bedeutung von Bindung und dem elterlichen Verhalten bei der Regulation von Nähe/Wärme und Distanz sowie der Gestaltung der Erkundung der Umwelt (*Exploration*) durch das Kind und den daraus resultierenden Bindungsstilen von Kleinkindern vielen ein Begriff, die mit Kindern und Jugendlichen zu tun haben.

Als besonders »großer Wurf« Bowlbys kann sicherlich die Erkenntnis gelten, dass für Menschen sowohl Autonomie und Freiheit als auch Sicherheit und Orientierung/Struktur zentrale Bedürfnisse sind, was auch Einfluss auf wesentliche Folgetheorien aus dem pädagogischen Bereich, die heute breite Anwendung finden, hatte (man denke etwa im motivationalen Bereich an die Self-Determination Theory [SDT] von Ryan und Deci, 2000, oder relationale Ansätze der Klassenführung, zusammengefasst bei Siwek-Marcon, 2022).

Doch was genau ist Bindung, und warum wird ihr eine so große Bedeutung für die Gestaltung der Beziehung mit sich selbst und anderen über die gesamte Lebensspanne zugesprochen? Bowlby selbst (2008) definierte Bindung als eine tiefe und überdauernde emotionale Verbindung zwischen einem Kleinkind und seiner primären Bezugsperson. Er betonte hierbei die de facto »überlebenswichtige« Rolle von Bindung für das Kleinkind (in Hinblick auf die Sicherstellung der Versorgung seiner physischen, aber auch seiner emotionalen Grundbedürfnisse) und ihre Bedeutung für eine gesunde sozial-emotionale Entwicklung. Bindungsverhalten beim Kleinkind ist darauf ausgerichtet, Fürsorgeverhalten bei seiner/n primären Bezugsperson/en auszulösen, um das eigene Überleben zu sichern. Solches Bindungsverhalten ist etwa das aktive Aufsuchen der Bezugsperson und die Sicherstellung ihrer Aufmerksamkeit durch Schreien, Weinen, Hinkrabbeln, Anschmiegen etc. in für das Kleinkind belastenden (*unsicheren*) Situationen, aber auch die Rückversicherung (z. B. durch Blickkontakt) in unbelasteten (*siche-*

3.2 Wie entsteht (k)eine psychische Störung?

ren) Situationen, in denen das Kleinkind seine Umwelt erkundet *(exploriert)*[4].

Aus solchem bindungsbezogenen Kindesverhalten und den elterlichen Reaktionen darauf entwickeln sich verschiedene Bindungsstile.

Ein sicherer Bindungsstil (Typ »B« in der bindungstheoretischen Klassifikation) wird durch verlässliches und einfühlsames Verhalten der Bezugsperson befördert. Sicher gebundene Kinder zeigen ihre Emotionen (positive wie negative) offen, suchen die Nähe und kommunizieren mit ihrer Bezugsperson in für sie belastenden Situationen und beruhigen sich schnell, um sich wieder der Umwelt (dem Spiel/der Exploration/der eigenen Beschäftigung) zuzuwenden.

Daneben werden zwei wesentliche Stile einer unsicheren Bindung unterschieden. Im unsicher-vermeidenden Stil (Typ »A«) erleben Kinder ihre Bezugsperson als zurückweisend, ihnen gegenüber ablehnend und mit wenig Sensitivität, Empathie und Interesse für die kindlichen Bedürfnisse. Die Kinder reagieren auf diese ablehnende Haltung mit einer Vermeidung von Nähe und Körperkontakt und der Unterdrückung insbesondere negativer Emotionen ihrerseits, die eigene Aufmerksamkeit wird dafür vermehrt auf die Umwelt und deren Exploration gerichtet. Die Unterdrückung der negativen Gefühle ist dabei für das Kind mit großer Belastung verbunden. Die Beziehung zu den Eltern ist durch Kälte und emotionale Distanz gekennzeichnet.

Der zweite Stil einer unsicheren Bindung, nämlich der unsicherambivalente Stil (Typ »C« in der bindungstheoretischen Klassifikation), entsteht durch widersprüchliches Elternverhalten, bei dem die Eltern in manchen Situationen unterstützend, in anderen abweisend auf die Bedürfnisse und Signale des Kindes reagieren. Für das Kind

---

4 Gelungen gewählt in diesem Zusammenhang ist der Titel von Bowlbys Hauptwerk »Bindung als sichere Basis« – wo Bindung einmal als sichere Basis als Ermöglichung der Exploration und Rückversicherung aufgefasst werden kann, andererseits die »sichere Basis« für das weitere Leben darstellt.

sind die Reaktionen der Eltern damit schwierig berechenbar bzw. vorhersehbar und wenig konsistent. Die Kinder reagieren darauf typischerweise in für sie stressbehafteten Situationen mit hoher emotionaler Betroffenheit und starkem Gefühlsausdruck (dies kann als »Übertreibung« verstanden werden, um die Aufmerksamkeit der Bezugsperson sicherzustellen), im Umgang mit den Eltern kann eine Mischung aus dem Suchen von Nähe und Kontaktwiderstand beobachtet werden. Die dabei charakteristische Emotion der Bezugsperson gegenüber ist Ärger (eine »beziehungssuchende« Emotion). Unsicher-ambivalent gebundene Kinder beruhigen sich schwer, sind passiv und zeigen kaum Explorationsverhalten.

Diese drei Bindungsstile werden in der Literatur als »organisiert« beschrieben, da das Verhalten des Kindes konsistent ist, d. h. auch über mehrere Situationen hinweg beobachtet werden kann. Das Kind hat hier ein für ihn/sie verlässliches Muster zum Umgang mit der Bindungsperson zur Verfügung.

Der weitere Bindungsstil »D« (= Desorganisation/Desorientierung) bezeichnet Kindesverhalten, das bizarr und nicht eindeutig klassifizierbar ist. Es findet hierbei sozusagen eine »Unterbrechung« des eingeschlagenen Weges statt, es ist sowohl Annäherung an die Bezugsperson als auch Angst vor ihm/ihr Thema. Der Hintergrund eines atypischen Verhaltens solcher Kinder kann in traumatischen Ereignissen wie etwa Missbrauch begründet liegen[5].

Die Häufigkeit und Verteilung der verschiedenen Bindungsstile variiert je nach Studie, doch sind im Mittel etwa 60 % aller Kinder sicher gebunden, auf beide unsicheren Bindungsstile (unsichervermeidend und unsicher-ambivalent) entfallen jeweils etwa 10–20 %, wobei der unsicher-vermeidende Stil meist etwas höhere Prävalenzen aufweist, und zwischen 5 und 10 % aller Kinder und

---

5 Passender Weise klassifiziert das diagnostische und statistische Manual psychischer Störungsbilder der American Psychological Association (APA) in seiner neuen Auflage (DSM-V) alle klinisch relevanten Bindungsstörungen nunmehr unter »Trauma- und stressinduzierten Störungsbildern«.

3.2 Wie entsteht (k)eine psychische Störung?

Jugendlichen weisen einen desorganisierten Bindungsstil auf (im Überblick z. B. Gloger-Tippelt, 2022; Lengning & Lüpschen, 2019).

Für eine gesunde Bindungsentwicklung ist weniger die körperliche Nähe zur Bezugsperson entscheidend, sondern vielmehr deren grundsätzliche emotionale Verfügbarkeit und deren Konstanz in ihren Reaktionen. Weiters gehört dazu die richtige Abschätzung, wann das Kind welche Art der Zuwendung braucht (z. B. Ermutigung bei schwierigem Unterfangen vs. Abwenden von Gefahr; Trost vs. Unterstützung bei der Selbstkontrolle u. ä.). Das Kind interpretiert die Reaktion der Eltern auch als Aussage darüber, was in bestimmten Situationen »angemessen« ist, bzw. was es »verdient« (z. B. sicher gebunden: »Eltern zeigen sich mir gegenüber liebevoll, d. h. ich bin es wert, geliebt zu werden. Ich bin ein liebenswerter Mensch.«). So entwickeln sich starke implizite Überzeugungen zur eigenen Person und zur Beziehungsgestaltung.

Des Weiteren erlernt das Kind aus seinen Bindungserfahrungen Strategien der Emotionsregulation, also die Fähigkeit, Gefühle wahrzunehmen, ihre Intensität zu regulieren und ihren Ausdruck zu steuern (z. B. wie kann ich mich beruhigen, wenn ich verstört bin, welche Strategien habe ich zur Verfügung, um meine Gefühle auszudrücken, wie hilfreich ist das für mich und für das Erreichen meiner Ziele, und wie kommt dieser Gefühlsausdruck in meinem Umfeld »an«). Daraus resultieren Copingstrategien für Belastungen. Erfährt ein Kind beispielsweise oft Zurückweisung, wenn es weint, wird es lernen, negative Emotionen nicht offen zu zeigen, da die Ablehnung für das Kind schmerzhaft war und seinen Stress nicht gemindert hat. Hat ein Kind seine Bezugspersonen dagegen als verlässlich und emotional zugänglich erlebt, wird es mit einem entsprechenden Grundvertrauen und hilfreichen Strategien für den Umgang mit Stress und negativen Gefühlen in neue Beziehungserfahrungen gehen. Es hat eine höhere Toleranz für positive und negative Gefühle, rechnet mit Verlässlichkeit seiner Bezugspersonen, hat eine bessere Fähigkeit zu Perspektivenübernahme und Empathie und kann Beziehungszeichen anderer richtig deuten (vgl. Lengning & Lüpschen, 2019).

Bindungserfahrungen stellen also eine wichtige psychische Ressource dar, deren Bedeutung für die Gesundheit sich auch empirisch nachweisen lässt. So stellte etwa eine aktuelle Metaanalyse von Delgado et al. (2022) heraus, dass eine sichere Bindung zu den Eltern bessere Peer-Beziehungen und eine höhere psychische Belastbarkeit im Jugendalter vorhersagte. Weiters fand eine finnische Studie (Flykt et al., 2021), dass eine sichere Bindung zu Eltern und Freunden im Jugendalter mit besserer psychischer Gesundheit und weniger Risikoverhalten verbunden war. Ein unsicherer Bindungsstil ist demgegenüber assoziiert mit erhöhten Raten von Aufmerksamkeits- und Hyperaktivitätsstörungen (Wylock et al., 2023), weniger sozialer Einbindung im Jugendalter (Delgado et al., 2022) und erhöhtem Risikoverhalten (Flykt et al., 2021) sowie höherem Stresserleben (im Überblick Buchheim et al., 2017). Letzteres lässt sich auch physiologisch und neurowissenschaftlich nachweisen. So konnte beispielsweise gezeigt werden, dass Menschen mit einem sicheren Bindungsstil eine »gesündere« physiologische Reaktion auf Stress zeigen (niedrigere Herzfrequenz, weniger Stresssymptome) als unsicher gebundene Menschen. Durch bindungsrelevante Reize wird die Oxytocin- und Dopaminausschüttung beeinflusst, und sogar epigenetische Veränderungen (d. h. Beeinflussung der Genexpression und damit von Verhalten und psychischer Gesundheit) durch Bindungserfahrungen wurden nachgewiesen (Buchheim et al., 2017). Diese Ergebnisse unterstreichen die zentrale Bedeutung von frühen Bindungserfahrungen für eine gesunde kognitive und sozio-emotionale Entwicklung. Wenig überraschend ist es daher, dass in den vergangenen Jahren im Public Health-Bereich vermehrtes Augenmerk auf präventive und intervenierende Maßnahmen zur Unterstützung von Eltern in der frühen Kindheit gelegt wurden, bergen doch die Entwicklung eines sicheren Bindungsstils und die damit verbundenen bestärkenden Erfahrungen weitreichendes Potenzial für die Förderung lebenslanger psychischer Gesundheit.

Neben der allgemeinen psychischen Gesundheit ist Bindung auch für die Gestaltung späterer Beziehungen – auch für jene in der Schule – bedeutsam (im Überblick Lengning & Lüpschen, 2019).

3.2 Wie entsteht (k)eine psychische Störung?

Bowlby prägt dazu in seinen Arbeiten den Begriff des »internalen Arbeitsmodells« für die Gestaltung weiterer Beziehungen, in dem er davon ausging, dass die Erfahrungen, die das Kleinkind in der Interaktion mit seiner/n primären Bezugsperson/en in den ersten Lebensjahren macht (und hier insbesondere, welche Verhaltensweisen zur Befriedigung seiner Bedürfnisse führen), im Kind ein inneres Modell dafür entstehen lassen, wie Beziehungen funktionieren und welche Strategien sinnvollerweise zu deren Gestaltung eingesetzt werden sollten (»Wie muss ich mich verhalten, damit ich von anderen das bekomme, was ich brauche?«).

Tabelle 2 auf der folgenden Seite fasst einige zentrale Forschungsergebnisse zum Zusammenhang von kindlichen Bindungsstilen und späterer eigener Beziehungsgestaltung zusammen.

Zur Veränderbarkeit von Bindungsstilen zeigt die Forschung, dass sie zwar eine gewisse Konstanz aufweisen (auch im Sinne einer »sich selbst erfüllenden Prophezeiung«), aber nicht gänzlich unveränderbar sind (vgl. Gloger-Tippelt, 2022). Spätere Beziehungserfahrungen können korrigierend einwirken, wobei hier nahe Beziehungen (z. B. in Partnerschaften) besonders wirksam sind und der Bindungsstil in jüngerem Alter noch plastischer ist als im Erwachsenenalter (ebenda).

Für Lehrpersonen und die schulische Umwelt ergeben sich aus den dargelegten Forschungsergebnissen weitreichende Implikationen. Einerseits betrifft dies die Beziehungsgestaltung, zeigt doch die Forschung, dass korrektive Beziehungserfahrungen zu wichtigen Bezugspersonen (auch außerhalb der Kernfamilie) möglich sind und großen Einfluss auf wichtige intrapsychische Dimensionen haben. Je jünger die Kinder, desto mehr Spielraum gibt es hier.

Tab. 2: Empirische Zusammenhänge zwischen Bindungserfahrungen in der Kindheit und späterer Gestaltung von Beziehungen sowie intrapsychischer Entwicklung

Bindungsstil	Unsicher-vermeidend (A)	Sicher gebunden (B)	Unsicher-ambivalent (C)
Beziehungsstrategien	Vermeiden Beziehungen Brechen Beziehungen ab Suchen keine oder kaum Unterstützung bei ihren Bezugspersonen	Zeigen ihren Wunsch nach Bindung offen Sind beziehungsorientiert Suchen bei Belastung die Unterstützung der Bezugsperson	Zeigen vermehrt Bindungsverhalten (z. B. Eifersucht, »Klammern«) Strategien im Bindungsverhalten sind unklar (Suchen von Nähe vs. Abweisung) Suchen ständig die Aufmerksamkeit der Bindungsperson
Selbstkonzept	Selbsteinschätzung ist vermeidend-perfekt, d. h. eigene Schwächen werden nicht erkannt oder nicht zugegeben	Selbsteinschätzung ist offen und flexibel Selbstwertgefühl und Selbstbild sind positiv Achten sich selbst	Selbsteinschätzung ist negativ Selbstwertgefühl und Selbstbild sind negativ Selbstvertrauen ist gering
Umgang mit Emotionen	Kein offener Umgang mit Emotionen, augenscheinlich wenig emotionale »Schwingungsfähigkeit« Negative Emotionen werden verleugnet Traurigkeit ist eine häufige »Begleitemotion« in Alltag und Beziehungen	Emotionen können offen kommuniziert werden Zugang zu eigenen Emotionen ist gut Freude ist eine häufige »Begleitemotion« in Alltag und Beziehungen	Emotionen werden schlecht integriert und verarbeitet Negative Emotionen werden verleugnet Ärger ist eine häufige »Begleitemotion« in Alltag und Beziehungen

Tab. 2: Empirische Zusammenhänge zwischen Bindungserfahrungen in der Kindheit und späterer Gestaltung von Beziehungen sowie intrapsychischer Entwicklung – Fortsetzung

Bindungsstil	Unsicher-vermeidend (A)	Sicher gebunden (B)	Unsicher-ambivalent (C)
Haltung gegenüber Körperkontakt	Vermeidend	Körperkontakt wird gesucht	Kontakt wird gesucht, aber Personen widersetzen sich auch gleichzeitig

Anmerkungen: Quelle: Lengning & Lüpschen (2019) mit eigenen Erweiterungen

Doch auch jenseits eines Veränderungsanspruchs von Bindungsstilen kann die Lehrperson ihre Beziehung zu den Schüler:innen förderlich gestalten, indem sie bindungstheoretische Kerndimensionen wie Konsistenz, Vorhersagbarkeit und emotionale Erreichbarkeit bei gleichzeitiger Förderung der Autonomie berücksichtigt. Dies kann z. B. über klare Abläufe, transparente Kommunikation von Erwartungen und konsistentes, für die Schüler:innen vorhersagbares Verhalten im Umgang mit ihnen, ihren Leistungen und ihrem Verhalten umgesetzt werden (vgl. auch Siwek-Marcon, 2022). Die bindungstheoretische Autonomieförderung (*»Exploration der Umwelt«*) wird z. B. über die Arbeit in offenen Lernumgebungen unterstützt, bei denen die Lehrperson als wohlwollende/r Lernbegleiter:in bei Problemen zur Verfügung steht, der Unterricht sich jedoch von der direkten Instruktion weg zum selbstständigen Arbeiten an anregenden Materialien in einer spannenden Lernumgebung bewegt. Ebenso kann über eine anregende Gestaltung des Klassenraums aus einer neuen Perspektive nachgedacht werden.

Des Weiteren kann die Lehrperson über einen Einfluss auf die Emotionsregulationsfähigkeit der Schüler:innen wirksam werden. Ein richtiges Erkennen und ein feinfühliger Umgang mit Gefühlen der Schüler:innen, etwa nach schulischen Misserfolgen oder sportlichen Niederlagen, ebenso wie das richtige Erkennen der Bedürfnisse der Schüler:innen sind hier ebenso hilfreich wie die Unterstützung der Schüler:innen, wenn es darum geht, die eigenen (v. a. negativen) Gefühle konstruktiv und vielfältig (inkl. sprachlich) ausdrücken zu lernen. Ein Verbalisieren (= sprachliches Ausdrücken, Benennen, Beschreiben) der Gefühle des Kindes (und auch der eigenen) und das Aufzeigen vielfältiger, konstruktiver Handlungsmöglichkeiten im Umgang mit Gefühlen sind sehr hilfreich für die Entwicklung der Emotionsregulation, welche mit dem Bindungsverhalten in engem Zusammenhang steht. Schule kann hier durchaus korrigierend eingreifen und Kindern, die von Zuhause nur ein sehr eingeschränktes Spektrum an Strategien zum Umgang mit Frustrationen, Konflikten u. ä. mitbringen, unterstützend begleiten und neue Möglichkeiten aufzeigen.

3.2 Wie entsteht (k)eine psychische Störung?

Und hier zeigt sich auch eine weitere wichtige Implikation der Bindungstheorie für den schulischen Kontext, indem sie uns nämlich gute Erklärungen und Hilfestellungen zur Einordnung problematischen Verhaltens von Schüler:innen zur Verfügung stellt, insbesondere was Sozial- und Selbstkompetenzen (also den konstruktiven Umgang mit anderen und sich selbst) betrifft. Ein Gegensteuern über die Grundsätze zur Förderung sicheren Bindungsverhaltens bietet sich hier an. Gleichzeitig kann uns bindungstheoretisches Wissen helfen, sozial weniger kompetente Schüler:innen besser zu verstehen und ihnen Geduld und Verständnis entgegenzubringen, wenn es darum geht, wenig zielführendes Verhalten zu verändern; sind doch die internalen Arbeitsmodelle, die dem problematischen Verhalten zugrunde liegen, erstens höchst funktional für den/die Schüler:in im Umgang mit seinen/ihren Bindungspersonen und zweitens über lange Jahre und tiefgreifende Erfahrungen geformt, die sich nicht durch ein korrigierendes Gespräch beeinflussen lassen.

Zusammenfassend lässt sich also festhalten, dass die Erfahrungen, die unsere Schüler:innen aus dem Elternhaus hinsichtlich der Gestaltung von Beziehungen, der Strategien zur Erfüllung ihrer Bedürfnisse und zum Gefühlsausdruck mitbringen, deren Verhalten maßgeblich beeinflussen und auch erklären können. Darüber hinaus ist Bindung per se ein Prädiktor psychischer Gesundheit, der sowohl als ein Risikofaktor als auch als eine Ressource für Belastungen und Störungen wirken kann. Je besser Lehrpersonen also nach den Grundsätzen agieren, die einer förderlichen Bindung entsprechen (sensible Bedürfniserkennung, Autonomieförderung, Konsistenz und Vorhersagbarkeit in ihren Reaktionen, »sicherer Hafen« bei Schwierigkeiten, Modell für den Ausdruck von Gefühlen etc.), desto besser können sie daran mitwirken, Bindungserfahrungen für die Schüler:innen zu einer Ressource werden zu lassen.

Das Jugendalter – eine vulnerable Phase

Wie bereits einleitend erwähnt, treten viele psychische Störungen, insbesondere jene aus dem affektiven und internalisierenden Bereich, im Jugendalter zum ersten Mal auf. Dafür gibt es mehrere Gründe, die in den folgenden Abschnitten dargestellt werden sollen.

Zunächst ist das Jugendalter per se (also jene Lebensjahre zwischen etwa 10 und 18 Jahren, in denen wir unsere Schüler:innen in der Sekundarstufe begleiten) eine Zeit, in der sich auf körperlicher, neuronaler und hormoneller Ebene so viel verändert wie kaum sonst während der Lebensspanne. Neben dem ständigen Ungleichgewicht zwischen kortikaler Reifung, körperlicher Entwicklung und hormoneller Achterbahnfahrt gilt es auch, die mit den Reifungsprozessen einhergehenden kognitiven, psychologischen und sozialen Veränderungen ins eigene Selbst zu integrieren, sich vom Elternhaus abzunabeln und die eigene Identität zu entwickeln. Praktisch alle bisher wahrgenommenen Sicherheiten (Freundschaften, Interessen, Beziehung zu den Eltern, Selbstkonzept u. a. m.) verändern sich, erste Liebesbeziehungen mit ihren sehr unterschiedlichen Erfahrungswerten kommen ins Spiel, und nebenbei soll man schulisch performen und sich beruflich orientieren in einer Welt, in der scheinbar alle Türen offenstehen und die doch gleichzeitig kaum (Zukunfts-)Sicherheit und Perspektiven zu bieten hat. Wenig verblüffend also, dass diese Zeit auf allen drei Ebenen (körperlich, psychisch, sozial) reichlich Stressoren parat hält, die das individuelle Belastungsniveau und die eigenen Ressourcen und Bewältigungsstrategien mehr als herausfordern. Tabelle 3 listet einige der zentralsten Entwicklungsaufgaben, die sich im Jugendalter (ganz unabhängig von der persönlichen Ressourcen- und Stressorenbilanz) für alle unsere Schüler:innen innerhalb von kurzer Zeit ergeben und stellt sie einigen potenziellen Störungsquellen gegenüber, die wiederum auf eine ungünstige Bewältigung dieser Aufgaben und/oder das Entstehen einer psychischen Störung hinwirken können.

3.2 Wie entsteht (k)eine psychische Störung?

Tab. 3: Entwicklungsaufgaben im Jugendalter und mögliche Störungsquellen

Entwicklungsaufgabe	Mögliche Störungsquelle(n)
Peerbeziehungen aufbauen und aufrechterhalten – online & offline	Instabiler oder wenig verlässlicher Freundeskreis, soziale Isolation (Bsp. Covid)
Eigenen Körper und dessen Veränderungen akzeptieren, Adaption an sexuelle Reifung	Bodyshaming (on- und offline); unrealistische Vorbilder; sexuelle Gewalterfahrungen
Übernahme bzw. Findung einer Geschlechterrolle, sexuelle Identitätsfindung	Starre bzw. einseitige vermittelte Geschlechterrollen, Tabuisierung von Sexualität und ihrem Spektrum, unrealistische Modelle (z. B. in Form von Pornografie, dem neben Gaming von männlichen Jugendlichen zwischen 12 und 20 meistkonsumierten Online-Content; vgl. Haidt, 2024)
Ablösung von den Eltern	Autonomiehemmende familiäre Bedingungen
Berufliche Orientierung, Zukunftsperspektive entwickeln	Einschränkendes soziales Umfeld, Mangel an positiven Vorbildern
Vorbereitung auf Partnerbeziehung und Familie	Problematische Bindungs- und Beziehungserfahrungen in der Herkunftsfamilie
Identitätsfindung	Unangemessene Modelle in Familie, Freundeskreis, Gesellschaft, Medien; desorganisierte oder überorganisierte Familie
Werte, ein ethisches System, Ideologien erlangen, die als Leitfaden für das eigene Verhalten dienen	Unangemessene/einseitige Modelle in Familie, Freundeskreis, Gesellschaft, Medien

Tab. 3: Entwicklungsaufgaben im Jugendalter und mögliche Störungsquellen – Fortsetzung

Entwicklungsaufgabe	Mögliche Störungsquelle(n)
Sozial verantwortungsvolles Verhalten entwickeln	Unangemessene Modelle in Familie, Freundeskreis, Gesellschaft, Medien; desorganisierte oder überorganisierte Familie

Anmerkungen: eigene Zusammenstellung basierend auf Havinghurst (1981, n. Berk, 2019) sowie Perrez & Baumann (2011).

Wie aus Tabelle 3 evident wird, werden Erfahrungen mit Gleichaltrigen (Peers) im Jugendalter für die Entwicklung und Sozialisation immer wichtiger. Peers sind für jede/n Jugendliche:n nicht nur in sozialer Hinsicht eine wichtige Ressource: so sagen etwa positive Peerbeziehungen den schulischen Erfolg voraus, unterstützen die Ablösung von den Eltern und bieten eine Orientierung zur Auswahl eigener (Lebens-)Ziele. Sie begleiten im Übergang zur eigenen Partnerschaft und vermitteln Regeln für den Umgang mit Konflikten und für den Aufbau und den Erhalt späterer Beziehungen. Der Freundeskreis bietet außerdem emotionale Geborgenheit (und damit einhergehend eine Sicherheit, nicht allein zu sein und verstanden zu werden) sowie ein Spektrum von und eine Identifikationsmöglichkeit mit verschiedenen Lebensstilen und Ansichten (vgl. Berk, 2019).

Im Unterschied zum familiären und schulischen System haben traditionelle Hierarchien im Freundeskreis kaum Bedeutung, was die Abgrenzung erleichtert und die eigene Autonomieentwicklung befördert. Im Freundeskreis haben die Jugendlichen eine Möglichkeit zur Selbstdarstellung, die über jene im familiären System hinausgeht, können mit verschiedenen Facetten ihrer Persönlichkeit experimentieren und neue Interessen entdecken. Die Peergroup vermittelt dabei einerseits Unabhängigkeit vom äußeren Normsystem, das im Jugendalter ohnehin ständig in Frage gestellt wird, andererseits Abhängigkeit innerhalb eines neuen Normsystems (ebenda).

3.2 Wie entsteht (k)eine psychische Störung?

Dabei haben sich Freundschaften in den letzten Jahren unweigerlich gewandelt, durch die steigende Digitalisierung aller Lebensbereiche (bspw. schulische Kommunikation, Vernetzung in der Freizeit, digitalisierungsbetonte Arten der Freizeitgestaltung), den stetigen Zuwachs an Bedeutung und Zeit, die die sozialen Medien im Alltag einnehmen, und befördert durch die Erfahrungen sozialer Isolation bei unserer »Generation Corona« werden soziale Beziehungen mit Freund:innen sehr anders gelebt als noch vor zehn Jahren.

Zwar sind also die grundlegenden Funktionen und Rollen der Peer Group gleichgeblieben, wie von Berk (2019) beschrieben. Jedoch finden Identitätsfindung, Konfliktaustragung, Beziehungsanbahnung u. a. m. für unsere Schüler:innen heute sowohl in der analogen als auch in der digitalen Lebenswelt statt, was einerseits neue Fähigkeiten befördert, andererseits alle Vor- und Nachteile beider Welten mit sich bringt.

Pubertät und Adoleszenz bergen also von jeher eine Vielzahl an Entwicklungsaufgaben. Nun denken wir oft, was ist denn daran so schlimm – schließlich waren wir auch einmal jung und sind auch mehr oder weniger unversehrt aus unseren Jahren der Pubertät und Adoleszenz hervorgegangen. Das stimmt zwar, doch müssen wir mit de Liz (2022, S. 16) konstatieren, »ja, [...] wir waren jung, aber wir waren niemals jung in **dieser** Zeit«. Diese Aussage stimmt selbst für die jüngsten Kolleg:innen unter uns; in Lehrveranstaltungen an der Universität sitzen die Anfang 20-jährigen Masterstudierenden Beispielen von TikTok-Challenges, Abnehm-Foren und Nutzungsdauerstatistiken der sozialen Medien genauso ungläubig gegenüber wie ihre älteren Kolleg:innen. Erfahrungen aus der Pandemie, während derer eine unvergleichliche globale Überforderung und Unsicherheit spürbar war und viele belastende Lebenssituationen noch verstärkt wurden, tragen ebenso wie eine Gegenwart voller Unsicherheiten dazu bei, dass Kinder und Jugendliche nicht so unbeschwert durchs Leben gehen, wie wir es uns für sie (und für uns selbst) wünschen würden.

Das Vulnerabilitäts-Stress-Modell

Ein sehr eingängiges, auch für Kinder und Jugendliche gut verständliches und daher für die Schule gut nutzbares Modell, das erklärt, warum sich Belastungen gerade zu einem bestimmten Zeitpunkt manifestieren und wie ihnen entgegengewirkt werden kann, ist das Vulnerabilitäts-Stress-Modell (vgl. Ingram & Luxton, 2005; Wittchen & Hoyer, 2011). Es berücksichtigt individuelle Prädispositionen für Belastungen ebenso wie persönliche Ressourcen, die diesen Belastungen entgegenwirken können, und erklärt, wie Stressoren verschiedenster Art zusammenwirken können, um dann zu einer bestimmten Belastungsreaktion zu führen, wenn die persönliche Belastungsgrenze überschritten wird.

Abbildung 2 verdeutlicht die Grundannahmen des Modells anhand von Beispielen aus dem schulischen Umfeld.

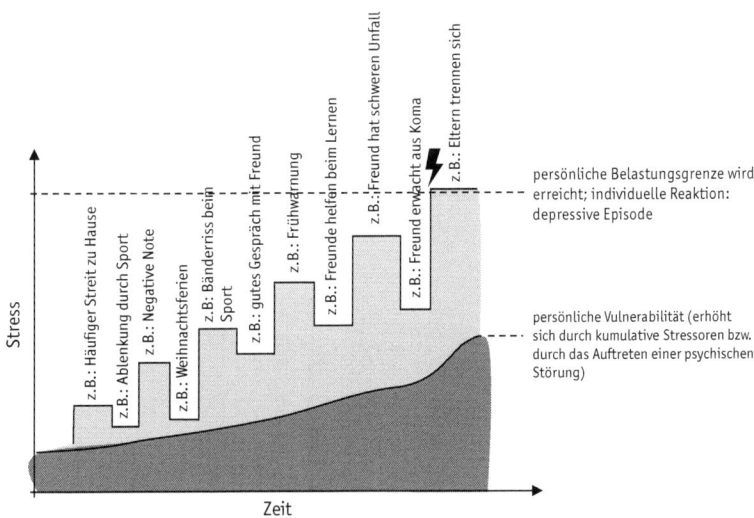

Abb. 2: Erweitertes Vulnerabilitäts-Stress-Modell

3.2 Wie entsteht (k)eine psychische Störung?

Die Grundannahme des Modells ist also, dass jede:r von uns über eine persönliche, individuelle Belastungsgrenze verfügt, an die wir uns durch die Akkumulation von verschiedenen Stressoren annähern, während positive Erfahrungen, Bewältigungsstrategien und persönliche Ressourcen »dagegen halten«. Solche positiven Einflüsse können aber nicht nur Stressoren abmindern, sondern auch die persönliche Belastungsgrenze weiter nach oben verschieben und die Vulnerabilität senken. Wird jedoch die summative Wirkung der Stressoren (inklusive der persönlichen Vulnerabilität) zu groß und die Bewältigungsreserven zu klein, wird die persönliche Belastungsgrenze erreicht oder auch überschritten. Bei Überschreiten der Belastungsgrenze kommt es nach Annahme dieses Modells zu einer Belastungsreaktion, die sich wiederum sehr individuell äußert: jemand erfährt eine depressive Episode, jemand anders eine Panikattacke und wieder der/die Nächste fühlt sich dermaßen unter Druck, dass er/sie sich selbst verletzt.

Je höher die eigene Vulnerabilität bereits ist (z.B. durch genetische, familiäre und/oder individuelle Vorbelastungen), desto geringer wird die »Luft nach oben« in Richtung dieser Belastungsgrenze. Daher wird verständlich, warum Personen, die schon sehr »weit oben« starten, etwa weil sie multipel belastet sind, gefährdeter für psychische Störungen oder deren Wiederauftreten sind als Personen, die viele Ressourcen und wenige Vorbelastungen mitbringen.

Dabei kann sich auch die Vulnerabilität selbst über den Lebensverlauf verändern, wie in Abbildung 2 schematisch dargestellt: insbesondere das gleichzeitige Auftreten mehrerer Belastungsfaktoren, die auf vielfältige Lebensbereiche Einfluss haben und lange andauern (wie im Beispiel eine Trennung der Eltern oder das Auftreten einer psychischen Störung wie z.B. einer depressiven Episode selbst) können die Anfälligkeit für spätere Probleme erhöhen, ebenso kann die Vulnerabilität aber auch abnehmen, etwa durch sehr günstige Lebensumstände, die eine Vielzahl von Ressourcen bereitstellen und die konstruktive Bewältigung von Problemen fördern.

Das Modell stellt das komplexe Zusammenspiel von Belastungsfaktoren, Ressourcen und Vulnerabilität sicherlich sehr vereinfacht und schematisch dar, doch erlaubt gerade diese Einfachheit und Nachvollziehbarkeit einen breiten Einsatz und ist der Grund dafür, dass es sich in der Psychoedukation in Therapie und Beratung störungsübergreifend großer Beliebtheit erfreut (vgl. Wittchen & Hoyer, 2011). Das Modell kann genutzt werden, um die individuelle Stressoren- und Ressourcenbilanz darzustellen und eine Störungsgenese in ihrer Vielgestaltigkeit verständlich zu machen sowie dazu, individuelle Verläufe zu erklären, um zu verstehen, warum die gleichen Belastungsfaktoren nicht auf jede Person gleich wirken.

> **Fokus auf die Lehrer:innengesundheit: Persönliche Stressoren- und Ressourcenbilanz**
> Nicht nur die Schüler:innen, sondern auch wir Lehrpersonen sind im Erhalten eines »positiven Gleichgewichts« zwischen unseren Stressoren und Ressourcen ständig gefordert. Fragen Sie sich: Wie sieht Ihre persönliche Stressoren- und Ressourcenbilanz momentan aus? Welche Reaktion zeigen Sie, wenn Sie sich an Ihre persönliche Belastungsgrenze annähern oder diese überschreiten? Welche Faktoren kennen Sie bei sich auf körperlicher, psychischer und sozialer Ebene, die Sie stark und widerstandsfähig machen und die Ihnen (neue) Kraft geben? Welche davon möchten Sie bei sich in der nächsten Zeit wieder mehr fokussieren und fördern? Eine Konzentration auf solche Fragen hilft uns, die eigenen Ressourcen einzusetzen bzw. rechtzeitig wieder aufzufüllen und die eigene Gesundheit (auch) im Berufsalltag zu erhalten.

Nach dieser einleitenden Analyse wichtiger Einflussfaktoren, die in der Entwicklung, Aufrechterhaltung und Bewältigung psychischer Störungen eine Rolle spielen, soll im nächsten Kapitel nun auf konkrete psychische Problematiken eingegangen werden, die uns in der Schule häufig begegnen. Dies soll helfen, Anzeichen zu erkennen, betroffene Schüler:innen besser zu verstehen und ihnen kompetent

3.2 Wie entsteht (k)eine psychische Störung?

begegnen zu können. Zu jedem Störungsbild werden Hinweise gegeben, worauf Lehrpersonen im Umgang und zu ihrer Prävention besonders achten sollten, während allgemeine präventive Methoden, die zur psychischen Gesundheitsförderung in der Schule herangezogen werden können, im Abschlusskapitel vorgestellt werden.

4 Schulrelevante psychische Störungen erkennen

4.1 Vorbemerkungen

In den folgenden Abschnitten werden die häufigsten psychischen Störungsbilder vorgestellt, die uns heute bei Jugendlichen zwischen 10 und 18 Jahren – und damit in der Schule – begegnen. Dabei beschränkt sich die Darstellung, wie eingangs erwähnt, auf internalisierende Probleme; Entwicklungsstörungen wie AD(H)S und Autismus-Spektrums-Störungen und andere Entwicklungs- und Lernstörungen sowie Persönlichkeitsstörungen, die sich etwa in stark antisozialem Verhalten äußern, werden aufgrund ihrer Komplexität, ihrer doch anderen Genese und der Tatsache, dass sie ein sehr spezielles, auf das jeweilige Bild abgestimmtes Vorgehen erfordern, in diesem Band ausgeklammert.

Das Ziel des Kapitels ist es nicht, am Ende der Lektüre Diagnosen stellen zu können, sondern ein »geschultes Auge« für mögliche Symptome und Warnzeichen psychischer Belastungen bei Schüler:innen zu entwickeln, ohne dabei in Alarmismus zu verfallen. Mit dem Wissen um die Genese psychischer Probleme aus dem Eingangskapitel und dem spezifischen Störungswissen aus diesem Kapitel soll es leichter fallen, in die Erlebenswelt betroffener Kinder und Jugendlicher einzutauchen, um sie besser verstehen und »abholen« zu können und im Unterrichtsalltag und in der Gesprächsführung stützen – statt zusätzlich belasten – zu können. Dabei sei eingangs gleich erwähnt, dass Lehrpersonen zwar im Unterricht und in Einzelgesprächen viel Entlastung bewirken können, aber die eigentliche Abklärung, ob und welches Problem vorliegt und ob und wie es behandelt werden soll, medizinisch und psychologisch geschulten Professionist:innen obliegt. Dementsprechend kann als »Faustregel« für die Stützung betroffener Schüler003Ainnen gelten, dass alles, was nicht in einem vorbereiteten Einzelgespräch geklärt werden kann (mehr dazu in den Ausführungen am Ende dieses Kapitels zur Gesprächsführung bei psychischen Belastungen), an solche Professionist:innen weitergegeben werden sollte.

An vielen Standorten wird die erste Anlaufstelle für Lehrpersonen (vor oder nach dem ersten klärenden Gespräch mit dem/r Betroffenen) die eigene Schulpsychologie, möglicherweise auch die Schulsozialarbeit oder der/die Schularzt/-ärztin sein. Sollten diese Ressourcen nicht zur Verfügung stehen oder zu kurz greifen, empfiehlt sich eine eigene Liste mit Anlauf- und Beratungsstellen zu verschiedenen Problemlagen, die idealerweise *vor* dem ersten Anlassfall angelegt und regelmäßig – in etwa jährlichem Abstand – auf ihre Aktualität überprüft werden sollte. Das Angebot psychosozialer Versorgung ist mittlerweile (u. a. auch dank eines Ausbaus in Folge der Pandemie) vielerorts breit, und auch wenn nicht immer zeitnah ein fester Behandlungsplatz gefunden werden kann, schaffen (oft kostenlose) Beratungsangebote in Familien- und Jugendberatungsstellen, psychologischen Ambulanzen von Kliniken, Hotlines und professionelle Hilfsangebote via Chat u.a.m. schon eine wertvolle Überbrückung und Stütze bei Problemen und Krisen.

Beobachtungen von Lehrpersonen und Freund:innen können eine wertvolle Datenquelle sein und sind nicht selten der »Stein des Anstoßes« für eine erfolgreiche Behandlung. Doch kann psychologische Diagnostik psychischer Störungen – und noch weniger deren Behandlung – auch bei besten Ressourcen nicht in der Schule erfolgen. Lehrpersonen können dennoch einen großen Unterschied für den Verlauf von Problemen und Störungen machen, sind sie es doch, die täglich mit ihren Schüler:innen zu tun haben, ihr Verhalten gut kennen und beobachten können und dabei gleichzeitig eine gewisse professionelle Distanz haben, durch die Veränderungen oft besser wahrnehmbar sind als in engeren und persönlichen Beziehungen. Und nicht zuletzt wird häufig auch die schulische Umwelt in Mitleidenschaft gezogen, wenn Jugendliche psychisch belastet sind, sei es durch Störverhalten im Unterricht, Leistungsabfall oder Schwierigkeiten in den sozialen Beziehungen in der Klasse. Lehrpersonen sollten also primär natürlich im Interesse der Schüler:innen, aber auch in ihrem eigenen Interesse aufmerksam auf Veränderungen und Besonderheiten im Verhalten ihrer Schüler:innen sein, um im Anlassfall kompetent und zeitnah reagieren und weiterverweisen zu können und so die Situation für alle Beteiligten zu verbessern. Je besser Lehrpersonen dabei mit Besonderheiten im Verhalten und Erleben, wie sie mit den häufigsten psychischen Störungsbildern einhergehen, vertraut sind, desto einfacher wird rechtzeitiges Erkennen und die Einleitung geeigneter stützender Maßnahmen.

4.2 Funktion und Nutzen von Klassifikationssystemen für psychische Störungen

In der professionellen Diagnostik im medizinischen und psychologischen Bereich werden Klassifikationssysteme eingesetzt, die international verbreitet und vereinheitlicht sind. Sie sollen Vergleichbarkeit und eine eindeutige, objektive Einordnung und Diagnosestellung bei Einschränkungen (auch) der psychischen Gesundheit ermöglichen. Im psychologischen Bereich kommen dabei sowohl das Diagnostische und Statistische Manual psychischer Störungen der amerikanischen Vereinigung der Psycholog:innen (APA) in seiner aktuellen (fünften) Fassung (DSM-V) zum Einsatz als auch sein im deutschsprachigen Raum verbreiteteres Äquivalent, aktuell die ICD-11 (*International Classification of Diseases*) der WHO. Beide Systeme operieren ähnlich, indem sie nämlich die Störungsbilder nach dem aktuellen Forschungsstand und auf Basis eines Expert:innenkonsens (z.B. hinsichtlich Genese, Ähnlichkeit der Symptome

4.2 Funktion und Nutzen von Klassifikationssystemen für psychische Störungen

u. ä.) gruppieren und deren Kern- und Begleitsymptome genau beschreiben. Jedem Störungsbild wird ein eindeutiger Code zugeordnet, der u. a. für die Abrechnung medizinischer und psychologischer Leistungen in Krankenversicherungssystemen zugrunde gelegt wird. Checklisten und diagnostische Verfahren, die den gleichen Aufbau wie die Klassifikationssysteme aufweisen, helfen Professionist:innen bei der eindeutigen Diagnosestellung.

Stärken dieser Diagnosesysteme liegen sicher in ihrer Systematik, ihrer Vergleichbarkeit und ihrer einheitlichen Implementierung im Gesundheitsbereich, was auch die entsprechende Versorgung gewährleisten soll. In eben dieser Einheitlichkeit liegt auch ein großer Kritikpunkt, da sich viele Betroffene in der stark systematisierten und standardisierten Darstellung in ihrem individuellen Erleben zu wenig abgebildet sehen. Tatsächlich ist – wie im Kapitel »Psychische Störungen verstehen« herausgestellt – jeder Verlauf sehr individuell und die Symptome sind sehr unterschiedlich ausgeprägt. Dazu kommt, dass auch der wissenschaftliche Konsens nicht starr ist, sondern einem Fluss unterliegt; das beste Beispiel hierfür ist vielleicht die Klassifizierung sexueller Identitäten aus dem LGBTQIA+* -Spektrum, die in den letzten Jahrzehnten deutlich entstigmatisiert wurden und heute ganz anders behandelt werden als in den Vorversionen der Klassifikationssysteme. Doch auch in anderen Bereichen des Verhaltens und Erlebens wurden z. B. im Übergang von der 10. auf die 11. Version der ICD zahlreiche Änderungen vorgenommen, um neue Erkenntnisse aus Forschung, klinischer Praxis und gesellschaftlicher Entwicklung adäquat abzubilden. Eine der zentralsten Änderungen, die auch für die Schule relevant ist, ist etwa die Tatsache, dass in der ICD-11 nicht mehr zwischen Störungen im Kindes- und Jugendalter und im Erwachsenenalter differenziert wird. Stattdessen wird eine Lebenszeitperspektive eingenommen, was die Gemeinsamkeiten von Belastungen in Auftreten, Erleben und Ausdruck betont und der Tatsache Rechnung trägt, dass sich viele Störungen über mehrere Lebensphasen erstrecken (vgl. Reed et al., 2019). Bei jeder Störungsgruppe werden Kernsymptome sowie verschiedene Spezifizierungen (»*specifier*«) ausgewiesen, die u. a.

dafür sorgen, dass dem unterschiedlichen Ausdruck, der bei manchen Belastungen im Kindes- und Jugendalter vs. Erwachsenenalter auftritt, adäquat Rechnung getragen werden kann (z. B. vermehrte nonverbale Auseinandersetzung mit traumatisierenden Erlebnissen bei Kindern, etwa im Spiel, vs. stärker versprachlichter Ausdruck im Erwachsenenalter; vgl. Heinrichs & Lohaus, 2020).

Daher gibt die Kenntnis von Klassifikationssystemen eine gewisse Sicherheit, wenn es darum geht, die klinische Relevanz eines Verhaltens oder Erlebens zu beurteilen (nach den eingangs genannten Kriterien Dauer – Intensität – subjektive Einschränkung bzw. Leidensdruck). Die nachfolgende Darstellung von besonders schulrelevanten psychischen Störungsbildern orientiert sich daher auch an diesen Klassifikationssystemen, genauer an der Neuauflage des ICD-Systems der WHO in seiner 11. Fassung.

4.3 Die häufigsten psychischen Auffälligkeiten in der Schule

Depressivität

Depressive Verstimmungen in den verschiedensten Abstufungen zählen weltweit zu den häufigsten psychischen Beeinträchtigungen (Liu et al., 2023). Während der Covid-19 Pandemie wies jeder zweite schulpflichtige Jugendliche klinisch relevante depressive Symptome auf (vgl. im Überblick Brakemeier et al., 2020; Rabanek, 2021; Schabus & Eigl, 2019). Zwar gingen diese Raten nach Abklingen des pandemischen Geschehens wieder zurück, doch weisen aktuelle Studien darauf hin, dass depressive Problematiken bei den heutigen jungen Erwachsenen (also bei jenen Schüler:innen, die während Covid-19 den Großteil Ihrer Pubertät durchliefen) wesentlich höher sind, als sie es bei früheren Geburtsjahrgängen waren. Dabei beste-

4.3 Die häufigsten psychischen Auffälligkeiten in der Schule

hen die depressiven Symptome beim Großteil der untersuchten jungen Erwachsenen seit dem Jugendalter (Keyes et al., 2024). Eine weitere hochaktuelle Metaanalyse kommt zu dem Schluss, dass heute sogar jede/r dritte Schüler:in depressiv belastet ist (Mei & Wang, 2024). Es ist daher wichtig für Lehrpersonen, über die häufigsten depressiven Bilder, die uns im schulischen Alltag begegnen, Bescheid zu wissen und ihre Symptomatik erkennen und verstehen zu können, zumal sie großen Einfluss auf die schulische Leistungsfähigkeit, das Konzentrationsvermögen, die Beteiligung der Schüler:innen am Unterricht u.v.m. haben (Mei & Wang, 2024). Gleichzeitig soll deutlich werden, wie depressive Störungen von Stimmungsschwankungen, Gereiztheit usw., wie sie im Alltag, aber insbesondere in der Pubertät häufig vorkommen, abgegrenzt werden können.

Schulrelevante depressive Störungen verstehen

Fallbeispiel: Julia
Julia besucht die 4. Schulstufe eines Gymnasiums mit sprachlichem Schwerpunkt und zeigt in der Schule durchschnittliche Leistungen, den Lehrpersonen ist sie als eher ruhiges, unauffälliges Mädchen bekannt. Sie versteht sich recht gut mit ihren Klassenkamerad:innen, hat aber keine wirklich engen Freundschaften in der Klasse. Bis zum vergangenen Jahr spielte sie Tischtennis in der Jugendmannschaft eines Vereins, diese wurde jedoch mangels Mitglieder vor einigen Monaten aufgelöst. Julia hat eine um zwei Jahre ältere Schwester, zu der sie ein gutes Verhältnis hat. Sie verbringt ihre Freizeit gerne mit Handarbeiten (Armbänder etc.) und unterhält selbst TikTok- und Instagram Accounts, auf denen sie ihre Arbeiten postet. Kurz nach Julias 15. Geburtstag im Februar verlässt die Mutter unerwartet die Familie, um in einer neuen Beziehung zu leben. Vater und Töchter sind naturgemäß sehr erschüttert, und Julia braucht viele Wochen, um die Veränderung zu verarbeiten und sich mit der neuen Situation zurechtzufinden. In der Schule wird sie jedoch gut be-

gleitet, die Lehrpersonen nehmen Rücksicht und sie scheint die Stabilität wertzuschätzen, die ihr Schule und Unterricht bieten, und langsam wieder den Weg in eine neue Normalität zu finden. Nach den Sommerferien jedoch erscheint Julia den Lehrpersonen verändert, sie ist sehr in sich zurückgezogen, beteiligt sich kaum mehr am Unterricht und interagiert noch weniger mit ihren Klassenkamerad:innen als vorher. Sie kommt nicht zu vereinbarten Treffen, ist oft krank und fehlt immer wieder im Unterricht, was wiederum zur Folge hat, dass sich Aufgaben und Termine anhäufen. Im Unterricht wirkt sie unkonzentriert und auf Ansprache reagiert sie mit einsilbigen Antworten oder Schweigen. Ihre Leistungen in allen Unterrichtsfächern fallen radikal ab, was sie aber nicht weiter zu stören scheint. Auf Nachfrage beim Vater erfährt die Klassenlehrperson, dass Julias Schwester in den Sommerferien zu einer Tante in die USA gezogen ist, um an einer dortigen Schule ein Auslandsjahr zu absolvieren und Abstand von daheim und der neuen Familiensituation zu gewinnen, mit der sie nicht gut zurechtkam. Der Vater bestätigt die Wahrnehmungen der Lehrperson, was Julias Rückzugsverhalten betrifft; auch zu Hause sperrt sie sich immer häufiger in ihrem Zimmer ein, spricht kaum mit ihm und nimmt selten an gemeinsamen Mahlzeiten teil. Seit Wochen arbeitet sie seiner Wahrnehmung nach weder für die Schule noch an ihren Armbändern. Sie klagt über ständige Müdigkeit und ist nach der Schule – wenn sie denn dort war – so erschöpft, dass sie oft direkt ins Bett geht und dann den ganzen Nachmittag schläft. Abends sitzt sie dann bis spät in die Nacht hinein vor dem PC, auf Ansprachen des Vaters reagiert sie höchst ungehalten und oft aggressiv. Medizinische Abklärungen der Abgeschlagenheit blieben bislang ohne Ergebnis. Der Vater ist besorgt und weiß nicht mehr recht weiter.

Unter dem Begriff »depressive Störung« werden alle jene Zustände beschrieben, die mit einem dauerhaft und signifikant negativ veränderten Gemütszustand einhergehen, der nicht anderweitig (z. B. durch eine Trauerreaktion auf den Verlust einer geliebten Person)

4.3 Die häufigsten psychischen Auffälligkeiten in der Schule

erklärbar ist. Stark niedergedrückte Stimmung (Traurigkeit, Irritabilität, innere Leere), Verlust von Freude und Interesse am Leben insgesamt und an zuvor gerne ausgeübten Tätigkeiten sowie weitere typische Denk- und Verhaltensmuster sind dafür charakteristisch. Während die meisten von uns eine solch niedergedrückte Stimmung von manchen Tagen und Momenten des Alltags kennen, ist diese bei tatsächlich depressiven Menschen um ein Vielfaches ausgeprägt, von vielfältigen anderen Symptomen begleitet und hält über lange Zeit an.

Betroffene fühlen sich wertlos, haben meist starke Schuldgefühle (z. B. aufgrund Gefühle eigener Unzulänglichkeit) und keinen Spaß mehr am Leben und den Dingen, die ihnen vorher Freude gemacht haben. Sie fühlen sich antriebslos, leer und wie von einem unsichtbaren Gewicht niedergedrückt. Die Aufmerksamkeit wirkt wie vernebelt, und Konzentration auch für kurze Zeitspannen und auf einfache Dinge verlangen eine geradezu übermenschlich wirkende Anstrengung und einen enormen Kraftaufwand ab. Dementsprechend müde und erschöpft fühlen sie sich den Großteil der Zeit über. Gleichzeitig können sie schwer beschreiben, was sie eigentlich so traurig und müde macht, verstehen und erkennen sich oft selbst nicht wieder. Die Betroffenen fühlen sich von ihrem Umfeld oft unverstanden, meist zurecht, da die extreme Gefühlstiefe von außen oft schwer gesehen und noch schwerer nachvollzogen werden kann, insbesondere, je länger sie andauert. Dieses Unverständnis vertieft wiederum die Gefühle der Verzweiflung und Unzulänglichkeit.

Eine depressive Episode kann grundsätzlich jede/n treffen und ist eine vergleichsweise sehr häufige Reaktion auf multiple Belastungen. Wie bei jedem Störungsbild gibt es Risikofaktoren, die das Auftreten einer klinisch relevanten Depression wahrscheinlicher machen; dazu gehören insbesondere vorausgegangene depressive Episoden, erbliche Vorbelastungen (Elternteil[e] mit affektiven Störungen) und kritische Lebensereignisse wie Verlusterfahrungen (vgl. Heinrichs & Lohaus, 2020; WHO, 2024), doch auch ohne solche Vorbedingungen kann als Ausdruck einer Überlastung (vgl. das

Vulnerabilitäts-Stress-Modell in ▸ Kap. 3) eine depressive Episode oder Störung auftreten.

Wie bei anderen psychischen Störungen (z. b. bei Ängsten, Zwängen oder posttraumatischen Reaktionen) kommt es auch bei Depressionen neben dem Ausdruck in Erleben und Verhalten der Betroffenen auch zu Veränderungen neurologischer Strukturen, die in bildgebenden Verfahren nachweisbar sind. Diese Veränderungen können medikamentös und psychotherapeutisch beeinflusst und rückgebildet werden (für nähere Details siehe z. B. Beblo & Dehn, 2023).

Diagnostisch gesehen gehören depressive Störungen in der neuen Version der ICD zur Gruppe der sogenannten *Störungen der Stimmungslage* (*mood disorders*, WHO 2024), auch »affektive Störungen« genannt. Neben den depressiven Problematiken umfasst diese Gruppe auch manische und bipolare Störungen in verschiedenen Ausprägungen[6]; da beides aber im schulischen Umfeld im Vergleich zu anderen Störungsbereichen sehr selten vorkommt, beschränkt sich die nachfolgende Darstellung auf depressive Störungen.

---

6 Bei *manischen Episoden* ist die Stimmung ohne erkennbaren Anlass und über die Dauer von mehreren Tagen weit über das für die Person übliche Ausmaß hinaus gehoben, begleitet von unbändiger körperlicher Energie und Gefühlen von Unbesiegbarkeit/Unverletzlichkeit und erhöhter Irritabilität und Ungeduld anderen gegenüber. Auf neurovegetativer Ebene ist ein drastisch reduziertes Schlafbedürfnis feststellbar (2–3 oder auch weniger Stunden pro Nacht), oftmals wird sehr schnell gesprochen, wobei die Ideen nicht kohärent sind und Konzentration auf ein Thema sehr schwerfällt. In der Manie fallen Inhibitionen, wodurch die Betroffenen sehr risikobereit werden (z. B. in Hinblick auf lebensverändernde Entscheidungen, gefährliche Aktivitäten, sexuelle Kontakte oder Glücksspiel).

Bei *biploaren Störungen* wechseln sich depressive und manische Episoden ab, wobei nicht beide gleich oft vorkommen müssen (meist treten mehr depressive Episoden auf) und zwischen den Episoden auch längere störungsfreie Zeiträume liegen können.

4.3 Die häufigsten psychischen Auffälligkeiten in der Schule

Schulrelevante depressive Störungen erkennen

Depressive Störungen werden in der klinischen Praxis nach ihrer Dauer und Intensität in verschiedene Subgruppen eingeteilt, wobei die Grundsymptome bei allen Formen gleich sind. Nicht alle Symptome müssen bei jeder/m Betroffene/n auftreten, aber eine gewisse Anzahl davon muss gleichzeitig und über eine bestimmte Dauer vorhanden sein, um von einer depressiven Episode oder Störung sprechen zu können. In Anlehnung an das im dritten Kapitel (▶ Kap. 3) vorgestellte bio-psycho-soziale Modell von Krankheit und Gesundheit werden dabei charakteristische Grundsymptome aus dem affektiven, kognitiven und biologischen/neurovegetativen Bereich beschrieben, hinzu kommt in Hinblick auf die sozialen und Verhaltenskomponenten der subjektive Leidensdruck und eine signifikante Einschränkung in einem oder mehreren wesentlichen Lebensbereichen der/des Betroffenen, z.B. in Schule oder Beruf. Nachfolgend werden diese Kernsymptome gelistet.

Tab. 4: Kernsymptome depressiver Störungen nach ICD-11 (WHO, 2024)

Funktionsebene	Symptomatik
Affektiv	Stark niedergedrückte Stimmung (vom/von der Betroffene:n selbst beschrieben, z. B. als traurig, »down«, oder von außen beobachtbar, z. B. häufiges Weinen, stark niedergeschlagene Erscheinung)
	Bei Kindern und Jugendlichen häufig an Stelle oder in Begleitung der niedergeschlagenen Stimmung starke Irritabilität, die nicht durch andere psychische Gründe oder Frustrationserlebnisse erklärbar ist *und* die zusammen mit zahlreichen anderen der genannten Symptome auftritt
	Auffallender Verlust von Freude und Interesse an subjektiv bedeutsamen Aktivitäten
Kognitiv	Stark reduzierte Konzentration und Aufmerksamkeit
	Starke Entscheidungsschwierigkeiten

Tab. 4: Kernsymptome depressiver Störungen nach ICD-11 (WHO, 2024) – Fortsetzung

Funktionsebene	Symptomatik
	Sehr niedriges Selbstwertgefühl und/oder starke Schuldgefühle und Selbstvorwürfe
	Hoffnungslosigkeit die Zukunft betreffend
	Wiederkehrende gedankliche Beschäftigung mit dem Tod, inkl. Suizidgedanken, -pläne und/oder -handlungen
Neurovegetativ	Deutliche Schlafstörungen (spätes Einschlafen, häufiges oder zu frühes Aufwachen) oder übermäßiges Schlafbedürfnis
	Deutliche Appetitveränderung (verringert oder erhöht) oder deutliche Gewichtsveränderung (Zu- oder Abnahme)
	Starke, auch von außen beobachtbare psychomotorische Unruhe (als Ausdruck eines erhöhten Spannungszustands) oder Verlangsamung
	Deutliche Erschöpfung, Müdigkeit und Energieverlust als Folge jeder kleinsten Anstrengung

Wie Tabelle 4 veranschaulicht, fällt es in der Tat eher schwer, als Lehrperson auf eine depressive Verstimmung aufmerksam zu werden, da viele der betroffenen Bereiche von außen nicht oder nur sehr eingeschränkt beobachtbar sind. Veränderungen in der kognitiven Leistungsfähigkeit oder der Konzentration wie auch die Vernachlässigung von Hobbys können vielfältige Gründe haben. Umso wichtiger ist es, über eine vertrauensvolle Lehrer:innen-Schüler:innenbeziehung jenen »Draht« zu unseren Schüler:innen zu haben, der es uns ermöglicht, Veränderungen überhaupt wahrzunehmen und mit den Schüler:innen darüber ins Gespräch zu kommen. Auch können wir wiederum aufmerksamer auf ein gemeinsames Auftreten mehrerer Hinweise sein, die für eine depressive Episode sprechen können, wenn wir darüber Bescheid wissen, wie vielfältig sich diese äußern kann. Zur Abgrenzung ist also wichtig, dass sich

4.3 Die häufigsten psychischen Auffälligkeiten in der Schule

a) Die negativen Gefühle/Äußerungen auf eine Vielzahl von Lebensbereichen beziehen und nicht situativ beschränkt sind (z. B. »Ich bin in allem so schlecht, alles ist sinnlos« vs. »Ich bin so schlecht in Mathe«).

b) Die Niedergeschlagenheit weit über ein für die Person übliches Maß hinausgeht und über einen längeren Zeitraum hinweg fast durchgehend wahrnehmbar ist.

c) Mehrere der in Tabelle 4 gelisteten Symptome gleichzeitig auftreten.

Je nachdem, wie viele Merkmale der Depression über welchen Zeitraum und in welcher Stärke präsent sind, richtet sich die Einordnung in drei (wesentliche) Kategorien: die depressive Episode, die rezidivierende (d. h. wiederkehrende) depressive Störung und die Dysthymie. Sind auch deutliche Angstsymptome vorhanden, ist ebenso die Vergabe einer gemischten Diagnose (*mixed depressive and anxiety disorder*; WHO, 2024) möglich.

Depressive Episode

Bei einer depressiven Episode sind *mindestens fünf* der in Tabelle 4 gelisteten Symptome an der Mehrzahl der Tage in einem Zeitraum von *mindestens zwei Wochen deutlich und gleichzeitig präsent*, wobei die negative Stimmungslage, Irritabilität und/oder der Interessensverlust gegeben sein *muss*, damit diese Diagnose infrage kommt. Das Leben der/des Betroffenen muss dadurch merklich beeinträchtigt sein und sich klar von seinem/ihren »normalen« Erleben und Verhalten unterscheiden. Die Schwere, Dauer und Breite der Symptome steht in deutlichem Unterschied zu einer gemeinhin als »normal« erlebten niedergedrückten Stimmung oder einer situativ erlebten Belastung oder Traurigkeit (z. B. durch ein Beziehungsende oder ein anderes kritisches Lebensereignis). Auch abzugrenzen davon ist Trauer, die v. a. in den ersten 6–12 Monaten nach dem Verlust eines geliebten Menschen erlebt wird, sofern sie nicht mit deutlichen depressiven Anzeichen einhergeht, die mit dem Verlust nicht in eindeutigem Zusammenhang stehen.

Wie aus Tabelle 4 ersichtlich, sind auf kognitiver Ebene Konzentrationsprobleme ein Kernsymptom der depressiven Episode, was schulisch oft durch Leistungsabfall oder (deutlich) mehr Zeitbedarf bei Aufgaben sichtbar wird, sofern sie überhaupt gelöst werden können. Diese Symptome sind abzugrenzen von Konzentrationsstörungen, wie sie etwa im Rahmen von AD(H)S auftreten. Letztere sind zeitlich überdauernder und können nicht auf eine Stimmungsveränderung zurückgeführt werden (vgl. WHO, 2024).

Auf neurovegetativer Ebene sind bei Jugendlichen ein stark erhöhtes Schlafbedürfnis und großer Hunger bei depressiven Episoden häufiger als dies bei Erwachsenen der Fall ist. Da sich beide Bedürfnisse in der Pubertät jedoch auch außerhalb der depressiven Problematik verschieben (tendenziell haben Jugendliche durch die schnelle parallele Entwicklung der körperlichen und kognitiven Veränderungen, die den Organismus viel Kraft kosten, mehr Hunger und viel Schlafbedürfnis, wobei sie spät einschlafen und auch später aufwachen), ist auch hier wieder das gemeinsame Auftreten mit mehreren anderen Symptomen, deren Schwere, die subjektive Beeinträchtigung und die Dauer ausschlaggebender als die Veränderung in den Schlafgewohnheiten allein. Appetitverlust äußert sich bei Kindern und jüngeren Jugendlichen eher als mangelnde Gewichtszunahme denn als Gewichtsverlust, der bei Erwachsenen häufiger ist.

Wie auch bei Erwachsenen gilt eine depressive Episode als Risikofaktor für Suizidalität (vgl. Bründel, 2014; WHO, 2024). Bei jüngeren Kindern werden suizidale Gedanken oft passiver («Ich möchte nicht mehr hier sein») und im Spiel geäußert, während Jugendliche solche Gedanken eher direkt äußern oder niederschreiben. Wie Bründel (2014) ausführt, sind depressive Episoden nur einer von mehreren Risikofaktoren für Suizidalität; dennoch sollten entsprechende Äußerungen immer und unbedingt ernst genommen werden. Bründel (2014) gibt in einem eigenen Band dieser Reihe ausführliche Hinweise zum Umgang mit Suizidalität bei Schüler:innen.

4.3 Die häufigsten psychischen Auffälligkeiten in der Schule

Die negativen selbstbezogenen Gedanken, die ebenfalls im Zentrum einer depressiven Episode stehen, drücken sich manchmal auch in Form von Selbstverletzungen aus, die keine explizite suizidale Absicht haben. Da Selbstverletzungen (wie Kopf gegen die Wand schlagen, sich schneiden oder verbrennen) aber auch außerhalb von depressiven Episoden auftreten und in der Schule doch auch häufiger vorkommen, werden sie in einem eigenen Abschnitt weiter unten noch einmal separat beleuchtet.

In der klinischen Abklärung und Diagnosestellung werden depressive Episoden nach ihrem Schweregrad (Anzahl und Intensität der Symptome, Ausmaß der Auswirkung auf einen oder alle Lebensbereiche einer Person) noch in leichte, mittelschwere und schwere Episoden unterteilt. Details hierzu können in der ICD-11 (https://icd.who.int/browse/2024-01/mms/en#76398729) nachgelesen werden.

Depressive Störung mit wiederkehrenden depressiven Episoden (auch: rezidivierende depressive Störung)

Von einer depressiven Störung wird klinisch gesehen erst dann gesprochen, wenn mindestens zwei oder mehr depressive Episoden hintereinander auftreten, wobei zwischen den Episoden auch mehrere Monate oder sogar Jahre liegen können. Jede der relevanten Episoden muss für sich genommen die oben genannten Kriterien einer depressiven Episode erfüllen. Entsprechend der Dauer, der erlebten Einschränkung und der Anzahl und Intensität der Symptome können die einzelnen Episoden wiederum in leicht, mittelschwer und schwer unterteilt werden.

Für die Schule ist es dementsprechend aber eigentlich unerheblich, ob der/die Jugendliche eine depressive Störung oder eine (erste) depressive Episode manifestiert. Lediglich die Prognose ist bei einer einzelnen, isolierten depressiven Episode besser als bei wiederkehrenden Episoden, doch die Kernsymptome (▶ Tab. 4) unterscheiden sich nicht.

Dysthymie

Die dysthyme Störung (Dysthymie = »Missmut«, von altgriechisch dysthýmós »missmutig« bzw. thymós »Gemüt«) ist wahrscheinlich jene, die Professionist:innen wie Laien am schwersten auffällt, für die es die höchste Dunkelziffer im Bereich psychischer Belastungen gibt und die am schwierigsten vom Alltagserleben abzugrenzen ist. Sie beschreibt eine chronische depressive Verstimmung, die mindestens zwei Jahre (bei Erwachsenen) bzw. ein Jahr (bei Kindern und Jugendlichen) andauert und durch die das emotionale und kognitive Erleben der Betroffenen dauerhaft negativ verändert ist. Dabei sind viele Symptome einer depressiven Episode vorhanden (niedergedrückte Stimmung und/oder auffallende, anhaltende Reizbarkeit v. a. bei Kindern und Jugendlichen, Erleben von wenig Interesse und Freude an Aktivitäten, Schwierigkeiten bei Konzentration und Aufmerksamkeit, Entscheidungsschwierigkeiten, geringer Selbstwert, Schuldgefühle, Hoffnungs- und Perspektivenlosigkeit, gestörter Schlaf, Appetitveränderungen, Müdigkeit und niedrige Energielevels), ohne dass diese jedoch so stark wären, dass die Kriterien für eine depressive Episode erfüllt sind. Eine Teilnahme am Alltag ist zwar (unter erhöhtem Kraftaufwand) noch möglich, birgt aber keine freudvollen Momente für die Person. Vielmehr wirkt es so, als wäre die Person konstant unter ihrem »normalen« Stimmungsniveau (d. h. im Vergleich zu ihrem Erleben und Verhalten vor Auftreten der Störung). Dabei muss die Verstimmung tatsächlich konstant sein (d. h. kaum bis keine Schwingungen in den »positiven« affektiven Bereich) und über einen sehr langen Zeitraum andauern; als Diagnosekriterium legt die WHO zwei Jahre (!) fest, während derer die Symptome am Großteil des Tages und der Mehrzahl der Tage vorhanden waren. Während es im Verlauf auch zu symptomfreien Zeiten kommen kann, sind diese nie länger als zwei Monate.

Man kann sich vorstellen, was ein solches Erleben für eine/n Betroffene:n bedeutet: sich in einer Welt zu bewegen, in der scheinbar alle um eine/n herum mehr Spaß haben, die Dinge leichter nehmen und Probleme sowohl weniger sehen als auch besser be-

4.3 Die häufigsten psychischen Auffälligkeiten in der Schule

wältigen, während man selbst den wenigsten Dingen noch etwas abgewinnen kann und dieser Zustand für einen selbst wie auch für das Umfeld fast schon »normal« geworden ist, zumal das Problem oft nicht erkannt und behandelt wird. Gleichzeitig schlägt einem noch weniger Verständnis entgegen als bei anderen (auch depressiven) Störungen, die sich deutlicher äußern und bei denen der Leidensdruck evidenter ist.

Häufig tritt Dysthymie vor allem im Jugendalter zusammen mit anderen psychischen Störungen auf (z. B. Ängste, Essstörungen). Das Suizidrisiko ist bei dysthymen Menschen im Vergleich zur gesunden Population um ein Vielfaches höher (WHO, 2024). Typischerweise beginnt die Störung im Kindes- und Jugendalter, wobei sie sich bei Kindern oft in lange andauernden, meist unspezifischen somatischen Beschwerden und Jammern äußert. Jugendliche mit Dysthymie zeigen einen besonders geringen Selbstwert und reagieren äußerst sensibel auf (wahrgenommene) Kritik. Wie bei anderen Formen der Depression ist es häufig, dass sich Konzentrations- und Aufmerksamkeitsprobleme in schlechteren schulischen Leistungen niederschlagen (WHO, 2024).

Wie bei der depressiven Episode kann auf eine Dysthymie nur geschlossen werden, wenn vielfältige Symptome aus dem affektiven, kognitiven und neurovegetativen Bereich gleichzeitig über einen langen Zeitraum vorhanden sind und diese nicht durch andere Probleme (besser) erklärt werden können.

Schulpsycholog:innen empfehlen, sich als Lehrperson bei der Abwägung, ob ein/e Schüler:in auf subjektive Verdachtsmomente (auch) hinsichtlich Dysthymie angesprochen werden sollte, auf das eigene »Bauchgefühl« zu verlassen; oft liegt man damit richtig und kann durch ein Gespräch die Tür zu Verbesserungen der Situation öffnen. Und auch wenn man mit seiner Vermutung nicht richtig liegen sollte, kann dem/r Schüler:in trotzdem durch ein Ansprechen vermittelt werden: Ich habe Interesse an Dir, es ist mir nicht egal, wie es Dir geht, Du kannst zu mir kommen, wenn es Dir einmal schlecht geht. Und solche Maßnahmen sind in jedem Fall beziehungsstiftend und auch vor bzw. ohne Anlassfall präventiv wirksam.

Depressiven Störungen in der Schule vorbeugen

Wenngleich Auftreten und Verlauf depressiver Störungen vielgestaltig sind, kann die Schule bei einigen Kernbereichen, die bei Depressionen negativ verändert sind, ansetzen und auf diese positiv einwirken. Die offensichtlichsten Komponenten sind hierbei sicherlich der Selbstwert sowie kognitive Aspekte wie Konzentration, Aufmerksamkeit und Problemlösekompetenzen. Ebenso kann die Schule als Ressource für positive und sinnstiftende Aktivitäten dienen, zumal die Kinder und Jugendlichen dort einen Großteil ihrer Zeit verbringen.

Während zu allgemeinen Problemlösekompetenzen und generell selbstwertstärkenden Maßnahmen im Abschlusskapitel konkrete Methoden vorgestellt werden, werden nachfolgend einige Hinweise zur gezielten Prävention von Depression in der Schule gegeben, die im Unterricht und in der Nachmittagsbetreuung jederzeit und ohne Anlassfall eingesetzt werden können. Die Empfehlungen stützen sich auf etablierte Programme aus der kognitiven Verhaltenstherapie, die u. a. gezielt für die Schule entwickelt und dort erprobt wurden (im Überblick Lohaus & Domsch, 2009; dort können auch weitere Programme und Details zu den vorgestellten Elementen nachgelesen werden).

Umgang mit ungünstigen (dysfunktionalen) Gedanken

Ein zentrales Element depressiver Störungen sind negative, nicht hilfreiche Gedanken sich selbst, die Welt und die Zukunft betreffend (»kognitive Triade«; Beck, 1967, nach Lohaus & Domsch, 2009), die sich u. a. in einem ungünstigen Attributionsstil (d. h. der Überzeugung, Verlauf und Ergebnis von Erfahrungen seien durch das eigene Zutun nicht beeinflussbar) und kognitiv einseitigen, negativen Bewertungen niederschlagen. Die Arbeit an solchen dysfunktionalen Gedanken ist daher ein Kernelement kognitiv-behavioral orientierter Behandlungen und Therapien bei Depression, aber auch in der

4.3 Die häufigsten psychischen Auffälligkeiten in der Schule

Depressionsprävention, zumal solche Gedanken den meisten Menschen sehr vertraut sind.

Es ist hilfreich, zuvor in den Zusammenhang zwischen Gefühlen, Gedanken und Verhalten einzuführen und aufzuzeigen, dass man Gefühle zwar nicht bewusst verändern kann, wohl aber indirekt, indem man auf die Gedanken und das Verhalten Einfluss nimmt.

Gemeinsam kann mit den Schüler:innen dann reflektiert und gesammelt werden, welche Art von Verhalten Stress und Sorgen erzeugt (inkl. Online-Verhalten!) und was dagegen den Schüler:innen individuell guttut (siehe Material hierzu im Folgekapitel). Die Umformung problematischer, nicht hilfreicher Gedanken kann gemeinsam bei verschiedenen Gelegenheiten geübt werden. Nachdem es bei der kognitiven Umstrukturierung hauptsächlich darum geht, die eigenen (automatischen) Gedanken und Bewertungen einer Situation zu hinterfragen und zu alternativen Möglichkeiten zu gelangen, können Beispiele negativer Gedanken gemeinsam – z. B. im Rahmen des Deutschunterrichts – aufgegriffen und gemeinsam verändert werden.

Folgende Beispiele nicht förderlicher, negativer Gedanken können zur Inspiration dienen, sind aber beliebig veränder- und erweiterbar.

- *»Ich kann das nicht, da bin ich einfach zu blöd dafür.«* (Beispiele für Alternativen: »Diesmal hat es nicht gereicht, ich werde mich nächstes Mal mehr anstrengen. Ich habe das noch nicht verstanden, aber ich arbeite daran. Dieses Problem ist ganz schön kniffelig. [....]«).
- *»Diesen Stress halte ich nicht mehr aus!«* (Beispiele für Alternativen: »Diese Phase ist ganz schön intensiv. Bald habe ich es geschafft und habe wieder mehr Zeit für mich. Ich merke, dass ich wieder mehr für mich tun muss. Ich fühle mich jetzt gerade belastet, deswegen nehme ich mir jetzt eine Pause. Ich merke, ich habe momentan zu viel Arbeit, was würde mir jetzt helfen? [....]«).
- *»Ich hasse es, mit dem Bus zu fahren!«* (Beispiele für Alternativen: »Ich mag den Bus nicht, wenn er so voll ist. Aber ich muss nicht

weit fahren. Ich kann derweil Musik hören und stehe nicht mit dem Auto im Stau. Ich bin froh, dass ich eine direkte Verbindung in die Schule habe, so kann ich länger schlafen. [....]«).
- »*Dieser Laptop macht mich noch wahnsinnig!*« (Beispiele für Alternativen: »Es stört mich, wenn die Dinge nicht so funktionieren, wie ich das möchte. Aber ich bin froh, einen PC zu haben, auf dem ich alle meine Schulsachen erledigen kann. Ich frage jemanden, der sich auskennt und mir die Programme installiert, die ich brauche. Mein Laptop und ich haben ein besonderes Verhältnis. [....]«).
- »*Ich muss das perfekt hinkriegen.*« (Beispiele für Alternativen: »Ich werde so arbeiten, dass ich damit zufrieden bin. Es ist nicht schlimm, wenn Fehler passieren, daraus kann ich lernen und es beim nächsten Mal anders machen. Jede/r versteht, dass nicht immer alles gelingen kann. Diese eine Arbeit bestimmt nicht mein restliches Leben, es gibt viele Dinge, die ich gut kann. Ich habe letztes Mal schon gut gearbeitet und werde das diesmal wieder schaffen. [....]«).
- »*Er/sie hat mich gar nicht gegrüßt oder angeschaut heute früh. Bestimmt mag er/sie mich nicht oder findet mich komisch.*« (Beispiele für Alternativen:»Vielleicht ist er/sie gestresst oder hat Sorgen. Ich frage ihn/sie bei der nächsten Gelegenheit, wie es ihm/ihr geht. Er/sie war vielleicht abgelenkt. Bestimmt hat er/sie mich nicht gesehen. Er/sie ist heute schlecht drauf, das kommt vor. Vielleicht hat er/sie gerade an was Wichtiges gedacht und wollte deswegen nicht reden. [...]«)
- Eigene Beispiele: ....

In Kleingruppen kann eine solche Übung für die Schüler:innen sehr anregend sein, da es in einem ersten präventiven Schritt darum geht, möglichst viele »bessere« Alternativen zu den ungünstigen Gedanken zu finden. Diese können auch lustig oder nicht alltäglich sein. Am besten sollten die Alternativen positiv formuliert sein. In einem zweiten Schritt können typische Sätze, die den Schüler:innen selbst immer wieder durch den Kopf gehen, bearbeitet werden. Eine

4.3 Die häufigsten psychischen Auffälligkeiten in der Schule

Möglichkeit zur kollaborativen Umsetzung ist, jede:n Schüler:in einen negativen Gedanken auf einen Zettel schreiben zu lassen und den Zettel dann jeweils umgefaltet reihum anonym weiterzugeben, bis jede/r zu jedem Gedanken eine Alternative aufgeschrieben hat. So erhält jede/r viele alternative Möglichkeiten zu seinem/ihrem eigenen Gedanken. Die Übung kann z. B. als kreative Schreibübung in Deutsch oder auch in einer Fremdsprache im Unterricht eingebaut werden. Am Ende sollte die gemeinsame Betrachtung stehen, dass es immer viele Möglichkeiten gibt, auf ein und denselben Sachverhalt »draufzuschauen«, und dass die Art und Weise, wie wir über Dinge denken, einen Effekt auf unsere Stimmung und unser Verhalten haben. Darauf können (und sollten) wir aktiv Einfluss nehmen. Ebenso sollte reflektiert werden, dass man den ersten, oft automatischen Gedanken, die einem in einer Situation kommen, nicht sofort Glauben schenken sollte und zunächst alle Variationen der Gedanken gleich »richtig« sind (im Sinne von: »Die Gedanken sind frei«/ »Glaube nicht alles, was Du denkst«). Und schließlich kann bei passenden Gelegenheiten (z. B. Rückgabe von Leistungskontrollen) an die Übung erinnert werden und die Schüler:innen können angehalten werden, sich zu überlegen, welche Gedanken für sie in der Situation hilfreich sind und welche nicht, und wie sich verschiedene Gedanken auf ihre Stimmung, ihre Lernmotivation etc. auswirken. So kann einerseits die Umstrukturierung geübt werden, andererseits wird die Selbstwahrnehmungs- und Selbstreflexionsfähigkeit der Schüler:innen gefördert und weiterentwickelt.

> **Fokus auf die Lehrer:innengesundheit: Eigene dysfunktionale Gedanken verändern**
> Vielleicht haben Sie es sich beim Lesen obiger Beispiele schon gedacht: »Ups, das kenne ich von mir selbst.« Wie oben angesprochen, sind solche gedanklichen Muster, wie die Tendenz, den eigenen automatisierten Gedanken sofort zu glauben oder ungünstige Verallgemeinerungen und Fehlinterpretationen einer Situation vorzunehmen, weit verbreitet, ja man könnte sogar

sagen, zutiefst menschlich. Wie die Schüler:innen hindern aber solche absoluten, negativen Gedanken auch uns Lehrpersonen eher, als uns zu unterstützen, indem sie uns Energie rauben, die Stimmung dämpfen und uns insgesamt nervös werden lassen. Versuchen Sie einmal, sich bewusst bei Ihren eigenen negativen Gedanken zu »ertappen«, schreiben Sie sie auf und formulieren Sie sie für sich selbst um. Hinterfragen Sie Ihre eigenen (negativen) Bewertungen immer wieder kritisch und erinnern Sie sich selbst möglichst oft an all die vielen Alternativen, die es zu Ihren »typischen« Gedanken vielleicht auch noch geben könnte.

Entspannung

Ein weiteres wichtiges Element in der Prävention von stressbedingten Verstimmungen und Sorgen, auch gegen Angst und Depression, sind Entspannungstechniken. Diese helfen, die eigene innere Anspannung zu reduzieren, wieder zur eigenen Mitte zu finden und zur Ruhe zu kommen. Dies fördert nicht nur für sich genommen das Wohlbefinden durch die Abnahme der Anspannung, sondern ermöglicht es auch, wieder besser rational denken zu können, da die kognitiven Prozesse nicht mehr durch zu starke Emotionen »überlagert« sind. Nicht umsonst haben wir oft das Gefühl, nach Entspannung (z. B. nach dem Wochenende) wieder klarer denken zu können – dies ist auch physiologisch tatsächlich so.

Die bekanntesten Entspannungstechniken sind Meditation, Yoga, verschiedene Achtsamkeitstechniken und progressive Muskelentspannung (auch bekannt in der Variation »Bodyscan«). Letzterer Technik liegt das Prinzip zugrunde, nacheinander einzelne Muskelgruppen des Körpers in den Fokus der Aufmerksamkeit zu nehmen, diese kurz maximal anzuspannen und dann die Anspannung wieder loszulassen und in die Entspannung hineinzuspüren; durch den Kontrast von An- und Entspannung ist die Entspannung noch tiefer und kann noch besser wahrgenommen werden. Während Achtsamkeit unten noch genauer behandelt wird, können die angeführ-

4.3 Die häufigsten psychischen Auffälligkeiten in der Schule

ten körperlichen Entspannungstechniken in Unterricht oder Nachmittagsbetreuung durch entsprechende Angebote bewusst gefördert werden. Für Yoga oder Einheiten der progressiven Muskelentspannung sowie andere Formen, die auf den Körper, Bewegung und die Atmung und Selbstwahrnehmung fokussieren, bietet sich natürlich der Sportunterricht besonders an, doch kürzere Einheiten von Meditation und »Innehalten« können auch im regulären Unterricht integriert werden. Durch wenige Minuten der Konzentration auf die Atmung, den Kontakt mit Stuhl oder Boden, die Geräusche, die einen umgeben, usw. können Schüler:innen am Stundenanfang oder vor einer Leistungsüberprüfung zur Ruhe kommen und die Konzentration danach besser auf die bevorstehende Stunde und Aufgabe lenken. Die Lehrperson kann selbst anleiten oder sich durch eine Vielzahl der online verfügbaren Kurzinstruktionen zur Entspannung unterstützen lassen. Dies gibt den Schüler:innen (und auch der Lehrperson selbst) nicht nur Möglichkeiten an die Hand, mit eigener Anspannung umzugehen, sondern wirkt sich insgesamt Konzentrations- und lernfördernd aus und sorgt für einen ruhigeren, fokussierteren Unterrichtseinstieg und Stundenverlauf.

Dabei sollte man »dranbleiben« und sich nicht entmutigen lassen, wenn sich der gewünschte Effekt nicht sofort einstellt – wie alles andere muss auch Entspannung und das »Aushalten« von Stille teilweise erst (wieder) gelernt werden. Wie immer können solche Techniken dann ihre Wirkung besonders gut entfalten bzw. in den Schüler:innen eine »Gewohnheit« ausbilden, wenn sie regelmäßig statt punktuell durchgeführt werden. Andersen (2020) gibt vielfältige methodische Umsetzungsvorschläge für die Integration von Achtsamkeitsübungen in den Unterricht.

Eine weitere Möglichkeit, die im Zusammenhang mit Entspannung gerne genutzt wird, sind individuelle *Ruhebilder*, die Schüler:innen im Kopf oder auch in einer physischen Zeichnung entstehen lassen können. Dabei soll es sich um einen Ort handeln, der für die Schüler:innen absolut positiv besetzt ist, an dem sie sich wohl und sicher fühlen bzw. gefühlt haben und bei dessen Anblick sie vollkommen zur Ruhe kommen und abschalten können. Die »Reise« zum

Ruhebild kann durch Phantasiereisen oder Atemtechniken unterstützt werden; wieder finden sich zahlreiche Anregungen online. Durch regelmäßigen Einsatz dieser Ruhebilder wird Stress abgebaut und Entspannung begünstigt.

Bewegung, Sport und bewegtes Lernen

Jede/r Laie weiß um die positiven Effekte, die Bewegung und Sport auf die physische und psychische Gesundheit haben. Für depressive Verstimmungen und deren Prävention gilt dies in besonderem Maße, wie die Forschung immer wieder herausstellt (vgl. zusammenfassend Heinrichs & Lohaus, 2020). Insbesondere die Freisetzung von Dopamin sorgt dafür, dass wir uns nach dem Sport gut fühlen, Glücksgefühle erleben und sich die Stimmung hebt, durch höhere Durchblutung verbessern sich Aufnahmefähigkeit und Konzentration u.a.m. Wieder kommt dem Sportunterricht, der Nachmittagsbetreuung und den Pausen, die als »bewegte Pausen« gelebt werden sollten, möglichst als Bewegung draußen, besondere Bedeutung zu, doch auch im regulären Unterricht wirken regelmäßige Bewegungspausen konzentrations- und stimmungsfördernd. Prinzipien des bewegten Lernens und methodische Vorschläge zur Umsetzung sind etwa bei Boley, Platz und Wolf (2003) beschrieben; hier nur einige Anregungen:

- Laufdiktate im Deutsch- oder fremdsprachlichen Unterricht
- Kombination aus Bewegungs- und Lernspielen wie z.B. Rechenkönig, bewegtes Memory, Ball hin- und herwerfen begleitend zur Vokabelkontrolle u.a.m.
- Geschichten durch Bewegung begleiten und interpretieren lassen
- »Geräuscheorchester«: verschiedene Symbole (z.B. zum Thema der Stunde) geben bestimmte Bewegungen an, die die Schüler:innen durchführen sollen, wenn sie sie sehen
- Schüler:innen stehen auf oder machen eine vereinbarte Bewegung, wenn sie die Antwort wissen oder zu einer bestimmten Gruppe gehören (z.B. Primfaktorenzerlegung)

4.3 Die häufigsten psychischen Auffälligkeiten in der Schule

- Methodische Umsetzungen, die Bewegung automatisch vorsehen, z. B. »Fishbowl«; Stationenbetriebe und andere offene Lernformen, die mit einem Wechsel der Aufgaben und »bewegten« Sozialformen arbeiten
- Lerninhalte durch passende Bewegungen ergänzen und »erlebbar« machen, z. b. Kiemenatmung der Fische nachstellen
- Kurze Lockerungsübungen zwischendurch durch gemeinsames Aufstehen und »Schütteln«, gerne auch mit Musik
- Sitzgelegenheiten variieren, z. b. auch Hocker oder Sitzbälle anbieten
- Möglichst oft hinausgehen und Unterricht in anderen Settings, v. a. in der Natur, verbringen
- Pausenregelung überdenken und Pausen bewusst bewegungsfördernd gestalten, ohne Zwang aufzubauen; keine Bewegungsverbote als Strafen einsetzen
- Den Turnsaal bei Schlechtwetter in der großen Pause für die Schüler:innen öffnen und freie Bewegung erlauben

Ausdruck von Gefühlen

Gefühle spüren zu können, auch negative, ist wichtig und gut. Für das psychische Wohlbefinden sind zum konstruktiven Umgang mit Gefühlen zwei Komponenten zentral, nämlich einmal die Fähigkeit, Gefühle bei sich selbst und anderen richtig zu erkennen und benennen zu können, und zum Zweiten breite Möglichkeiten des Gefühlsausdrucks.

In der heutigen Zeit, wo ein Großteil des Ausdrucks und der Benennung von Gefühlen in der digitalen Kommunikation und über Emojis stattfindet, können die Schüler:innen im Unterricht unterstützt werden, überhaupt erst wieder ein Vokabular für Gefühle zu entwickeln. Der Deutsch- und Sprachunterricht bieten sich hierfür an. Letzterer ist insofern auch besonders gut geeignet, als sich durch die Anwendung der Fremdsprache eine gewisse kognitive Distanz aufbaut, die es oft leichter macht, Gefühle zu verbalisieren, als das in der Muttersprache der Fall ist (vgl. z. B. Burwitz-Melzer et al., 2020).

Diese Arbeit kann vielfältig und fächerübergreifend unterstützt werden, indem z. b. eine »Gefühlslandkarte« (Einzeichnen der Gefühle im Körper in verschiedenen Farben) eingesetzt oder Gefühle im Kunstunterricht auf verschiedenste Art visualisiert und ausgedrückt werden. Natürlich ist auch der Musikunterricht für die vielfältigen Möglichkeiten des Gefühlsausdrucks, z. b. durch Analyse von Werken, aber auch durch eigenen musikalischen und künstlerischen Ausdruck, bestens geeignet. Viele weitere Anregungen zur Förderung der Emotionserkennung und des vielfältigen, dem Selbst und der Umgebung angemessenen und förderlichen Emotionsausdrucks werden z. b. in der sehr praxisorientierten digitalen Broschüre »Lehrkräfte-Handbuch – Unsere Emotionen« (Link siehe Literaturverzeichnis) gegeben.

Achtsamkeit und Genuss

Eine weitere wichtige Fähigkeit, die die psychische Resilienz ganz allgemein stärkt und in der Prävention von Depression wiederum eine besondere Stellung einnimmt, ist die Fähigkeit, an kleinen Dingen Freude und Genuss zu empfinden. Dementsprechend sind Achtsamkeit und Genusstraining Bausteine vieler präventiver und – im Fall des Genusstraining – auch interventionsbezogener Ansätze[7]. Achtsamkeit meint dabei, die Aufmerksamkeit bewusst, gezielt und ohne Ablenkungen durch andere Gedanken o. ä. auf das zu richten, was man gerade tut, und auf die Gefühle, die man dabei wahrnimmt (z. b. bewusst das Wasser auf der Haut zu spüren und sein Rauschen zu hören, während man eine warme Dusche nimmt). Ähnlich wie bei den obigen Anmerkungen zu Bewegung und Sport geht es auch hier vermehrt darum, Unterricht und den Lerngegenstand mit möglichst vielen Sinnen erlebbar zu machen und den Blick auf Details zu len-

---

7   Bei akuter Depression wird von Achtsamkeitsübungen abgeraten, da bereits eine überhöhte (negative) Selbstaufmerksamkeit gegeben ist, die durch Achtsamkeit mitunter noch weiter verstärkt wird. Präventiv ist Achtsamkeit aber eine wertvolle Ressource.

4.3 Die häufigsten psychischen Auffälligkeiten in der Schule

ken, um auch alltägliche Gegenstände und scheinbar selbstverständliche Dinge (wieder) wertzuschätzen und zu etwas Besonderem werden zu lassen.

Dies kann im schulischen Umfeld etwa umgesetzt werden, indem draußen an einem schönen Tag gemeinsam – und aufmerksam, mit geschlossenen Augen – barfuß über eine Wiese gegangen wird oder bei einem Ausflug oder Lehrausgang – vielleicht bevor die erste sachbezogene Aufgabe durchgeführt wird – gemeinsam einige wenige Minuten gemeinsam innegehalten wird und die Geräusche, Gerüche etc. aus der Umgebung aufgenommen werden. Die Schüler:innen sollen dabei nichts sagen, erst nach der »Lauschphase« (2-3 Minuten) darf alles mitgeteilt werden, was man wahrgenommen hat. Die Übung kann wiederum in ein kleines Spiel verpackt werden, z.B. »Wer sieht/hört/riecht/spürt/erkennt die meisten Dinge«, wobei es auch darum geht, die eigenen Wahrnehmungen eben nicht herauszuschreien, sondern bis zur Sammlung für sich zu behalten (sie dürfen aber z.B. aufgeschrieben werden; dies ist sogar der Nachhaltigkeit der Übung förderlich). So werden sich die Schüler:innen mehr Mühe geben, möglichst viele verschiedene Dinge wahrzunehmen und sich bewusst daran zu erinnern.

Gemeinsames Genießen kann ebenfalls einen bewussten Platz im Schulalltag einnehmen, etwa indem die Frühstückspause nach einem schwierigen Aufstieg beim Wandertag gemeinsam besonders genossen wird oder alle zusammen an einem schönen Tag für einige Minuten das Gesicht in die Sonne halten oder bewusst tiefe Atemzüge nehmen, den Wind auf der Haut spüren, die Wolken wahrnehmen u.a.m. Im Schulumfeld sind solche Übungen besonders gut möglich, da dort die (digitalen) Ablenkungen nicht so präsent sind wie meistens sonst; hier ist man sozusagen noch bzw. wieder »gezwungen«, Stille und einige Momente auszuhalten, in denen man nichts anderes zu tun hat. Wenn den Schüler:innen vermittelt werden kann, dass dies eine wertvolle Ressource sein kann, zwischendurch Kraft zu tanken und wieder zu sich zu finden, ist sehr viel gewonnen.

> **Fokus auf die Lehrer:innengesundheit: Eigene Achtsamkeit üben**
> Wenn wir ehrlich sind: Nicht nur die Schüler:innen, sondern auch wir Lehrpersonen sind im Alltag ständig abgelenkt und mit der Aufmerksamkeit nicht ganz oder nicht ausschließlich bei der Sache, die wir gerade tun. Unter der Dusche arbeiten wir die To-Do-Liste des Tages ab, beim Spaziergang planen wir die Geburtstagsparty des Kindes etc. etc., und allzu oft greifen auch wir zum Smartphone, wenn sich ein Moment einstellt, in dem wir gerade nichts zu tun haben. Und plötzlich sind 30 Minuten mit Scrolling vergangen, ohne dass wir einen positiven Effekt dieser »Pause« auf uns selbst merken würden; oft ist eher das Gegenteil der Fall. Nehmen wir diese Gelegenheit daher zum Anlass, uns auch selbst wieder mehr in Achtsamkeit im Alltag zu üben, nicht jeden Moment der Stille oder des »Nichts Tuns« mit (gedanklichen) Aufgaben zu füllen, und richten wir unsere Aufmerksamkeit wieder mehr auf die Wahrnehmung dessen, was wir gerade tun und mit all unseren Sinnen wahrnehmen können. Dies sorgt nicht nur für wohltuendere Ruhepausen und erholsame Momente mit sich selbst, sondern erleichtert es uns auch, alltägliche, kleine Dinge (wieder) wahrzunehmen und dafür Freude und Dankbarkeit zu empfinden – ein weiterer wichtiger Grundpfeiler psychischen Wohlbefindens, der im Abschlusskapitel noch näher dargestellt wird.

Weitere Bausteine in schulischen Präventionsprogrammen zu Depression sind etwa soziale Kompetenz, Problemlösen und selbstsicheres Auftreten sowie der Aufbau von positiven Aktivitäten. Zu den meisten dieser Aspekte finden sich methodische Vorschläge in Kapitel 5 (▶ Kap. 5); weitere Details können z. B. bei Lohaus und Domsch (2009) nachgelesen werden.

4.3 Die häufigsten psychischen Auffälligkeiten in der Schule

Schulrelevante Angststörungen

Angststörungen (in der ICD-11: »*Anxiety and Fear-Related Disorders*«) sind den oben diskutierten depressiven Störungen insofern ähnlich, als das emotionale Erleben und damit zusammenhängende Kognitionen und Verhaltensweisen bei den Betroffenen negativ verändert sind. Alle Angststörungen sind durch der Situation unangemessene Ängstlichkeit, Sorgen und Anspannung gekennzeichnet, die den Alltag der betroffenen Person merklich beeinträchtigen (vgl. Heinrichs & Lohaus, 2020). Ein weiteres Erkennungsmerkmal von pathologischer Angst ist Vermeidungsverhalten: Situationen, die Angst auslösen könn(t)en, wird aktiv aus dem Weg gegangen, was erklärt, warum Schulverweigerung und Schulabsentismus häufige Zeichen einer Angstproblematik bei Schüler:innen sind (ebenda). Liu et al. (2024) berichten, dass zwischen 1990 und 2019 weltweit durchschnittlich jedes 12. Kind und jeder 4. Jugendliche von einer klinisch relevanten Angststörung betroffen war, was Angststörungen schon vor der Pandemie zur häufigsten psychischen Problematik bei Kindern und Jugendlichen machte.

Zu spezifischen Risikofaktoren, die zur Entstehung von Angststörungen beitragen, zählen genetische Vorbelastung, überbesorgtes Elternverhalten und eine Neigung zu Rückzug und Vermeidung von unbekannten Situationen im Kleinkindalter (»Verhaltenshemmung«; Heinrichs & Lohaus, 2020).

Angststörungen verstehen

Doch wie kommt es überhaupt zu einer solchen Übererregung, und wie wird aus einem »normalen«, alltäglichen Gefühl eine Störung? Zum Verständnis dieses Phänomens ist es zunächst hilfreich, sich vor Augen zu führen, was Angst per se eigentlich ist. Angst, wie auch Traurigkeit (im Fall der depressiven Störungen), ist eine Grundemotion, d. h. sie wird universal von allen Menschen erlebt und führt zu typischen Reaktionsmustern auf kognitiver, physiologischer und Verhaltensebene. Sie ist evolutiv angelegt und hat die überlebenswichtige Funktion, den Organismus vor Gefahr zu schützen. Bei Wahrnehmung einer potenziell gefährlichen Situation reagiert der Organismus, indem er auf physiologischer Ebene eine der drei Basisreaktionen Kampf/Abwehr (»fight«), Flucht/Vermeidung des gefährlichen Reizes (»flight«) oder Erstarrung (»freeze«; vgl. Totstellreflex bei Tieren) und die dafür nötigen körperlichen Prozesse einleitet. So wird z. B. Adrenalin für schnelle Reaktionen und Hemmung der Schmerzwahrnehmung ausgeschüttet, die Atmung wird schneller, um mehr Sauerstoff zur Verfügung zu haben, und potenziell hinderliche Prozesse wie die Verdauung oder anspruchsvolles Denken werden gehemmt, um alle Konzentration des Organismus auf die Bedrohung und ihre Überwindung richten zu können. Der Organismus bedient sich dieses »Standardprogramms« für alle potenziell gefährlichen Situationen und differenziert nicht, ob diese tatsächlich lebensbedrohlich sind oder nicht. Die Überwindung der als bedrohlich erlebten Situation (also beispielsweise eine erfolgreiche Abwehr eines Gegners, die erfolgreiche Flucht vor der wahrgenommenen Gefahr oder das erfolgreiche Umgehen der Situation durch eigene Passivität) wird aus verhaltenstheoretischer Sicht als *Verstärkung* des Verhaltens erlebt, das dafür eingesetzt wurde, also als positive Erfahrung verbunden mit positiven Emotionen (Erleichterung, Entspannung u. ä.). Dies erhöht wiederum die Wahrscheinlichkeit, dass bei zukünftigen ähnlichen Situationen ähnlich reagiert wird. Hat also beispielsweise ein Schüler Angst, in die Schule zu gehen (dies kann z. B. bedingt sein durch Trennungsangst, also übermäßiger und unbegründeter Sorge, dass seinen Eltern in seiner Abwesenheit etwas zustoßen könnte, aus sozialer Angst, z. B. vor mündlichen Auftritten vor der Klasse, Prüfungssituationen o. ä., oder auch aus Angst vor Übergriffen bei Mobbing), und bleibt deswegen zu Hause, ist der erste Effekt, der sich daraus für den Schüler auf emotionaler Ebene einstellt, zunächst einmal positiv, da er miterlebt, wie nach der Entscheidung, zu Hause zu bleiben, seine Anspannung abnimmt und er sich besser fühlt. Diese Abnahme der Angst wirkt als positiver Verstärker für das Zuhausebleiben (und ähnliches Vermeidungsverhalten), was bedeutet, dass es immer

4.3 Die häufigsten psychischen Auffälligkeiten in der Schule

wahrscheinlicher wird, dass der Schüler zu Hause bleiben wird, wenn er wieder Angstgefühle verspürt.

Dieses Beispiel zeigt, wie in diesem Prozess aus wahrgenommener Bedrohung, physiologischen und psychologischen Reaktionen darauf, dem resultierenden Verhalten zur Bewältigung der Bedrohung und der Bewertung dessen Effektivität und (bei Erfolg) dessen positiver Verstärkung der Hase im Pfeffer der Angststörungen begraben liegt. Denn bei Angststörungen wird dieser Zyklus sehr oft (durch viele verschiedene Reize, auch oder besonders durch solche, die objektiv betrachtet nicht bedrohlich sind bzw. sein müssen) und sehr intensiv (starke Reaktionen) erlebt. Damit muss das als effektiv erlebte Verhalten zur Überwindung der Bedrohung und der Angstgefühle sehr oft gezeigt werden, was dazu führt, dass es sich immer mehr verfestigt. Je nachdem, ob die Angst auf einen bestimmten, sehr klar umrissenen Auslöser fokussiert ist (z.B. Spinnen, Hunde, Flugreisen o.ä. bei Phobien), eher auf bestimmte Situationen bezogen ist (z.B. das Wegfallen von Sicherheiten in Form einer geliebten Bezugsperson bei Trennungsangst, oder Sprechen und Auftreten vor anderen, inkl. Prüfungssituationen, bei sozialen Ängsten), oder sich auf viele Situationen und Reize des Alltags ausweitet (bei generalisierten Angststörungen) ist die Diagnose eine andere, Mechanismen der Entstehung und Aufrechterhaltung sind aber, ebenso wie die Behandlung, sehr ähnlich. Das folgende Beispiel illustriert einen exemplarischen Verlauf aus dem schulischen Kontext.

Fallbeispiel: Thomas
Thomas ist 17 Jahre alt und besucht die 7. Klasse (11. Schulstufe) einer allgemeinbildenden höheren Schule mit sportlichem Schwerpunkt. Er ist sowohl schulisch als auch im Sport (Leichtathletik) erfolgreich, bei seinen Freund:innen beliebt und befindet sich in einer festen Beziehung. Durch seine aufgeschlossene und offene Art und sein freundliches Auftreten knüpft er schnell neue Kontakte. Seine Leistungen in der Schule sind ebenfalls gut, insbesondere durch mündliche Beiträge fällt er seinen Lehrpersonen oft positiv auf, wodurch er fast immer gute Noten hat, auch wenn

seine schriftlichen Leistungen nicht ganz mit den mündlichen mithalten können. Im letzten Schuljahr haben sich stellenweise Schwierigkeiten in Mathematik gezeigt, die Thomas aber mit seiner guten mündlichen Mitarbeit ausmerzen konnte. Im neuen Schuljahr wird die Klasse in Mathematik durch eine neue Lehrperson übernommen, die hohe Ansprüche hat. Durch sportliche Wettkämpfe am Schuljahresbeginn hat Thomas wenig Zeit, sich auf die erste Schularbeit in Mathematik gut vorzubereiten, und schreibt ein Nicht Genügend. Thomas nimmt sich vor, beim nächsten Mal besser vorbereitet zu sein, und lernt zur zweiten Schularbeit mehr, doch Thomas ist nervös, die Aufgabenstellungen sind dazu schwieriger als erwartet und wieder ist das Ergebnis ein Nicht Genügend. Trotz guter Mitarbeit wird er frühgewarnt, ein völlig neues Gefühl für Thomas, das ihn stark verunsichert. Er denkt immer öfter über seine Probleme in Mathematik nach und schläft schlecht. Über die Weihnachtsferien wiederholt er fieberhaft den Stoff, nimmt Nachhilfe und kann die Aufgaben zu Hause richtig lösen. Doch als er in der ersten Schulwoche nach den Ferien ein Beispiel an der Tafel vorrechnen soll, scheint er alles vergessen zu haben, spürt nur mehr sein Herz rasen und die Kreide in seinen schwitzenden Händen und hat das Gefühl, keinen klaren Gedanken mehr fassen zu können. Die Lehrperson schickt Thomas mit einem Kopfschütteln zu seinem Platz zurück und kommentiert, dass er es so nicht in die Abschlussklasse und zur Reifeprüfung schaffen wird. Auch wenn seine Freund:innen ihn in der Pause trösten und versuchen, ihm Mut zuzusprechen, ist Thomas völlig verunsichert und weiß nicht mehr, was er machen soll. Wieder übt er zu Hause fieberhaft, geht den Stoff x-mal durch und wiederholt mehr als jede:r andere in der Klasse für die nächste Schularbeit. Hoffnungsvoll, dass es diesmal reichen *muss*, schlägt er die Schularbeit auf, doch vor seinen Augen scheinen die Zahlen zu verschwimmen, das Herzrasen ist wieder da und er kann nicht klar denken, hat ein vollständiges Blackout. Thomas schaut immer wieder vom Blatt zur Uhr, plötzlich sind schon 15 Minuten der Arbeitszeit vergangen, ohne dass er auch nur

4.3 Die häufigsten psychischen Auffälligkeiten in der Schule

einen Strich auf dem Aufgabenblatt gemacht hätte. Er hat das Gefühl, keine Luft mehr zu bekommen, möchte aufstehen und hinausgehen, weiß aber genau, dass die Lehrperson das aufgrund der Prüfungssituation nie erlauben würde. Er versucht, rechts und links von den Blättern seiner Nachbarn etwas abzulesen, um zumindest eine erste Idee zum Rechenweg zu bekommen in der Hoffnung, dass ihm dadurch wieder etwas einfällt, doch die Lehrperson wird darauf aufmerksam und setzt ihn nach vorne in ihre Nähe an einen Einzeltisch um. Thomas beginnt, irgendetwas anzukreuzen in der Hoffnung, dass ein Wunder geschieht und er doch positiv ist, doch viel zu schnell ist die Zeit vorbei und Thomas weiß, es ist wieder ein Nicht Genügend.

Am obigen Beispiel lässt sich die Dynamik der Entstehung einer Angstproblematik gut erkennen. Ist Thomas zu Beginn des Schuljahres noch weitgehend unbelastet, verunsichert ihn die erste negative Note, er reagiert mit einer sehr sinnvollen aktiven Antwort (mehr Lernen etc.) auf die wahrgenommene latente Bedrohung. Die physiologische Erregung wird aber mit jeder Prüfungssituation (und deren negativem Ausgang) größer, wodurch es ihm immer schwerer fällt, konstruktiv auf das Gelernte zugreifen zu können. Nach jedem Misserfolg hemmen mehr negative Gedanken die Behaltens- und Abrufleistung, bis es bei der letzten Schularbeit des Semesters zum Blackout kommt. Das Schulfach Mathematik insgesamt und insbesondere Prüfungssituationen werden immer mehr zum angstauslösenden Reiz, und der Kreislauf aus physiologischer Übererregung, negativen Gedanken und Gefühlen und Verhalten (fieberhaftes Lernen ohne Erfolgserlebnis) verfestigt sich immer mehr. Thomas fühlt sich dadurch stark belastet und hat zugleich subjektiv keine effektiven Instrumente zur Bewältigung zur Verfügung, wodurch nicht die Mathematikleistung per se, sondern eigentlich die überhöhte Erregung (Angst) dazu führt, dass Thomas' Versetzung gefährdet ist. Aus dieser Kombination der Intensität der erlebten Symptome, deren Dauer (über mehrere Monate und Prüfungssituationen hinweg) und dem starken subjektiven Leidensdruck ergibt sich ein Handlungsbedarf, um einer weiteren Ausweitung (z.b. auf andere Fächer/Prüfungssituationen) und ungünstigen Konsequenzen entgegenzuwirken und Thomas' Handlungsfähigkeit in mathematischen Lern- und Prüfungssituationen wieder herzustellen. Wie Thomas' Fall klassifiziert werden kann, mit welchen weiteren Angststörungen wir es in der Schule häufig zu tun haben und wie wir als Lehrpersonen konkret reagieren und unterstützen können, ist Thema der nächsten Abschnitte.

Angststörungen erkennen

Wie oben ausgeführt, manifestiert sich Angst auf den vier Ebenen Physiologie, Kognition, Emotion und Verhalten. Als Lehrperson können wir durch aufmerksame Beobachtungen dieser verschiedenen Bereiche Schlüsse ziehen, die uns erlauben, eine potenziell problematische Entwicklung bei unseren Schüler:innen zu bemerken. Möglicherweise am auffälligsten – und daher am einfachsten zu beobachten – sind starke physiologische Reaktionen, die Angst bzw. übermäßige Anspannung ausdrücken, wie z.b. starkes Schwitzen, Schwierigkeiten im sprachlichen Ausdruck (Stottern, abgehaktes Sprechen o.ä.), bestimmte repetitive Bewegungen (Fingerknacken, übermäßiges Zerbeißen von Nägeln, Stiften oder anderen Gegenständen o.ä., bis hin zu Tics), Klagen über Kopf- oder Bauchschmerzen oder auch Erbrechen. Auf der Verhaltensebene hilft uns ein Denken an die Grundreaktionen fight – flight – freeze, auf mitunter pathologische Angst aufmerksam zu werden, so ist für zweiteres die oben angesprochene Vermeidung von angstauslösenden Situationen besonders charakteristisch (z.B. Schüler fehlt immer, wenn ein Test oder eine andere Form der Leistungsüberprüfung ansteht; Schülerin besteht darauf, dass ein Elternteil sie zur und in die Schule begleitet, oder sogar darauf, dass der Elternteil für die Dauer des Schultages ebenfalls in der Schule anwesend ist oder in Sichtweite bleibt). Aber auch ein »Einfrieren« (z.B. in Form eines Blackouts in Prüfungssituationen) sehen wir in der Schule häufig, und auffällig oder plötzlich aggressives Verhalten bei Schüler:innen, die wir sonst eigentlich anders kennen, kann ein Hinweis auf eine starke Angstreaktion sein.

Auf kognitiver Ebene sind dysfunktionale und katastrophisierende Gedanken besonders häufig bei Angststörungen anzutreffen; Äußerungen, die uns hierauf hinweisen können, sind z. b. »Wenn ich jetzt eine negative Note schreibe, ist alles aus« und ähnliche Übertreibungen. Charakteristisch hierbei ist auch, dass die Gedanken oft nicht zu Ende gedacht werden, und negativ getönte Generalisierungen sind ebenfalls häufig (»Ich kann das einfach nicht, bin zu blöd dafür« o. ä.). Diese kognitiven Muster sind auch bei Depressionen zu finden; im Abschnitt zu Depressionen werden spezifische Hinweise gegeben, wie solchen dysfunktionalen Gedanken im schulischen Umfeld entgegengewirkt werden kann.

Als Ausdruck ängstlicher emotionaler Tönung fällt uns mitunter eine starke Sorgenthematik auf, so drücken die Kinder/Jugendlichen eine starke Besorgnis über eine Vielzahl an Themenbereichen aus und es fällt ihnen schwer, auch positive Aspekte oder hoffnungsvolle Szenarien herauszuarbeiten. Neben diesen allgemeinen Zeichen einer verstärkten Beschäftigung mit Angst sind die folgenden spezifischen, klinisch relevanten Angststörungen in der Schule besonders häufig anzutreffen.

Trennungsangst

Pathologische Angst, die auf die Trennung von geliebten Bezugspersonen fokussiert ist, ist eine besonders häufige Angststörung bei jüngeren Schüler:innen (bis etwa 12/13 Jahre), doch auch ältere Jugendliche und Erwachsene können betroffen sein. Während bei jüngeren Kindern meist die Angst vor der Trennung von den Eltern (oder einem Elternteil) im Vordergrund steht, ist die Trennungsangst bei älteren Jugendlichen und Erwachsenen oft auf den/die Partner:in oder auch die eigenen Kinder fokussiert. Das gemeinsame Thema ist jedoch immer das Erleben einer starken emotionalen Belastung durch die (antizipierte) Trennung von der Bezugsperson sowie übermäßige und unrealistische Sorgen, dass der Bezugsperson (seltener: einem selbst) während der Abwesenheit etwas zustoßen könnte. Die Sorgen manifestieren sich auch als Albträume und als Erleben und Ausdruck von starkem psychischem Stress (z.b. Wut oder Weinen, Bestehen auf physischer Nähe der Bezugsperson, körperliche Stresssymptome wie Kopf- und Bauchschmerzen, Erbrechen etc., wenn eine Trennung bevorsteht, weil man z.b. zur Arbeit oder zur Schule muss). Je jünger die Kinder sind, desto unrealistischer kann der Inhalt der Angst anmuten (z.b.: Angst, einzuschlafen, da man während der Nacht entführt werden könnte), ältere Jugendliche haben potenziell realistischere Angstbilder (z.b. Angst, dass ein Elternteil in Abwesenheit Opfer eines Verkehrsunfalls wird). Wichtig dabei ist, dass die Trennungsangst altersunangemessen sein muss, d.h. über ein Angstniveau hinausgeht, das allgemein im jeweiligen Entwicklungsstand des Kindes zu erwarten ist, zumal es völlig normal ist, gerne mit seinen Bezugspersonen zusammen zu sein und durch deren Verabschiedung oder eine Veränderung der Lebensumstände, die mit Trennung vom gewohnten Umfeld einhergehen (z.b. Wohnortswechsel zur Aufnahme eines Studiums in einer anderen Stadt), einen gewissen Grad an Belastung zu verspüren (vgl. WHO, 2024). Zentral ist also in der Abgrenzung hiervon die Sorge, dass der geliebten Person etwas zustoßen könnte, und deswegen die Trennung um jeden Preis vermieden werden möchte. Dabei ist das gezeigte Vermeidungsverhalten alterstypisch, z.b. wollen kleinere (Schul-)Kinder ihrer Bezugsperson überall hin folgen und auch nicht alleine im Zimmer sein (weder tagsüber noch nachts), während ältere Jugendliche eher durch sozialen Rückzug auffallen und darauf bestehen, zu Hause mit den Eltern zu sein anstatt sich mit Freund:innen zu treffen, wobei der Rückzug in der Trennungsangst und den Sorgen um die Eltern begründet sein muss (WHO, 2024). Schulabsentismus ist eine häufige Folgeerscheinung von Trennungsangst, insbesondere bei jüngeren Kindern[8]. Für eine Diagnose müssen die oben genannten Symptome

---

8 Bei älteren Jugendlichen ist Schulabsentismus häufig auch in sozialem Ausschluss und Bullying-Erfahrungen begründet (vgl. WHO, 2024).

über einen längeren Zeitraum (zumindest mehrere Monate) bestehen bleiben, dürfen nicht durch eine andere Psychopathologie besser erklärbar sein und müssen gewichtige Einschränkungen und Leidensdruck im Leben der in die Trennungsangst involvierten Personen hervorrufen. Weitere Details zu den diagnostischen Kriterien, Abgrenzungsmöglichkeiten zu anderen psychischen Störungsbereichen und Besonderheiten im interkulturellen Vergleich finden sich in der ICD-11 unter https://icd.who.int/browse/2024-01/mms/en#830200631.

Soziale Angststörung

Die meisten Menschen erleben spätestens ab dem Jugendalter ein gewisses Unbehagen und Aufregung, wenn sie vor einem Publikum sprechen oder auftreten sollen, neue Menschen kennenlernen, die für sie persönlich wichtig sind oder auf die sie Eindruck machen möchten (z. B. bei einem Date) oder wenn sie sich durch (subjektiv wichtige) andere in der Öffentlichkeit beobachtet oder bewertet fühlen. Dies wird, auch kulturell, als »normal« und nicht klinisch relevant gesehen (vgl. WHO, 2024).

Gehen diese Zustände der Aufregung und Angst aber über einen längeren Zeitraum (wieder müssen zumindest mehrere Monate betroffen sein) über ein zu erwartendes/für die Situation übliches Maß hinaus und verursachen sie deutliche Einschränkungen und Probleme im Leben der betroffenen Person (z. B. im privaten, schulischen oder beruflichen Bereich), können sie klinisch relevant werden. Meist manifestiert sich soziale Angst erstmals im Jugendalter, fast immer zwischen 8 und 15 Jahren (WHO, 2024). Sie kann graduell stärker werden oder auch recht plötzlich, nach einer Erfahrung sozialer Blamage, auftreten.

In Abgrenzung zu als nicht pathologisch angesehenen Ausprägungen von Schüchternheit oder Introversion ist die soziale Angst für Betroffene insofern sehr belastend, als sie sich große und ständige Sorgen machen, sich durch ihr Verhalten vor ihrem Umfeld zu blamieren oder durch große Anzeichen von Nervosität negativ aufzufallen (Angst vor starkem Schwitzen, Erröten oder Zittern). Oft sind bestimmte soziale Situationen besonders betroffen; dies kann ein bloßes Gespräch mit anderen sein, vor anderen zu essen oder zu trinken, oder auch Angst in Präsentations- oder Prüfungssituationen. Charakteristisch ist die große Sorge vor der negativen Bewertung durch andere, die eigentlich im Vordergrund der Störung steht, obwohl dies manchmal den Betroffenen anfangs selbst nicht klar ist und eher die Sorge, übermäßige physiologische Symptome von Angst vor anderen zu zeigen oder irgendetwas »Komisches« zu tun, betont wird. Die WHO weist darauf hin, dass die angstbesetzten Situationen auch kulturabhängig variieren können. Um Stereotype zu vermeiden, sollte daher offen nach Situationen gefragt werden, die bei der/beim Betroffenen stressbehaftet sind und Symptome auslösen, anstatt unüberprüfte Vorannahmen zu treffen.

Als weiteres charakteristisches Zeichen einer pathologischen sozialen Angst kann wiederum das ausgeprägte Vermeidungsverhalten angeführt werden, das Betroffene zeigen, um solchen Situationen aus dem Weg zu gehen (z. B. Einladungen aus dem Freundeskreis werden nicht angenommen oder in letzter Minute abgesagt, bei Prüfungs- oder Referatsterminen fehlen die Betroffenen überzufällig oft, Betroffene möchten immer zu Hause statt auswärts essen oder romantische Kontakte werden gar nicht erst angegangen), oder aber, die belastenden Situationen werden unter offensichtlichem, großem Stress ertragen (hohes inneres Belastungserleben). Betroffene Kinder und Jugendliche zeigen oft auch »subtile« Strategien der Vermeidung (z. B. Vermeidung von Augenkontakt und Reduzierung verbaler Kommunikation auf ein Minimum) und Schwierigkeiten bei sozialen Kompetenzen, wie Gespräche zu beginnen oder aufrechtzuerhalten, sich an Gesprächen aktiv zu beteiligen, die eigene Meinung und die eigenen Rechte zu vertreten und Beziehungen aufzubauen und zu pflegen.

Die WHO berichtet, dass soziale Angst ein Risikofaktor für den Einsatz von Suchtmitteln sein kann (etwa, wenn Alkohol oder andere Substanzen eingesetzt werden, um soziale Situationen erträglicher zu machen oder darin »funktionieren« zu können).

4.3 Die häufigsten psychischen Auffälligkeiten in der Schule

Die Abgrenzung zwischen »normaler« und pathologischer Aufregung ist dabei für die Betroffenen selbst und auch für ihr Umfeld nicht immer leicht. Daher wird bewertet, inwiefern die Angst, auch unter Einbezug kultureller Normen, zur betreffenden Situation in Relation steht, inwiefern sie den/die Betroffene:n in seinem/ihrem Alltag und bei der Erfüllung seiner/ihrer Aufgaben einschränkt, und wie sie sich über die Zeit entwickelt. Klinisch relevante soziale Angst ist meist chronisch, d.h. begleitet Betroffene ohne Behandlung oft ihr ganzes Leben, wobei die Prognose auch wieder vom Alter des/r Betroffene;n bei Erstauftreten sowie vom Schwergrad der Ausprägung und der individuellen Beeinträchtigung im Alltag abhängt. Schüler:innen, die gleichzeitig noch andere psychische Belastungen mitbringen, sind zudem gefährdeter als jene, bei denen die soziale Angststörung die einzige Problematik ist (wie im Fallbeispiel von Thomas).

...und wie ist das mit der Prüfungsangst?

Wie bereits aus den obigen Ausführungen evident wurde, hat die Prüfungsangst, die wir bei etlichen Schüler:innen erleben, viele Überschneidungspunkte mit der sozialen Angst. So sind Prüfungs- und Auftretenssituationen, wie wir sie in der Schule häufig vorfinden, explizit als ein sehr typischer Rahmen in der Kerndefinition sozialer Angst genannt. Tatsächlich wird pathologische, d.h. die Betroffen übermäßig stark belastende und einschränkende Prüfungsangst in den aktuellen Systemen nicht als separate Störung, sondern im Fall der ICD-11 unter den sozialen Angststörungen klassifiziert im Sinne einer speziellen Situation, in der sich das belastende Erleben und Verhalten manifestiert. Zusätzlich zu den allgemeinen Erkenntnissen zu sozialen Angststörungen wurde die Prüfungsangst aber gerade wegen ihrer Auftretenshäufigkeit im schulischen Kontext auch bildungswissenschaftlich vermehrt erforscht (vgl. zusammenfassend Harter-Reiter, 2019; Raufelder & Hoferichter, 2018). U.a. weisen die Autorinnen darauf hin, dass für Diagnostik und Behandlung zunächst unterschieden werden muss, ob der Stoff grundsätzlich beherrscht wird, aber durch die Wirkung der Angstsymptome in der Prüfungssituation nicht angerufen werden kann (»Interferenzmodell«; vgl. Fallbeispiel Thomas), oder aber ob die Angst sekundär, als Folge unzureichender Lernstrategien auftritt (»Defizitmodell«). Abhängig von dieser Frage können unterschiedliche Formen der Unterstützung hilfreich sein, wobei wiederum Maßnahmen auf emotionaler, kognitiver, physiologischer und Verhaltensebene ansetzen bzw. miteinander kombiniert werden können. Der Abschnitt »Schulrelevanten Angststörungen vorbeugen« gibt einen Überblick dieser Maßnahmen und zeigt, wie Schüler:innen im Unterricht entgegengekommen werden kann, die von Prüfungsangst und verwandten Ängsten betroffen sind.

Generalisierte Angststörung

In Abgrenzung zu den oben beschriebenen Störungsbildern, bei denen die Angst und die damit einhergehende Belastung auf spezifische Situationen beschränkt ist, ist die generalisierte Angststörung (wie der Name schon nahelegt) dadurch charakterisiert, dass Betroffene situationsübergreifend und an der Mehrzahl der Tage praktisch durchgehend ein angstbesetztes Gefühlserleben haben. Dies kann sich entweder auf einen ständigen, erhöhten Erregungszustand beziehen, bei dem die Person z. B. das Gefühl hat, dass jederzeit etwas Schlimmes passieren könnte (genannt »*free-floating anxiety*«; WHO, 2024), oder aber sich als sehr große (excessive) Sorgen äußern, die um eine Vielzahl an Alltagsbereichen und -tätigkeiten kreisen (z. B. Familie, Gesundheit, finanzielle Situation, Schule/Arbeit). Zu diesen kognitiven Charakteristika kommen auf physiologischer Ebene starke muskuläre Anspannung, Überaktivität des autonomen Nervensystems (was sich z. B. als Tics äußern kann), Konzentrationsschwierigkeiten, erhöhte Irritabilität und Nervosität oder Schlafstörungen dazu. Dementsprechend belastet fühlen sich die Betroffenen, und negative Auswirkungen auf das persönliche bzw. Familienleben, soziale Aktivitäten und schulische bzw. berufliche Leistungen sind deutlich spürbar. Wieder ist neben dem Lei-

4.3 Die häufigsten psychischen Auffälligkeiten in der Schule

densdruck und den Symptomen auch die Dauer der Beeinträchtigung für eine Diagnose ausschlaggebend, diese muss mindestens mehrere Monate betragen und darf nicht durch andere medizinische Gründe erklärbar sein.

Nachdem sich die Angst in diesem Fall auf fast alle Lebensbereiche und multiple Situationen bezieht, können Vermeidungsstrategien zwar ebenfalls beobachtet werden, sind aber – anders als bei den spezifischeren Ausdrucksformen klinischer Angst – kein zwingendes Diagnosekriterium. Neben Vermeidung haben Betroffene (vor allem Kinder) einen sehr hohen Bedarf an Rückversicherung aus ihrem Umfeld (zur Reduktion der eigenen Anspannung und Sorge), und auch Aufschiebeverhalten ist typisch und hat wie die Vermeidung meist das Ziel, einen erwarteten negativen Ausgang abzuwehren oder zu verzögern.

Generalisierte Ängste können prinzipiell jederzeit auftreten und nehmen unbehandelt oft einen chronischen Verlauf (vgl. WHO, 2024). Dabei bleiben die Kernsymptome meist gleich und variieren nur leicht in ihrer Intensität, aber es verändert sich der kognitive Inhalt der Sorgen: während Kinder und Jugendliche sich meist übermäßig über ihre Leistungen im akademischen und sportlichen Bereich sorgen, sorgen sich Erwachsene eher um ihre eigene Gesundheit und das Wohlergehen ihrer Familie.

Die generalisierte Angststörung ist eine der häufigsten Diagnosen im Kindes- und Jugendalter, wenngleich viele Betroffene auch erst mit etwa 30 Jahren erkranken. Da diese Problematik, wie aus der Symptombeschreibung ersichtlich, stark aus komplexen kognitiven Prozessen gespeist wird, zeigt sie sich meist erstmals mit einem Alter rund um die Sekundarstufe I, wenn die kognitive Reifung eine entsprechend differenzierte Beschäftigung mit Problemen und Sorgen zulässt. Jüngere Kinder fallen manchmal durch ein exzessives Befolgen und Einfordern von Regeln auf und reagieren sehr empfindlich auf Regelverstöße anderer, was als Suche nach klaren Grenzen und Sicherheiten interpretiert werden kann. Betroffene Kinder und Jugendliche suchen außerdem auffallend stark nach Rückversicherung, etwa, indem viele Fragen gestellt werden, können schlecht mit

Unsicherheit umgehen, sind überzufällig häufig perfektionistisch und brauchen oft mehr Zeit, um Aufgaben (etwa in der Schule oder zu Hause) zu erledigen; gleichzeitig reagieren sie sehr sensibel auf Kritik, die sie an ihrer Person wahrnehmen. Auch psychosomatische Beschwerden (Kopf- und Bauchschmerzen, Verdauungsprobleme) und Schlafprobleme (Ein- und Durchschlafstörungen) sind häufig. Während die Ängste jüngerer Kinder oft um die eigene Unversehrtheit und jene ihrer Bezugspersonen kreisen (vgl. auch die Trennungsangst), beschäftigt Jugendliche mehr und mehr die Frage der Leistung, wie auch gut genug/perfekt zu sein und die Erwartungen anderer ausreichend zu erfüllen; betroffene Jugendliche sind außerdem oft besonders irritabel/leicht verärgert und haben häufiger auch begleitende depressive Symptome als andere Altersgruppen (vgl. WHO, 2024).

Angesichts dieser Befunde ist es vor allem auf den ersten Blick schwer, eine Linie zwischen »normalem« Erleben und der klinischen Relevanz zu ziehen. Dies trifft auf Angst und Sorgen besonders zu, gehören sie doch zu unserer alltäglichen (Er-)Lebenswelt und haben oft nicht nur ihre Berechtigung, sondern auch ihren konkreten Nutzen, etwa, indem sie uns in Stresssituationen zu Problemlösungen anspornen, unsere Konzentration und Aufmerksamkeit erhöhen und auf das Wesentliche fokussieren helfen. Bei der (generalisierten) Angststörung geht dieser Nutzen verloren, da die überhöhte Anspannung und die Sorgen übergroß werden und dem Individuum im Weg stehen, statt eine Problemlösung zu befördern. Die Sorgen persistieren über einen langen Zeitraum, haben negative Auswirkungen auf eine Vielzahl von Lebensbereichen und lassen sich durch Hilfe, Beruhigung von außen oder Problemlösung, wenn überhaupt, dann nur kurz positiv beeinflussen.

In der Beurteilung müssen auch wiederum kulturelle Einflüsse und die Lebenssituation der/des Betroffenen mitbedacht werden; so sind die Sorgen von Kindern und Jugendlichen mit Migrationshintergrund rund um eine Abschiebung je nach Herkunftsland und politischer Tendenzen möglicherweise berechtigt, ebenso wie eine besonders hohe Sorge um Verwandte und Freund:innen von

4.3 Die häufigsten psychischen Auffälligkeiten in der Schule

Kriegsgeflüchteten nicht als klinisch auffällig diagnostiziert würde. Entsprechend wichtig ist es also, den gesamten Kontext zu kennen, in dem sich der/die Betroffene bewegt, um die Lage richtig einschätzen und die richtige Unterstützung angedeihen lassen zu können. Differenzialdiagnostisch würde in solchen Fällen eher den Ausschlag geben, wie lange anhaltend und wie persistierend die Sorgen sind, ob sie sich eher auf konkrete Situationen oder auf den gesamten Alltag beziehen, ob sich das Individuum zumindest zeitweise von ihnen lösen kann und wie die begleitenden Symptome, die Funktionsfähigkeit im Alltag und der subjektive Leidensdruck ausgeprägt sind. Das Vorliegen von ständigen unspezifischen, diffusen und oft hypothetischen Sorgen/»Bauchgefühlen«, dass etwas Negatives in einer Vielzahl von Lebensbereichen passieren könnte, ist ebenfalls ein Kernelement in der Abgrenzung gegenüber anderen psychischen Belastungen.

Weitere schulrelevante Angststörungen

Die bisher vorgestellten Arten pathologischer Angst sind die häufigsten im schulischen Kontext (vgl. WHO, 2024; Heinrichs & Lohaus, 2020). Darüber hinaus gibt es noch einige weitere, separat klassifizierbare Ängste, die bei Kindern und Jugendlichen auftreten können, wie Panikattacken/Panikstörung, Agoraphobie und spezifische Phobien. Ihnen allen ist gemeinsam, dass intensive Angstsymptome (v. a. intensives Erleben physiologischer Symptome, katastrophisierende kognitive Bewertungen u.a.m.) in relativ eng abgrenzbaren Situationen auftauchen, die meist Vermeidungsverhalten der jeweiligen Situation als eine häufige – wenngleich problematische – Copingstrategie zur Folge haben. Um auch Jugendliche mit solchen Belastungen besser verstehen zu können, werden diese Störungsbereiche ebenfalls kurz vorgestellt.

Panik (bzw. ICD-11 Specifier »mit Panikattacken«)

Bei einer Panikattacke erlebt der/die Betroffene intensivste physiologische Angstsymptome (hier besonders häufig: stark erhöhte Herzfrequenz und Atmung, das Gefühl, keine Luft mehr zu bekommen bzw. zu ersticken, Schmerzen oder beklemmendes Gefühl in der Brust, Schwitzen, Zittern, Kreislaufbeschwerden, Übelkeit sowie das Gefühl eines totalen Kontrollverlustes und der Angst zu sterben), die plötzlich und unerwartet gleichzeitig auftreten, im Regelfall mehrere Minuten andauern und dann wieder abnehmen, ohne dass eine physiologische Erklärung vorliegt (vgl. WHO, 2024). Während eine solche Attacke in tatsächlich stark bedrohlichen Situationen (Katastrophen, Unfälle u. ä.) als normale Reaktion angesehen wird und auch nicht als pathologisch gilt, treten psychologisch relevante Panikattacken oft im Alltag und scheinbar aus dem Nichts auf. Entsprechend belastend sind sie für die Betroffenen, vor allem wegen des großen Gefühls der Unvorhersagbarkeit und der Unkontrollierbarkeit. Oft manifestiert sich auf die erste(n) Attacke(n) hin auch eine sozusagen antizipatorische Angst vor der nächsten Attacke, was meist in Vermeidungsverhalten mündet, um möglichst alle Situationen zu »entschärfen«, die nach subjektiver Einschätzung Potenzial für eine weitere Attacke bieten. Hält diese »Angst vor der Panik« an und treten über denselben, längeren Zeitraum mehrere solcher Panikattacken auf, die die Lebensqualität des/r Betroffenen spürbar negativ beeinflussen, kann auch von einer Panikstörung gesprochen werden. Die Panik kann dabei in spezifischen Situationen auftreten, nicht selten tritt sie aber unerwartet und über mehrere Situationen/Reize hinweg auf. Da neben den physiologischen Symptomen bei Panikattacken auch komplexe kognitive Prozesse der Bewertung und Katastrophisierung am Werk sind (z. B. das Gefühl, verrückt zu werden u. ä.), die entsprechende kognitive Entwicklungsvoraussetzungen brauchen, treten Panikattacken meist erst ab dem Jugendalter auf; eine Häufung findet sich im jungen Erwachsenenalter (vgl. WHO, 2024).

4.3 Die häufigsten psychischen Auffälligkeiten in der Schule

Für Personen, die Zeug:innen oder Begleiter:innen einer Panikattacke werden, ist es wichtig zu wissen, dass die Symptome für die/den Betroffene:n furchtbar intensiv und kaum aushaltbar sind, aber fast immer nach einigen Minuten wieder abklingen. Durch die physiologische und kognitive Übererregung während der Panikattacke ist der/die Betroffene kaum kognitiv erreichbar, d.h. man sollte nicht versuchen, mit der Person ins Gespräch zu kommen, auf sie einzureden oder zu argumentieren, warum z.b. die Situation in Wirklichkeit nicht bedrohlich ist, sondern ihr einfach zur Seite stehen, möglichst viel Ruhe und Zuversicht ausstrahlen und höchstens einige wenige, kurze, beruhigende Äußerungen treffen (z.B. »Ich bin da«, »Alles wird wieder gut«, »Gleich ist es vorbei« o.ä.). Auch intensiver Blickkontakt, wenn möglich/angemessen eine stützende Berührung (z.B. Hand halten), gemeinsames Atmen o.ä. können hilfreich sein. Erst wenn die Symptome wirklich abgeklungen sind und die betroffene Person Zeit und Gelegenheit hatte, sich ausreichend von der Attacke zu erholen, machen weitere Gespräche und andere Interventionen Sinn, wobei sich diese in der Schule darauf beschränken werden, die Bedürfnisse des/der Schüler:in zu erheben, die Eltern zu verständigen und eventuelle stützende Maßnahmen, die der/die Schüler:in im weiteren Verlauf zum Umgang mit den Panikattacken mitbringt, mitzutragen.

Agoraphobie

Agoraphobie beschreibt eine starke und exzessive Angst in oder vor Situationen, aus denen Flucht unmöglich oder Hilfe schwer erreichbar ist (WHO, 2024). Situationen, die von Betroffenen als in dieser Art bedrohlich empfunden werden, ergeben sich etwa in öffentlichen Verkehrsmitteln, in größeren Menschenansammlungen (z.B. Konzerte, Fußballstadien), aber auch in geschlossenen Räumen wie Geschäften, Kinos, Schulklassen etc. und bei Erledigungen alleine außerhalb des eigenen Zuhauses. Zusätzlich liegt eine ständige gedankliche Beschäftigung mit und Angst vor dem möglichen Auftreten von Angst- und peinlichen Symptomen in diesen Situationen vor, die anderen negativ auffallen könnten (z.B. vor anderen hinzufallen o.ä.). Um die Angst zu umgehen, wird entweder auf die jeweiligen Situationen verzichtet (d.h. vermieden; bis hin zur Weigerung, das Haus zu verlassen), auf Begleitung durch eine Bezugsperson bestanden (Sicherheitsgefühl) oder die Situation nur unter großem psychischem Stress ertragen. Um von einer Agoraphobie sprechen zu können, müssen diese Symptome außerdem wiederum über mehrere Monate präsent sein, müssen deutliche Einschränkungen und Leidensdruck im Leben der Betroffenen verursachen und dürfen nicht eine »Begleiterscheinung« einer anderen Problematik sein (WHO, 2024).

Schüler:innen mit einer klinisch relevanten Agoraphobie treffen wir in der Schule nicht sehr häufig an, da sie meistens gar nicht erst hingehen. Schulabsentismus aufgrund von Angst kann also nicht nur in sozialer- oder Trennungsangst, sondern auch in Agoraphobie begründet liegen. Für die Lehrpersonen, die solche Schüler:innen unterstützen, gilt es wieder, die Angst und die Symptome und Belastungen, die sie auslöst, ernst zu nehmen, nicht kleinzureden oder gar lächerlich zu machen, an Unterstützungsnetzwerke verweisen zu können und ggf. die dortigen Maßnahmen in der Schule, soweit möglich, mitzutragen. Auch Flexibilität in der Leistungserbringung und -feststellung kann konstruktiv unterstützend wirken (bspw. geeignete Aufgaben für das Lernen zu Hause, bis der/die Schüler:in wieder in der Lage ist, am Unterricht teilzunehmen). Wie immer sind offene Gespräche mit den Schüler:innen selbst und ihren Eltern auch hier der beste Weg zur Lösungsfindung.

Spezifische Phobien

Als Phobie wird eine ausgeprägte Angst vor bestimmten, sehr eng abgegrenzten Objekten oder Situationen verstanden, die deutlich über das Maß hinausgeht, das man gemeinhin mit der Gefährlichkeit des Objekts oder der Situation verbinden würde. Die häufigsten phobisch besetzten Themenbereiche sind bestimmte Tiere (Hunde,

4.3 Die häufigsten psychischen Auffälligkeiten in der Schule

Spinnen), geschlossene/enge Räume (*Klaustrophobie*), Höhen (*Akrophobie*), Fliegen, Autofahren, Stürme, Dunkelheit und die Konfrontation mit Blut oder Verletzungen sowie der Zahnarztbesuch (WHO, 2024). Die Angst kann dabei in der Situation/im Kontakt mit dem Objekt selbst auftreten oder auch schon in deren Erwartung (*Antizipation*). Oftmals kommen phobische Ängste auch vor mehreren Objekten/Situationen vor. Die angstbesetzten Situationen werden gezielt vermieden oder nur unter größtem Stress ertragen. In Abgrenzung zur nicht klinisch relevanten Angst und Anspannung, die viele Menschen z. B. mit einem Zahnarztbesuch assoziieren, führt die phobische Angst meist zur vollständigen Vermeidung der angstbesetzten Situationen, wird als übermäßig stark und kulturell bzw. situativ unangemessen erlebt, hält über einen langen Zeitraum an und hat deutliche negative Einflüsse auf die Lebenswelt der Person. Daraus ergeben sich auch Konsequenzen für den Behandlungsbedarf einer Phobie: hat das angstbesetzte Objekt keinen (großen) Einfluss auf das Leben einer Person, beispielsweise, weil es in ihrem Umfeld im Normalfall nicht vorkommt (z. B. Giftschlangen in Mitteleuropa), ergibt sich auch bei großer Phobie kein Handlungsbedarf. Hat die phobische Angst aber negative Auswirkungen auf vielfältige Lebensbereiche (etwa, weil jemand aus Angst sein Verkehrsmittel nicht mehr benutzen kann, sich aber dadurch der Schulweg um ein Vielfaches verlängert), würde sich ein Handlungsbedarf nahelegen.

Schulrelevanten Angststörungen vorbeugen

Wie aus den obigen Ausführungen evident wurde, sind Auftreten und Symptomatik bei Angststörungen vielschichtig und nicht auf die Schule beschränkt.

Dennoch kann die Schule einen gewichtigen Beitrag in der Unterstützung betroffener Schüler:innen leisten und insbesondere präventiv stützend tätig werden, indem auf einige wenige Aspekte, die für Ängste besonders relevant sind, geachtet wird.

4 Schulrelevante psychische Störungen erkennen

Eigene Unterrichtsgestaltung und Umgang mit Rückmeldungen

In den Ausführungen der WHO zur sozialen Angststörung wird spezifisch darauf hingewiesen, dass Situationen sozialer Blamage eine solche Störung nicht nur aufrechterhalten und verschlimmern, sondern sogar triggern können. Wahrscheinlich ist es für jede/n von uns ein Leichtes, sich an solche Situationen aus der eigenen schulischen Laufbahn zu erinnern, was zeigt, wie häufig sie vorkommen. Entsprechend wichtig ist es für Lehrpersonen, vom sozialen Vergleich im Allgemeinen und von *destruktiven, abwertenden* und ggf. sogar *persönlich übergriffigen Rückmeldungen* an Schüler:innen im Besonderen, insbesondere vor der ganzen Klasse, *unbedingt Abstand zu nehmen*. Kritische oder persönliche Anmerkungen sollten im vertraulichen 4-Augen-Gespräch gegeben werden (z.b., wenn die Körperhygiene mangelhaft ist), anstatt vor anderen ausgesprochen zu werden (schon gar nicht »im Scherz«). Rückmeldungen sollten sich nicht am sozialen, sondern am individuellen Vergleich orientieren (Feedback zur eigenen Verbesserung gegenüber vorherigen Leistungen bzw. zum Stand im Verhältnis zu den Lernzielen anstatt des Vergleichs mit anderen). Schriftlichen Rückmeldungen sollte gegenüber mündlichen *wenn immer möglich der Vorzug gegeben* werden. So haben Schüler:in wie Lehrperson mehr Zeit, sich damit auseinanderzusetzen und tatsächlich die »Message« rüberzubringen, die die Lehrperson vermitteln möchte (denken wir hier an die emotionale Übererregung, die ängstliche Schüler:innen in Rückmeldesituationen quasi »von sich aus« empfinden und die eine adäquate Verarbeitung und kognitive Einordnung von Informationen erschwert oder sogar unmöglich macht). Auch sollten Lehrpersonen darauf hinwirken, den *sozialen Vergleich* auch außerhalb des eigenen Unterrichts und der eigenen Leistungsüberprüfungen *möglichst gering* zu halten – kein einfaches Unterfangen in einem Schulsystem, das per definitionem leistungsbasiert selektieren soll und damit Vergleiche gewissermaßen inhärent vertritt (vgl. Fend, 2018; Harter-Reiter, 2019). Dennoch können Lehrpersonen ihre Schüler:innen (und auch deren Eltern!), u.a. durch konsequente Modellfunktion,

4.3 Die häufigsten psychischen Auffälligkeiten in der Schule

dabei unterstützen, ein differenziertes Bild von sich und anderen zu entwickeln, das auf die Wahrnehmung und Wertschätzung individueller Vielfalt abzielt. So kann die Lehrperson z. b. ihre Schüler:innen explizit auffordern, vor und nach Leistungsüberprüfungen das allgemeine Getuschel (»Wie viel hast Du gelernt? Hast Du Dir xy auch angeschaut? Ich hab eine Eins, und Du? Was hat der Felix?« etc.) auf ein Minimum zu reduzieren und mit den Schüler:innen erarbeiten, was die Voraussetzungen für eine möglichst gute (da angstfreie) Performance bei der Schularbeit sind – und dazu gehören eben auch Strategien, sich (gegenseitig) emotional nicht zu hoch aufzuschaukeln.

Gestaltung von Leistungsüberprüfungen

Nachdem Angst viel mit wahrgenommener Unkontrollierbarkeit der Situation und ihres Ausgangs zu tun hat, können Lehrpersonen in der Gestaltung von Leistungsüberprüfungen präventiv viel bewirken, indem sie die Situation für die Schüler:innen so vorhersehbar und kontrollierbar wie möglich gestalten. Dazu gehören:

- Probedurchgänge wichtiger Leistungsüberprüfungen wie Schularbeiten etc., insbesondere vor dem ersten Termin, unter realistischen, der Prüfung möglichst ähnlichen Bedingungen;
- ein frühzeitiges und kooperatives Festlegen von Testterminen und Stoffgebieten, ruhig auch einmal vor den gesetzlich notwendigen Fristen (u. a. unter Anbetracht der Tatsache, dass die Schüler:innen, ebenso wie wir, sehr volle Kalender voller Verpflichtungen haben), um möglichst allen die nötige Ruhe in der Vorbereitung zu gewährleisten;
- ausreichend Übungsmöglichkeiten und -material inner- und außerhalb des Unterrichts, das die tatsächlichen Testaufgaben adäquat abbildet;
- Hilfe bei der Zerlegung des Stoffes in Teilbereiche und -ziele;
- Unterstützung beim Finden und Einüben adäquater Lernstrategien;

- Durchbesprechen, ggf. Besichtigen u. ä. der genauen Prüfungsmodalitäten und -räume bereits vor dem Prüfungstermin;
- transparente, objektiv nachvollziehbare und an klaren Lernzielen orientierte Beurteilungsschlüssel und Bewertungskriterien, die schon vorab kommuniziert werden, sowie eine transparente Erklärung, warum Aufgaben so und nichts anders gestellt werden und worauf sie abzielen (vgl. auch Harter-Reiter, 2019);
- breite Möglichkeiten, Leistung zu erbringen und zu Noten zu kommen, und Wahlfreiheit zwischen mehreren Formaten (z. B. schriftlich vs. mündlich, freiwillige Zusatzleistungen);
- die Ermöglichung von Mitsprache der Schülerinnen und entsprechende eigene Überlegungen betreffend den Ablauf von (v. a. mündlichen) Überprüfungen, um Situationen sozialer Blamage möglichst zu vermeiden; u. a. m.

Generell für alle Schüler:innen, und insbesondere für jene, die unter (mehr oder weniger starker) Auftretensangst leiden, ist es sinnvoll, den eigenen Katalog von Leistungen, die notenrelevant sind, zu überdenken und möglichst breit anzulegen. Viele Schüler:innen tun sich aus den verschiedensten Gründen schwer, sich in der mündlichen Mitarbeit im Standardunterricht einzubringen; es kann daher überlegt werden, ob Mitarbeit auch anders erbracht werden kann (z. B. über den Einbezug freiwilliger schriftlicher Abgaben mündlicher Aufgabenstellungen etc., um zu zeigen, dass man gedanklich »dabei war« und den Stoff aktiv verarbeitet hat, auch wenn man es mündlich nicht gezeigt hat). Bei anderen Formen mündlicher Mitarbeit, wie Präsentationen und Referaten, sollten analog zu schriftlichen Überprüfungen ein breiter, vorab kommunizierter, an transparenten Kriterien orientierter Bewertungsrahmen zugrunde gelegt werden, in dem die Leistung im Vortrag mit Auftreten, Stimme u. ä. nur eines von vielen Kriterien ist. Im Sinne der oben angesprochenen individuellen Bezugsnormorientierung soll sich die Bewertung dann wieder am/an der individuellen Schüler:in und seinen/ihren Voraussetzungen orientieren statt an (bewussten oder unbewussten) Vergleichen und normativen Erwartungen.

4.3 Die häufigsten psychischen Auffälligkeiten in der Schule

Umgang mit Vermeidungsverhalten von Schüler:innen

Wie aus der Beschreibung aller schulrelevanten Angststörungen hervorging, ist Vermeidung der jeweiligen angstauslösenden Situationen ein zentraler Baustein in ihrer Entstehung und Erkennung, aber vor allem auch in ihrer Aufrechterhaltung und Verfestigung. Dessen sollten sich Lehrpersonen bewusst sein, die mit ängstlichen Schüler:innen zu tun haben. Dadurch können sie die Schüler:innen dabei unterstützen zu erkennen, dass ein Verhalten, das die Spannung zunächst reduziert (z. b. Fernbleiben von der Schule bei Prüfungsterminen, Mitnehmen von Eltern in die Schule) und dadurch kurzfristig hilfreich erscheint, indem es z. b. ermöglicht, dass das Kind überhaupt noch zur Schule gehen kann, langfristig bei der Bewältigung der Angst nicht hilfreich ist. Schulen und Lehrpersonen müssen hier also behutsam und in Kommunikation mit dem Kind/Jugendlichen und seinen/ihren Eltern abwägen, welche Maßnahmen notwendig und sinnvoll sind, damit das Kind bestmöglich am Unterricht und am Lernen teilnehmen kann, und es gleichzeitig immer wieder ermutigen, auch Erfahrungen außerhalb seiner (von der Angst bestimmten) »Komfortzone« zu machen und damit ein Vermeidungsverhalten ein Stück weit abzubauen. *Behutsam* ist dabei das Schlüsselwort – die betroffenen Jugendlichen sind bereits stark belastet und eine »Brechstangentechnik« (im Sinne von: »Es ist Zeit, Deine Angst zu konfrontieren, also Du stellst Dich jetzt da vorne hin und hältst Deine Präsentation so wie alle anderen auch«) wird keinen Erfolg bringen. Vielmehr profitieren betroffene Jugendliche von einfühlsamer und ruhiger Begleitung, Geduld und realistischen Erwartungen und einer breiten Auffassung von Leistung und deren Erbringung. Wie so oft ist für eine erfolgreiche Begleitung die Zusammenarbeit und Vernetzung zwischen Schule, dem/r betroffenen Jugendlichen und den Eltern erforderlich, sodass z. B. außerschulische therapeutische Maßnahmen auch in der Schule mitgetragen und umgesetzt werden können.

Auf stärker präventiver Ebene können Lehrpersonen wiederum ansetzen, indem sie Vermeidungsverhalten auch »im Kleinen«

frühzeitig erkennen (z. B. Prokrastinieren von unangenehmen Aufgaben, zu später Beginn des Lernens für anstehende Schularbeiten) und die Schüler:innen ermutigen und dabei unterstützen, konstruktive Bewältigungsstrategien für belastende Phasen und Aufgaben zu entwickeln. Dies kann geschehen, indem z. b. Ziele und Stoff in kleinere Schritte zerlegt werden, Lernstrategien oder die Eigenorganisation optimiert werden, und dabei jede/r Schüler:in so viel Unterstützung wie nötig erhält, aber letztlich in die Eigenorganisation und -verantwortung kommen kann, die wiederum den Selbstwert stärkt. Konkrete Methoden und Beispiele hierzu werden in Kapitel 5 (▶ Kap. 5) vorgestellt.

Posttraumatischer Formenkreis

Besondere Stressreaktionen und Traumatisierungen verstehen

Belastungen, die als Reaktion auf außergewöhnliche Bedrohungen oder Gewalterfahrungen auftreten, waren immer schon in der Schule präsent. Sie sind jedoch heute noch relevanter, da die geopolitischen Entwicklungen der letzten Jahre dazu geführt haben, dass eine Vielzahl von Kindern und Jugendlichen mit Erfahrungen aus Flucht, Krieg und anderen Katastrophen in unseren Klassen sitzen. Während der Covid-19 Pandemie wurde zudem die Problematik von Gewalterfahrungen zu Hause für viele Kinder noch stärker zur Realität, als es vorher der Fall war, und auch seit Pandemieende hat sich die Zahl der Kinder und Jugendlichen, die zumindest zeitweise fremduntergebracht werden müssen, vervielfacht; wiederum sind hier die Prävalenzen in Familien, die ohnehin schon mehrfach belastet sind, (verständlicherweise) um ein Vielfaches höher (vgl. Heil, 2024).

Für Lehrpersonen ist es wichtig, Kinder mit solchen Erfahrungen verstehen und begleiten zu können; dafür ist es nicht zentral, die Erfahrungen selbst im Detail zu kennen (wir können und sollen daher gar nicht »zu tief« in die persönlichen Geschichten eintau-

4.3 Die häufigsten psychischen Auffälligkeiten in der Schule

chen), sondern eher die Reaktionen, die darauf gezeigt werden, verstehen und einordnen zu können, um dann kompetent darauf zu reagieren und Lernen (wider aller Umstände) möglich zu machen.

Der Auseinandersetzung mit dieser traurigen Thematik sei der tröstliche Befund vorausgeschickt, dass sehr viele traumatische Erfahrungen von Menschen, und hier insbesondere von Kindern und Jugendlichen, erstaunlich gut verarbeitet werden und zu keinen längerfristigen belastenden Reaktionen führen (vgl. Heinrichs & Lohaus, 2020; WHO, 2024); unsere Schüler:innen sind sehr resilient und verfügen über viele Ressourcen und psychische »Selbstheilungskräfte«. Wenn also auch jedes traumatische Erlebnis Spuren im Leben eines Menschen hinterlässt, sind diese Spuren nicht zwingend von negativen Entwicklungen begleitet, sondern vielfach auch eine Quelle von Kraft, Wachstum und Zuversicht. Wie immer im psychischen Störungsbereich ist es also von Einflussgrößen wie der Art, Intensität und Häufigkeit des Stressors, von Vorbelastungen, persönlichen Copingstilen, Ressourcen und Selbstkompetenzen u.v.m. abhängig, ob und in welcher Form eine traumatische Erfahrung negativ wirksam wird.

Die ICD-11 fasst Probleme, die längerfristig in Folge auf traumatische Erfahrungen oder einschneidende Lebensveränderungen auftreten, als »*disorders specifically associated with stress*« zusammen. Damit wird in Titel und Definition der Störungsbilder explizit die Rolle anerkannt, die intensiver Stress, der in Folge solcher Erfahrungen erlebt wird, in ihrem Auftreten und ihrer Aufrechterhaltung spielt. Ebenso ist – in Abgrenzung zu allen anderen der hier vorgestellten Störungsbilder, die eine vielgestaltige Entwicklung haben, die nicht auf einen Faktor oder Auslöser reduziert werden kann – bei diesen Störungsbildern die Präsenz eines besonderen Stressors oder Life Events ausschlaggebend: ohne diese(s) Erlebnis(se) wäre die Störung nicht entstanden.

Die Art, Dauer und die Besonderheit der Belastungssymptome in der Reaktion auf einen solchen Stressor unterscheiden die klinischen Belastungsreaktionen voneinander. Dabei wird die Darstellung auf die für die Schule relevantesten beschränkt und deren Genese nur kurz umrissen, um dann ausführlicher auf die Begleitung betroffener Schüler:innen einzugehen. Mehr Details zu den einzelnen Störungsbildern und weiteren stressorbedingten Belastungsreaktionen können der ICD-11 unter https://icd.who.int/browse/2024-01/mms/en#991786158 entnommen werden.

Besondere Stressreaktionen und Traumatisierungen erkennen

Anpassungsstörung

Eine Anpassungsstörung kann entstehen, wenn ein einschneidendes lebensveränderndes Ereignis auftritt, wie eine Scheidung oder eine schwere Erkrankung, oder es zu deutlich erhöhtem Stresserleben aufgrund von persönlichen Konflikten, finanziellen Schwierigkeiten o. ä. kommt, und die Ressourcen der Person nicht ausreichen, um die damit einhergehenden Entwicklungsaufgaben (= die Anpassung an die neue Situation) erfolgreich zu bewältigen.

Es kommt bei einer Anpassungsstörung zu sehr großen Sorgen sowie einer ständigen und übermäßigen gedanklichen Beschäftigung mit dem auslösenden Ereignis und seinen Konsequenzen, eine Lösung von der Thematik erscheint schwer bis unmöglich und die Funktionsfähigkeit im Alltag der/s Betroffenen (schulisch, privat, beruflich) ist dadurch deutlich beeinträchtigt.

Da das gedankliche Kreisen um die Thematik oft noch größer wird, wenn die Betroffenen daran erinnert werden, kommt es manchmal zu Vermeidungsverhalten, indem Betroffene alle Gespräche, Gedanken, Gefühle etc., die mit dem Stressor zusammenhängen, abweisen und unterdrücken möchten. Ein Beispiel wäre auch, dass Orte, an denen man den/die Ex-Partner:in treffen könnte, gezielt nicht mehr aufgesucht werden. In Abgrenzung einer klinisch nicht auffälligen Reaktion nach Trennungen dauert diese Reaktion über einen langen Zeitraum an, ist von vielen weiteren Symptomen begleitet (z. B. einer ständigen gedanklichen Beschäftigung über das Beziehungsende, die wiederum über viele Monate andauert) und bringt eine deutliche Einschränkung der Person in einer Vielzahl

4.3 Die häufigsten psychischen Auffälligkeiten in der Schule

von Lebensbereichen mit sich. Anpassungsstörungen gehen des Öfteren auch mit weiteren psychischen Symptomen, oft Ängsten oder depressiven Verstimmungen, einher und führen nicht selten auch zu erhöhtem Einsatz von Alkohol und anderen Suchtmitteln als eine Strategie der Bewältigung und »Betäubung«.

Typischerweise treten die Symptome bald nach Eintritt des Stressors auf (innerhalb des ersten Monats) und halten über einige Monate an, um dann nach etwa einem halben Jahr nach dem Stressor und seiner primären Auswirkung für gewöhnlich von selbst wieder abzuklingen (WHO, 2024). Dieser Verlauf macht die Anpassungsstörung recht »besonders« unter den psychischen Störungen, für die eine spontane Remission (d. h. ein »natürliches« Abklingen der Symptome nach einer gewissen Zeit) ansonsten nicht typisch ist bzw. nicht von Vornherein erwartet werden kann.

In der Schule kann eine Anpassungsstörung z. B. bei Kindern und Jugendlichen auftreten, deren Eltern sich getrennt haben oder die sonst eine einschneidende Veränderung ihrer Lebensumstände erlebt haben. Die ständige gedankliche Beschäftigung damit kann sich wiederum in Konzentrationsschwierigkeiten, Leistungsabfall, somatischen Beschwerden und erhöhter Irritabilität äußern, auch Probleme im sozialen Umgang und auffallendes »Klammern« an Bezugspersonen kommen vor. Diese Zeichen sind bei Kindern und Jugendlichen häufiger als die verbale Auseinandersetzung mit der Belastung (WHO, 2024). Auch Regression (d. h. das »Zurückfallen« auf eine frühere Entwicklungsstufe, in denen das Kind nicht mehr in der Lage ist oder sich weigert, Dinge auszuführen, die vorher schon gekonnt wurden) kommt bei Kindern mit Anpassungsstörung häufig vor. Wie gesagt klingen die Symptome nach etwa sechs Monaten typischerweise wieder ab.

Wenn Lehrpersonen um lebensverändernde Ereignisse bei ihren Schüler:innen wissen, fällt es leichter, solche Anzeichen bei Kindern richtig einzuordnen; durch die hohe spontane Remissionsrate ist aber, zumindest wenn das Funktionsniveau in Schule und Alltag halbwegs aufrechterhalten werden kann, kein akuter Interventionsbedarf von schulischer Seite gegeben. Vielmehr ist es wichtig,

Kindern und Jugendlichen in solchen Situationen Verständnis, Stützung und Geduld sowie Sicherheiten (in Form von vorhersagbaren Abläufen, stabilen Beziehungen, Schule als Strukturgebung im Alltag) zu geben bzw. zusätzliche Ressourcen zur Verfügung zu stellen und Vertrauen in den/die Jugendliche:n und seine/ihre Fähigkeiten auszudrücken, damit die Belastung gut bewältigt werden kann.

Posttraumatische Belastungsstörung

Eine akute posttraumatische Belastungsreaktion oder posttraumatische Belastungsstörung (auch als *PTSD*, nach *Post Traumatic Stress Disorder* bekannt) kann entstehen, wenn Menschen einem oder mehreren Ereignissen ausgesetzt werden, die horrende oder katastrophale Ausmaße haben und bei denen die eigene körperliche Unversehrtheit oder jene nahestehender Personen akut bedroht ist sowie eine große eigene Hilflosigkeit wahrgenommen wurde (WHO, 2024). Dazu gehören unter anderem das Erleben oder Beobachten schwerer Unfälle, Kriegserlebnisse, sexuelle Gewalterfahrungen und das Bezeugen eines plötzlichen oder gewaltsamen Todesfalls. Die PTSD ist dabei durch die gleichzeitige Präsenz von drei klaren Kernsymptomen so eindeutig umrissen wie kaum ein anderes Störungsbild im psychologischen Bereich:

1. Unkontrolliertes Wiedererleben des Ereignisses: Betroffene durchleben sogenannte Flashbacks und/oder Intrusionen (ungewolltes Erinnern) des Ereignisses, d. h. haben plötzlich und unvermittelt das intensive Gefühl, wieder mitten im Ereignis zu stehen und erleben dabei intensivste, horrende Furcht. Erinnerungen drängen sich dabei als sehr lebhafte Bilder oder auch in Form von Albträumen auf. Die intrusive (sich unvermittelt aufdrängende) Natur der Erinnerungen und die dabei 1:1 wiedererlebten, stark bedrohlichen Emotionen unterscheiden sich deutlich von willentlich herbeigeführten Erinnerungen oder Nachdenken über das Ereignis.

4.3 Die häufigsten psychischen Auffälligkeiten in der Schule

2. Starke Vermeidung aller Reize (z. B. Orte, ähnlich anmutende Situationen, Gerüche), die mit dem Ereignis in Zusammenhang stehen und die intrusiven Erinnerungen auslösen könnten. Um diese wahrgenommenen Trigger zu vermeiden, werden mitunter auch große Unbequemlichkeiten oder Lebensveränderungen, wie z. B. der Umzug in eine andere Stadt, in Kauf genommen.
3. Ständige überhöhte körperliche Anspannung und Hypervigilanz, d. h. sehr hohe Aufmerksamkeit auf potenziell gefährliche Reize. Betroffene sind sehr schreckhaft, haben das ständige Gefühl einer unmittelbaren Bedrohung und untersuchen ihre Umgebung unablässig auf gefährliche Situationen.

Typischerweise treten diese Kernsymptome innerhalb von drei Monaten nach dem traumatischen Ereignis ein, doch auch ein späterer Beginn ist möglich.

Häufig gehen die Kernsymptome der PTSD einher mit depressiver Stimmungslage, somatischen Beschwerden, sozialem Rückzug, Suizidgedanken und Ängsten sowie erhöhtem Konsum von Suchtmitteln (um mit Emotionen umzugehen und Wiedererleben zu dämpfen). Betroffene erleben sehr oft Wut, Scham, Traurigkeit, Gefühle von Demütigung und Schuldgefühle, manchmal auch, weil sie überlebt haben und andere nicht (»*survivor guilt*«).

Diese Symptome müssen wieder eine deutliche Einschränkung im Leben des/r Betroffene:n herbeiführen, um als klinisch relevant zu gelten.

Wie sind nun diese besonderen Symptome bei PTSD erklärbar? In einer Situation extremer Bedrohung des (eigenen) Lebens schaltet der Organismus in »survivor mode«, d. h. richtet alle Funktionen von Körper und Gehirn auf das Überleben aus. Dafür werden u. a. die Sinneswahrnehmungen in höchstem Maße »scharf gestellt« (das Gehirn »scannt« sozusagen jedes Detail der Umgebung auf möglicherweise überlebenswichtige Hinweise), während komplexe kognitive Prozesse »heruntergefahren« werden, um möglichst viel Energie in Kampf, Flucht und damit zusammenhängende Überlebensmaßnahmen investieren zu können. Dadurch werden kognitive

Reize nicht wie sonst verarbeitet; es konnte empirisch gezeigt werden, dass es im Hypothalamus bei traumatischen Erfahrungen zu einer Übererregung kommt, die die geordnete Einspeicherung neuer Informationen verhindert, womit erklärt wird, warum Erinnerungen an das Ereignis bei PTSD oft nicht willentlich abgerufen werden können, sondern nur spontan auftreten. Als »Trigger« dieser Erinnerungen wirken dann jene sensorischen Eindrücke, die das Gehirn während der Bedrohung aufgenommen hat; aufgrund der Geschwindigkeit der Aufnahme und der mangelnden kognitiven Verarbeitung sind die einzelnen Reize der betroffenen Person aber gar nicht bewusst oder bekannt. Und so kommt es dazu, dass im Alltag Erinnerungen an das Ereignis plötzlich wiederaktiviert werden, weil ein solcher Triggerreiz wieder präsent ist (z. B. riecht man – unbewusst – das gleiche Aftershave, das der Angreifer bei einer Vergewaltigung getragen hat), und sich das dann als Wiedererleben äußert.

Wie sich jede:r vorstellen kann, ist ein solches Erleben (und insbesondere auch dessen wahrgenommene Unkontrollierbarkeit und, damit einhergehend, mangelnde Steuerbarkeit und Stabilität des eigenen Lebens) für die betroffenen Personen über die Maßen belastend und das damit einhergehende Vermeidungsverhalten und die übergroße Anspannung nur allzu verständlich.

Insbesondere bei Personen, die einer solchen traumatischen Situation immer wieder bzw. überdauernd ausgesetzt waren und bei denen ein Entkommen praktisch unmöglich war (z. B. Gefangenschaft/Geiselnahmen, kontinuierlicher schwerer Missbrauch zu Hause o. ä.), kann sich auch eine sogenannte komplexe posttraumatische Belastungsstörung ausbilden, bei der zusätzlich zu den genannten Kernsymptomen der PTSD Probleme in der Gefühlsregulation, im Aufbau von Beziehungen und Vertrauen zu anderen Personen und Überzeugungen zur eigenen Person als minderwertig, wertlos und hilflos präsent sind.

Trotz der starken Symptomatik und des meist gewichtigen Einflusses einer PTSD auf viele Lebensbereiche einer Person sind posttraumatische Belastungsstörungen mit therapeutischen Methoden

4.3 Die häufigsten psychischen Auffälligkeiten in der Schule

sehr gut und erfolgreich behandelbar (im Überblick Ehlers, 2025). Dies kann jedoch ausschließlich außerhalb des schulischen Umfelds erfolgen. Wie Schule betroffene Kinder und Jugendliche trotzdem sinnvoll begleiten kann, und was zu tun ist, wenn wir Schüler:innen in einer akuten Gefahrensituation oder potenziell traumatisierenden Lebensumständen vermuten, ist Gegenstand des nächsten Abschnitts.

Möglichkeiten und Aufgaben der Schule im Zusammenhang mit Schüler:innen mit traumatischen Erfahrungen

Wie gesagt kann und soll die Schule bei traumatischen Belastungen (wie auch bei anderen psychischen Problemen) keine therapeutischen Aufgaben übernehmen. Die Hauptaufgabe der Schule in der Begleitung traumatisierter Schüler:innen liegt daher in deren Stützung, deren Begegnung mit Verständnis, Wohlwollen und Geduld bei Schwierigkeiten, die sich etwa bei Konzentration oder Lernen ergeben, und in der Bereitstellung eines sicheren, vorhersagbaren Umfelds, in dem die Kinder Stabilität, positive Beziehungen, Struktur und Ablenkung erfahren können.

Außerdem im Schulumfeld zu beachten ist, dass bei traumatisierten Kindern (und Erwachsenen) verschiedenste Reize als Trigger für Erfahrungen des Wiedererlebens wirken können, meistens kennen die Kinder die Reize selbst nicht genau. Es kann daher vorkommen, dass Kinder mit z. B. Fluchterfahrung auf plötzliche oder generell laute Geräusche und Lärm, auf Gedränge, Dunkelheit (etwa bei einem Stromausfall, während eines Spiels oder bei der Schulübernachtung), aber auch auf bestimmte Gerüche, Klänge oder Berührungen »extrem« reagieren, weil sie diese unwillentlich Teile traumatischer Erfahrungen wiedererleben lassen. Sollte dies im Beisein einer Lehrperson passieren, ist es – wie bei den weiter oben besprochenen Panikattacken – hilfreich, sich zu vergegenwärtigen, dass das Kind/der/die Jugendliche in diesem Moment in starken Emotionen »gefangen« und daher kognitiv kaum erreichbar ist. Es sollte daher nicht versucht werden, auf das Kind einzureden, sondern es sollte durch ruhige Anwesenheit gestützt werden, bis die emotionalsten Momente abgeklungen sind; dabei können kurze, beruhigende Äußerungen gemacht werden (»Es wird alles gut«, »Ich bin da«, »Gleich ist es vorbei« o. ä.). Eventuell – und nur, nachdem das Kind nach seinem Einverständnis gefragt wurde – kann auch eine Berührung hilfreich oder sogar notwendig sein (bspw. festhalten, damit sich das Kind im Affekt nicht selbst verletzt) oder etwas zum »Festhalten« gegeben werden, wie etwa ein Kuscheltier, ein Kissen oder ein großes Kleidungsstück. Auch nach Abklingen der emotionalsten Momente sollten Lehrpersonen dem Kind Zeit geben, das gerade Erlebte zu verarbeiten und können dabei helfen, indem sie die wahrgenommenen Gefühle verbalisieren (»Da hast Du jetzt ganz plötzlich viel Angst gehabt, oder«). Die Kinder können auch (in einem ruhigen Moment, unter vier Augen und ohne Anlassfall) gefragt werden, was ihnen denn in solchen Situationen helfen würde, und was sie sich von der Lehrperson und den Mitschüler:innen wünschen würden. Ebenso sollten wir die Kinder aber auch in ihren Bewältigungsstrategien unterstützen und ihre Ressourcen sowie auch ihre Widerstandsfähigkeit sehen und loben (»Ich merke, Du hast da eine unglaubliche Kraft in Dir, dass Du sowas aushalten kannst. Das finde ich wirklich bewundernswert. Das wird Dir in vielen Situationen noch sehr nützlich sein« o. ä.). Nicht aber sollten Kinder nach den Inhalten ihrer Erinnerungen gefragt werden, da Aufkommendes im schulischen Umfeld nicht abgefangen werden kann. Die Schulpsychologie oder andere entsprechend geschulte Kolleg:innen können als spezielle Ansprechpersonen das Kind in schwierigen Momenten vielleicht übernehmen, damit sowohl dessen Bedürfnisse als auch jene der (nicht betroffenen) Mitschüler:innen gut aufgefangen werden können und die Lehrperson selbst sich wieder auf das Unterrichtsgeschehen konzentrieren kann. Eine gute Zusammenarbeit und Absprache im Schulteam ist – wie so oft – auch hier zielführend.

Zusätzlich ist es wieder nützlich, wenn wir als Lehrpersonen um Unterstützungsnetzwerke und psychosoziale Angebote in unserer Umgebung außerhalb der Schule wissen, an die wir (auch) Kinder

4.3 Die häufigsten psychischen Auffälligkeiten in der Schule

und Eltern verweisen können, die vielleicht erst kürzlich zugewandert sind oder noch nicht ausreichend integriert und im System orientiert sind. Sollten wir in der Schule dagegen den Verdacht hegen, dass ein/e Schüler:in möglicherweise aktuell (z. B. zu Hause) traumatisierenden Erfahrungen und Gefährdung ausgesetzt ist (z. B., weil wiederholt schwer erklärliche Verletzungen vorhanden sind oder uns ein/e Jugendliche/r explizit von Gewalt zu Hause erzählt), haben wir die gesetzliche Verpflichtung, schützend tätig zu werden. Am Anfang eines solchen Vorgehens sollte immer ein Gespräch mit dem/der Betroffenen stehen, in dem die Verdachtsmomente noch einmal geklärt werden und die Sicht des/r Jugendlichen auf die Dinge eingeholt wird. Zusätzlich zu den Grundregeln jeder Gesprächsführung zu sensitiven Themen (siehe den betreffenden Abschnitt weiter unten sowie Schnebel, 2017 und Siwek-Marcon, 2022) sind dabei folgende Aspekte wichtig zu beachten:

- Es ist nicht Aufgabe der Lehrperson, Beweise zu sammeln oder aufdeckend zu arbeiten. Dies obliegt bei Kindeswohlgefährdung den Behörden. Ein begründeter Verdacht ist für eine (auch anonyme) Meldung ausreichend. Dementsprechend sollten dem Kind im Gespräch nur offene Fragen gestellt werden und keine »Beweise« o. ä. für das Gesagte verlangt werden. Ein Austausch mit einer/m weiteren qualifizierten Kolleg:in aus der Schule oder einem Unterstützungssystem ermöglicht eine noch objektivere Einordnung, ob und inwiefern eine Meldung notwendig ist («»4-Augen-Prinzip«; vgl. auch Heil, 2024).
- Es ist essenziell, dass Lehrpersonen dem Kind vermitteln, dass sie ihm glauben, auch wenn ihnen die Geschichte weit hergeholt oder unrealistisch scheint. Wie aktuelle Daten zum Kinderschutz aus Österreich nahelegen, wendet sich ein misshandeltes Kind im Schnitt fünf bis sieben Mal an einen Erwachsenen, bevor ihm zugehört bzw. geglaubt und schützend interveniert wird (BDS, 2023). Daher sollten wir lieber einmal zu oft aufmerksam werden und hinhören als einmal zu wenig. Zudem ist es für Kinder (und

auch für jene, die nicht betroffen sind oder sich scheinbar gewisse Geschichten nur ausdenken, um Aufmerksamkeit zu erhalten) sehr wichtig, dass sie wissen, dass entsprechende Vorfälle von ihrer Schule sehr ernst genommen und ausnahmslos weiterverfolgt werden.

- Oft haben Kinder (durchaus zurecht) Angst vor Konsequenzen, wenn sie etwas von Misshandlungen erzählen und verlangen deshalb Verschwiegenheit von den Personen, denen sie sich anvertrauen. Da wir aber bei begründetem Verdacht eine gesetzliche Meldepflicht haben, können wir diese Verschwiegenheit nicht gewährleisten. Dies sollte dem Kind auch so gesagt werden (»...das kommt darauf an, was Du mir erzählst. Wenn Du in Gefahr bist, kann ich das nicht für mich behalten. Was ich Dir aber sehr wohl versprechen kann, ist, dass ich nichts unternehmen werde, ohne es vorher mit dir zu besprechen« o. ä.; vgl. Heil, 2024), dann kann das Kind immer noch entscheiden, ob/was es erzählen möchte.
- Bei Meldungen im Zusammenhang mit der Gefährdung des Kindes durch die Eltern oder einen Elternteil müssen diese nicht informiert werden, bevor die Meldung erfolgt oder weitere Schritte gesetzt werden (wie es sonst bei anderen besonderen Vorkommnissen den/die Schüler:in betreffend der Fall wäre).

Erhärtet sich im Gespräch der Verdacht, gibt es im Regelfall am Standort ein standardisiertes Vorgehen, das für gewöhnlich den Weg der Meldung des Verdachts über die Direktion beinhaltet. Die jeweilige Behörde der Jugendwohlfahrt ist dann verpflichtet, dem Verdacht zeitnah nachzugehen und die weiteren Schritte (z.B. Kontaktaufnahme mit den Eltern, Klärung der Wohnverhältnisse, Klärung der Gefährdungslage, Beweissammlung etc.) in die Wege zu leiten.

Als Nachsatz sei noch gesagt: Nicht immer führt dieses Vorgehen der Behörden zum gewünschten Ergebnis. Manchmal kommt es leider auch vor, dass etwa wegen Personal- oder Platznot bei den verfügbaren Fremdunterbringungen oder weil sich die Situation nicht als akut »bedrohlich genug« herausstellt keine ausreichenden Schritte unternommen werden oder das Ergebnis die Situation für den/die Jugendliche/n auch nicht besser macht. Dies ist bedauerlich und für alle Beteiligten höchst frustrierend. Dennoch sollte uns die Möglichkeit, dass die Situation nicht besser wird, nicht daran hindern, im Verdachtsfall aktiv zu werden. Denn eines ist sicher: von selbst und ohne Intervention wird die Situation des/r Jugendlichen bestimmt nicht besser werden.

Weitere Hinweise zum kompetenten Vorgehen in der Schule bei Verdacht auf Missbrauch, Gewalterfahrungen und damit in Zusammenhang stehenden Traumatisierungen werden u.a. bei Zimmermann (2017) gegeben.

Störungen des Körperbildes

Essstörungen verstehen

Kaum ein Bereich psychischer Belastungen Jugendlicher steht in den letzten Jahren so im Zentrum der medialen und gesellschaftlichen Aufmerksamkeit wie problematische Körperbilder und Essstörungen. Während der Covid-19 Pandemie hat die Verbreitung von Essstörungen noch weiter zugenommen, der negative Einfluss sozialer Medien auf den Selbstwert, die Körperbilder und Körperwahrnehmungen Jugendlicher ist mittlerweile zweifelsfrei empirisch belegt (vgl. u.a. Haidt, 2024). Ergebnisse breiter Studien zum Medienkonsum, wie die JIM-Studie, zeigen deutlich, dass Jugendliche seit Covid immer mehr Zeit, im Schnitt vier bis acht Stunden täglich (!) auf Social Media verbringen, wo Influencer:innen millionenfach auf allen Kanälen Illusionen des perfekten Lebens, von perfekten Erscheinungsbildern und perfekten Beziehungen inszenieren. Gleichzeitig können viele dieser Vorbilder, abgesehen von deren Realitätsfremdheit und technischer Bearbeitung, von Jugendlichen schon aufgrund ihrer biologischen Entwicklung während der Pubertät schlichtweg nicht erreicht werden (vgl. u.a. Heinrichs & Lohaus,

2020). So verwundert es nicht, dass die Zufriedenheit mit sich und dem eigenen Leben, und insbesondere mit dem eigenen Körper, bei Jugendlichen sehr gering ist, ist doch der »Optimierungsdruck« von allen Seiten extrem hoch (inklusive des schulischen Umfelds, wo Leistungsdruck und sozialer Druck durch Peers jeden Tag die Lebensrealität der Jugendlichen sind).

Dabei können Essstörungen, analog zu den anderen dargestellten Störungsbildern, im Sinne des Vulnerabilitäts-Stress-Modells aus Kapitel 3 (▶ Kap. 3), als eine individuelle Reaktion auf multiple Belastungen gesehen werden, die bei bestimmten, in der Person liegenden Voraussetzungen auftreten kann. Neben genetischen Prädispositionen, die – wie für alle psychischen Störungen – auch für Essstörungen gefunden werden konnten (vgl. zusammenfassend Heinrichs & Lohaus, 2020), gibt es auch innerpsychische Vorbedingungen, die eine Essstörung begünstigen. Dies sind laut empirischen Erkenntnissen hoher Perfektionismus, wenig Autonomieerleben (z. B. durch ein stark behütendes, kontrollierendes Elternhaus), soziale Unsicherheit, eine Neigung zu Ängstlichkeit im Kindesalter und wenige Strategien zum Umgang mit (v. a. negativen) Gefühlen und deren Ausdruck (ebenda). Die omnipräsenten soziokulturellen Ansprüche an einen perfekten Körper und an das perfekte Gewicht bringen neben ihrem inhärenten psychischen Druck auch noch Verhaltensänderungen mit sich, die wiederum die Entstehung und Aufrechterhaltung einer Essstörung begünstigen, allen voran die Kontrolle von Nahrungsaufnahme und Gewicht via Diätverhalten. Schon lange vor Covid fanden Studien, dass rund 40 % aller 8–12 jährigen Grundschüler:innen (!) schon mindestens einmal versucht hatten, ihr Gewicht mittels Diät zu kontrollieren, und etwa ein Drittel empfand sich selbst als zu dick, obwohl sie nicht übergewichtig waren (Berger et al., 2005, nach Heinrichs & Lohaus, 2020).

Der Beschäftigung mit dem eigenen Erscheinungsbild und dem Selbstwert im sozialen Vergleich kommt auch deswegen so viel Bedeutung für Jugendliche zu, da viele Entwicklungsaufgaben des Jugendalters (▶ Kap. 3) mit der Findung und Akzeptanz des Selbst und der eigenen Veränderungen zu tun haben, die die Pubertät mit sich

4.3 Die häufigsten psychischen Auffälligkeiten in der Schule

bringt (Berk, 2019; Heinrichs & Lohaus, 2020). Ein oft überkritisches Selbstbild ist daher gewissermaßen ein dem Jugendalter von jeher inhärentes Thema. Gleichzeitig reifen viele höhere kognitive Funktionen, die etwa ein Abwägen von Risikos oder die differenzierte Beurteilung von Situationen ermöglichen, erst nach und nach heran, weswegen etwa Schwarz-Weiß-Denken, das sich häufig (auch) bei Essstörungen findet (z. B. »Ich bin nur etwas wert, wenn ich mein Gewicht kontrollieren kann«) allgemein charakteristisch für diese Entwicklungsphase ist (vgl. Berk, 2019).

Oftmals sind es gerade schulisch sehr gute, leistungsstarke Schüler:innen, die den inneren und äußeren Druck besonders verspüren und selbst einen hohen Perfektionsanspruch in allen Lebensbereichen mitbringen. Als eine Coping-Strategie, wahrscheinlich dann, wenn noch einige besonders herausfordernde Situationen bzw. multiple Stressoren zusammenkommen, wird eine übermäßige Kontrolle ihres Essverhaltens, ihrer Körperform und/oder ihres Gewichts entwickelt, um so gewissermaßen die Kontrolle über ihr eigenes Leben wiederzuerlangen.

Generell ist Kontrolle das den Essstörungen inhärente Thema, um das diese im Kern kreisen. Dies betrifft sowohl die Kontrolle des Gewichts, des eigenen Ess- und Abnehmverhaltens als auch den Verlust von Kontrolle, der sich bei Heißhunger- oder Fressattacken einstellt, die etwa auf Phasen der Zügelung auf bestimmte Lebensmittel oder deren Bestandteile folgen und die für die bulimische Essstörung charakteristisch sind (s. auch Heinrichs & Lohaus, 2020). Dabei werden die Gefühle der Kontrolle, die sich bei erfolgreicher Lenkung des Essverhaltens einstellen, an andere Lebensbereiche geknüpft bzw. auf sie übertragen (im Sinne von: »(nur) wenn ich abnehmen kann, kann ich auch andere Herausforderungen bewältigen«). Personen mit Essstörungen fühlen sich sehr gut, wenn sie ihr Essverhalten erfolgreich kontrollieren, also steuern und zügeln können, und nicht selten erleben sie vor allem vor Bekanntwerden einer Problematik auch sehr starke und wiederholte soziale Verstärkung ihres Verhaltens und dessen Ergebnissen aus ihrem Umfeld (in Form von Komplimenten für ihre schlanke Figur, für ihre

Selbstdisziplin, für ihren Erfolg beim Abnehmen u. a. m.). Je mehr die Kontrolle in anderen Lebensbereichen entgleitet oder zu entgleiten droht (z. B. durch Streit mit den Eltern, das Ende einer Liebesbeziehung oder das Nicht-Aufrechterhalten-Können von hohen Leistungsansprüchen immer und in allen Unterrichtsfächern), desto mehr Gewicht wird auf die Kontrolle des Essverhaltens und Aussehens gelegt (sozusagen der »ultimative« Bereich der eigenen Kontrolle). Da sich diese Zyklen oft über viele Jahre nähren und einer Vielzahl von Verstärkungsmechanismen unterliegen, erklärt sich, warum Essstörungen erstens meist viele Jahre andauern und zweitens oft dann (wieder) akut werden, wenn sich Stressoren häufen, der Selbstwert bedroht wird und sich das eigene Leben (wieder) als unkontrollierbar darstellt.

Aufgrund der beschriebenen vielfältigen Verstärkungs- und Belohnungsmechanismen, die bei Essstörungen am Werk sind, und den daraus resultierenden positiven Gefühlen erklärt sich weiters, warum Betroffene – im Gegensatz zu fast allen anderen psychischen Störungen – selbst oft keinen Leidensdruck empfinden und kaum Krankheitseinsicht und Veränderungsbereitschaft zeigen, was die Essstörungen auch besonders behandlungsresistent macht. Diese Besonderheit teilen sie, ebenso wie die Rolle der positiven Verstärkungsmechanismen in ihrer Entstehung und Aufrechterhaltung, mit den Suchterkrankungen, auch mit den stoffungebundenen (d. h. Verhaltens-) Süchten, die weiter unten beschrieben werden. Nicht zufällig sind die Begriffe »Magersucht« und »Ess-Brech-Sucht« im deutschen Sprachgebrauch parallel zu den medizinischen Begriffen Anorexia nervosa und Bulimia nervosa etabliert; die Charakteristika von Essstörungen sind jenen der stoffgebundenen wie auch der stoffungebundenen Süchte sehr ähnlich. Ihnen allen ist gemeinsam, dass das Verhalten (im Fall der Essstörungen also das Essen oder der Sport) eine neue Funktion annimmt (z. B. im Fall der Essstörungen Kontrolle), die es vorher nicht hatte, als es tatsächlich noch um Essen als Nahrungsaufnahme und Genuss bzw. Sport aus Freude an der Bewegung oder zur Gesunderhaltung ging.

4.3 Die häufigsten psychischen Auffälligkeiten in der Schule

Essstörungen erkennen

In der Beurteilung, ob ein bestimmtes (Ess-)Verhalten problematisch ist oder nicht, kann uns die oben skizzierte Frage als Anhaltspunkt helfen: welche Funktion hat das Verhalten? Beschäftige ich mich aus Interesse und Gesundheitsbewusstsein heraus mit der Zusammensetzung von Lebensmitteln, oder weil ich meine Kalorienzufuhr größtmöglich drosseln will? Esse ich, weil ich Hunger habe oder weil ich muss? Kann ich Essen genießen, oder ist es ein Zwang für mich, ein Mittel zum Zweck? Esse ich den Apfel, weil ich Lust darauf habe oder damit ich an diesem Tag möglichst viel abnehme?

Auch im Alltag stellen wir uns manchmal solche Fragen, und das eigene Aussehen, das beste Gewicht und die eigene Selbstoptimierung sind sicherlich Themen, die jede/n beschäftigen. Ob also ein Verhalten als potenziell problematisch eingestuft werden kann oder nicht, ergibt sich wieder nicht ausschließlich aus der Frage der Funktion des Verhaltens und des empfundenen Leidensdrucks, sondern ebenso aus der Dauer, der Intensität, dem Vorhandensein charakteristischer Symptome und der Beeinflussung multipler Lebensbereiche. Im Fall von Essstörungen betrifft letzteres auch die körperliche Gesundheit im Sinne objektiver Parameter, wie die Funktionsfähigkeit von Organen, Skelett und Muskeln (z. B. Gesundheit des Verdauungsapparats, abnehmende Knochendichte, muskuläre Kraft) oder die hormonelle Steuerung (z. B. Ausbleiben der Regelblutung bei stark untergewichtigen Frauen bis hin zur Unfruchtbarkeit, stärkere Behaarung zum Ausgleich von Wärmeverlust durch fehlende Fettschichten u. a. m.).

Im schulischen Umfeld begegnen uns die beiden bekanntesten Formen der Essstörungen, Anorexia nervosa und Bulimia nervosa, am häufigsten. Da es zu beiden Störungsbildern viel spezifische Literatur gibt, sollen hier wiederum nur deren wichtigsten Charakteristika und einige Hinweise zum Umgang im schulischen Umfeld zusammengefasst werden. Dabei werden auch die zentralen Elemente von empirisch überprüften Präventionsprogrammen erläutert und mit den Störungsbildern in Beziehung gesetzt. Zusätzlich wird in den letzten Jahren (und auch hier verstärkt seit der Pandemie) auch in unseren Breiten starkes Übergewicht (*obesity*) bei Kindern und Jugendlichen ein immer größeres Problem; die WHO (2024) spricht sogar von einer »*global obesity epidemic*«. Es handelt sich dabei um ein deutliches, nicht durch medizinische Gründe erklärbares Übergewicht, für gewöhnlich einhergehend mit ungesunden Ess- und Bewegungsgewohnheiten, bei dem die übermäßige Einlagerung von Fett ein Gesundheitsrisiko darstellt. Auch auf diese Problematik und Möglichkeiten der Schule zum Umgang wird im Überblick zu präventiven Maßnahmen weiter unten kurz eingegangen.

Anorexia nervosa (»Magersucht«)

Der Begriff »Anorexie« alleine beschreibt im medizinischen Bereich keine Störung, sondern Untergewicht bei gleichzeitiger Appetitlosigkeit, das auch durch medizinische Gründe, wie etwa als Begleiterscheinung der Behandlung einer Krebserkrankung, erklärt werden kann (Heinrichs & Lohaus, 2020). Der Zusatz »nervosa« drückt dagegen aus, dass es sich um eine psychische Problematik handelt.

In der ICD-11 wird diese Problematik unter der neu konzipierten Kategorie »Störungen im Zusammenhang mit Nahrungsaufnahme und Essstörungen« (*feeding and eating disorders*; WHO, 2024) eingeordnet. Dabei sind Essstörungen solche, bei denen die gezielte Regulierung von Gewicht und Sorgen um die Figur im Vordergrund stehen, wogegen Störungen der Nahrungsaufnahme Problematiken beschreiben, bei denen z. B. ungenießbare Dinge gegessen werden, was aber nicht mit Sorgen rund um das körperliche Erscheinungsbild in Zusammenhang steht (WHO, 2024).

Jugendliche mit Anorexia nervosa fallen primär durch starkes Untergewicht auf (BMI niedriger als 17,5 oder 18; Heinrichs & Lohaus, 2020), das durch charakteristische Verhaltensweisen im Umgang mit Essen und Gewichtsregulation begleitet wird. Typisch sind etwa restriktives Essverhalten, die Weigerung, ein altersadäquates Gewicht zu erreichen oder zu halten, das absichtliche Herbeiführen

4.3 Die häufigsten psychischen Auffälligkeiten in der Schule

von Erbrechen oder Durchfall (über die Einnahme abführender Mittel) und Methoden der Energieverbrennung, wie exzessiver Sport, zur Verhinderung einer Gewichtszunahme bzw. Fetteinlagerung. Auf emotionaler und kognitiver Ebene zeigt sich eine starke gedankliche Beschäftigung mit Essen, Gewicht und Aussehen, zusammen mit starker Angst vor Gewichtszunahme und einer persistierenden und deutlich verzerrten Wahrnehmung des eigenen Körpers als normalgewichtig oder zu dick trotz starken Untergewichts. Das eigene Körperbild ist sowohl vor Beginn als auch im Verlauf der Essstörung durchgehend negativ (Lohaus & Domsch, 2009).

Betroffene haben weiters starke Schuldgefühle, wenn sie entgegen ihren Intentionen (subjektiv) zu viel gegessen oder zu wenig Sport gemacht haben, und ergreifen kompensatorische Maßnahmen. Die eigene Erscheinung und das eigene, möglichst geringe Gewicht sind zentrale Angelpunkte von Selbsteinschätzung und Selbstwert (WHO, 2024). Aufgrund des ständigen Energiedefizits fühlen sich Betroffene ständig müde und haben wenig Energie, Kraft und Ausdauer, was sie aber nicht daran hindert, z. B. trotzdem exzessiv Sport zu treiben, selbst wenn sie verletzt sind oder Trainingspausen einhalten sollten (vgl. Deutsche Gesellschaft für Essstörungen, 2024).

Um den eigenen Umgang mit Essen zu kaschieren und möglichst wenige Kalorien zu sich zu nehmen, werden vielfältige Techniken angewendet, z. B. es wird gefastet, es werden Mahlzeiten ausgelassen oder vermieden, es wird nur sehr kalorienarmes Essen (z. B. Reiswaffeln) oder nur sehr langsam in sehr kleinen Portionen gegessen, Essen wird in einem unbeobachteten Moment wieder ausgespuckt (z. B. in die Serviette) u. a. m. Parallel wird oft versucht, möglichst viele der dann doch aufgenommenen Kalorien wieder zu verbrennen, indem die betroffenen Jugendlichen übermäßig viel Sport betreiben, sich ständig in Bewegung halten oder sich absichtlich Kälte aussetzen, Medikamente einnehmen, die die Verdauung oder den Energieverbrauch anregen oder bei Diabetes keine Insulinspritzen setzen (WHO, 2024).

Das weitere wichtige diagnostische Kriterium einer exzessiven gedanklichen Beschäftigung mit Essen und körperlicher Erscheinung kann oft an Verhaltensweisen wie häufigem Wiegen, Kontrolle der Körpermaße mittels Maßband, Spiegeln und Apps, und einer ständigen Recherche nach gewichtsreduzierenden Maßnahmen oder niedrigkalorischen Lebensmitteln beobachtet werden. Ebenfalls können Vermeidungsmaßnahmen, wie die Weigerung, sich wiegen zu lassen, in den Spiegel zu sehen, enganliegende Kleidung zu tragen oder eine bestimmte Kleidergröße zu kaufen, , auftreten. Das eigene Körperbild ist charakteristisch verändert, d. h. Betroffene empfinden sich selbst als zu dick oder (maximal) normalgewichtig und sehen sich auch so z. b. im Spiegelbild oder in bildhaften Darstellungen des eigenen Körpers, obwohl sie deutlich untergewichtig sind (WHO, 2024).

Typischerweise beginnt die Störung im Jugend- und jungen Erwachsenenalter (mit einem Erstauftreten zwischen 10 und 24 Jahren) und meist in Folge auf ein kritisches Lebensereignis (WHO, 2024). Es sind weiterhin wesentlich mehr Mädchen als Jungen betroffen (Verhältnis ca. 10:1; WHO, 2024).

Anorexia athletica

Wie oben herausgestellt, ist die Frage nach der Funktion des (Ess-)Verhaltens und den Zusammenhängen zwischen Gewichtskontrolle und positiver Verstärkung bzw. Erfolgen ein entscheidender Faktor in der Entstehung und Aufrechterhaltung von Essstörungen.

Besonders problematisch wird dieser Zusammenhang bei Kindern und Jugendlichen, die Leistungssport in Sparten betreiben, in denen das Gewicht ein Schlüsselfaktor des Erfolgs ist. Dies ist sowohl bei Ausdauersportarten (z. B. Radfahren, Biathlon, Langlauf), Antigravitationssportarten (z. B. Skispringen, Klettern, Stabhochsprung) und ästhetischen Sportarten wie Ballett, rhythmischer Sportgymnastik oder Turnen, aber auch bei Judo oder anderen (Kampf-)Sportarten der Fall, in denen die Zuteilung zu einer bestimmten Gewichtsklasse über Sieg oder Niederlage entscheiden kann. Viele Sportler:innen setzen daher von Kindesalter an (oft auf initialen Druck ihrer Trainer:innen und/oder Eltern) gezielte Maßnahmen

4.3 Die häufigsten psychischen Auffälligkeiten in der Schule

ein, um vor oder zum Wettkampf ein bestimmtes Gewicht zu erreichen; nicht selten wird daraus eine Essstörung. Aus vielen Sparten des Spitzensports sind mittlerweile zahlreiche prominente Fälle bekannt, und es hat sich der Begriff *Anorexia athletica* für die Beschreibung von problematischem Umgang mit Gewicht und Essverhalten im Sport sowie *RED (Relative Energy Deficiency Syndrome)* für ein permanentes Ungleichgewicht zwischen Energiebedarf des Körpers und Energiezufuhr etabliert (vgl. Deutsche Gesellschaft für Essstörungen, 2024). Durch den frühen Beginn solcher Kreisläufe aus problematischem Ess- und Bewegungsverhalten und deren Verstärkung durch sportlichen Erfolg und Rückmeldungen aus dem Umfeld ist der Verlauf bei betroffenen Kindern und Jugendlichen oft besonders ungünstig und bedarf nach einer medizinischen Abklärung einer psychotherapeutischen Behandlung (ebenda).

Bulimia Nervosa (»Ess-Brech-Sucht«) und Binge-Eating Störung

Bei der psychisch bedingten Bulimie ist ebenfalls eine gestörte Kontrolle des Essverhaltens charakteristisch. Diese manifestiert sich in episodisch auftretenden, subjektiv unkontrollierbaren »Fressattacken« (»*binge eating*«), bei denen viel mehr und oft auch für die Person ansonsten ganz untypische Lebensmittel in kürzester Zeit verzehrt werden. Betroffene erleben dabei Gefühle des stärksten Kontrollverlusts über das Essen, die sich während und vor allem nach der Attacke in starken Schuld- und anderen negativen Gefühlen, wie Ekel vor dem eigenen Verhalten, niederschlagen. Diese Schuldgefühle wiederum lassen die Betroffenen zu starken kompensatorischen Maßnahmen greifen, um die zu viel verzehrten Stoffe wieder loszuwerden; typischerweise wird Erbrechen herbeigeführt, es werden abführende Medikamente eingenommen und/oder exzessive Bewegung gemacht. Durch diese kompensatorischen Maßnahmen stellt sich ein kurzfristiges Gefühl der Erleichterung ein, dieses trägt jedoch wiederum zur Verfestigung und Aufrechterhaltung der Essstörung bei (vgl. Lohaus & Domsch, 2009).

Wie bei der Anorexia nervosa sind die eigene Figur und das eigene Essverhalten zentrale Inhalte von Denken und Selbstwert. Die für die Anorexia nervosa ebenfalls typischen Verhaltensweisen der Kontrolle der eigenen Figur via Spiegel, häufiges Wiegen, ständige Beschäftigung mit Diäten o. ä. kommen auch bei bulimischen Personen vor, und oft wird allein gegessen, da das eigene Essverhalten für die Betroffenen so schambesetzt ist (WHO, 2024).

Wieder muss für eine Diagnose weiters das persönliche Leben durch das Verhalten stark beeinträchtigt sein, etwa in privater, schulischer oder beruflicher Hinsicht (vgl. WHO, 2024). Sowohl die unkontrollierbaren Essattacken als auch die kompensatorischen Maßnahmen kommen dabei wiederholt vor (z. B. wöchentlich oder mehrmals über einen Monat hinweg).

Im Unterschied zur Anorexia nervosa haben Betroffene oft Normalgewicht, da sie außerhalb der Ess-Brech-Attacken ein weniger restriktives Essverhalten an den Tag legen. Gleichzeitig verhindern sie aktiv eine Gewichtszunahme durch die Essanfälle mittels kompensatorischer Maßnahmen.

Bei anderen Jugendlichen (und auch Erwachsenen) kommt es auch zu wiederkehrenden, unkontrollierbaren Essanfällen und den begleitenden höchst belastenden Schuldgefühlen und negativen Gedanken, ohne dass kompensatorische Maßnahmen wie Erbrechen oder Sport eingesetzt werden. Kommen solche charakteristischen Essanfälle über mehrere Monate vor, ohne dass dafür eine andere Erklärung (wie z. B. eine depressive Störung) vorliegt, kann es sich um eine *Binge-Eating Störung* handeln. Dabei werden die Essanfälle als genauso unkontrollierbar und abstoßend erlebt wie bei der Bulimia nervosa. U. a. durch den Wegfall der kompensatorischen Maßnahmen kommt es des Öfteren in Folge der binge-eating-Attacken zu deutlicher Gewichtszunahme bis hin zu Fettleibigkeit (WHO, 2024). Doch sind viele Betroffene auch normalgewichtig. Daher ist für diese Diagnose Übergewicht keine Voraussetzung, entscheidend ist der wiederholte Kontrollverlust, der im Rahmen der Essattacken erlebt wird, sowie die begleitenden negativen Gefühle und die Beein-

4.3 Die häufigsten psychischen Auffälligkeiten in der Schule

trächtigung des Alltags und der Lebensqualität, die sich daraus für die Betroffenen ergeben.

Nicht selten entwickelt sich eine bulimische Störung aus einer Anorexia nervosa heraus, insbesondere wenn betroffene Jugendliche und junge Erwachsene von außen (z. B. durch die Eltern, den/die Partner:in oder auch im Rahmen einer therapeutischen Begleitung) zu einem »normalen« Essverhalten angehalten oder gezwungen werden. Jugendliche mit Essstörungen pflegen oft einen regen Austausch mit Gleichgesinnten, sowohl real (etwa in Klinikgruppen) als auch besonders online. Dort fühlen sie sich verstanden und unter sich und erhalten regen Zuspruch und Verstärkung für ihr Verhalten sowie viele praktische »Tipps«, wie problematisches Essverhalten noch besser verheimlicht werden und die vermeintliche Traumfigur noch effektiver erreicht werden kann. Ein bulimisches Verhalten erscheint für viele Jugendliche mit einer früheren Anorexia nervosa hier als praktikabler Weg, weiterhin Kontrolle über ihre Nahrungszufuhr und ihr Gewicht zu behalten. Dadurch stellen sich die subjektiv positiven Effekte (Gefühl der Kontrolle, schlanke Figur, trainierter Körper, Verstärkung von außen) weiterhin ein, gleichzeitig kann den unangenehmen Konsequenzen (Rechtfertigungszwang, Änderungsdruck von außen u. ä.), die sich aus zu restriktiver Nahrungsaufnahme ergeben, aus dem Weg gegangen werden.

Wie auch bei Anorexia nervosa liegt der Beginn der bulimischen Störung fast immer im Jugendalter und es sind mehr weibliche Jugendliche betroffen, wobei diese laut WHO (2024) eher kompensatorische Maßnahmen wie Erbrechen als Antwort auf Essattacken ergreifen, wogegen männliche Jugendliche ihre Essanfälle eher mit exzessivem Sport oder der Einnahme von Steroiden kompensieren. Männliche Betroffene suchen auch (wie bei praktisch allen psychischen Störungsbildern) weniger oft Hilfe für ihre Problematik auf als weibliche Betroffene (ebenda).

Wenig überraschend verortet die WHO die höchsten Anstiege und Prävalenzen bei bulimischen Störungen in (westlichen) Ländern, in denen ein Schlankheitsideal weit verbreitet ist und kulturell stark unterstützt wird. Etwa jede/r fünfte Jugendliche wies bereits vor

Covid-19 klinisch relevante Symptome einer Essstörung auf (Lohaus & Domsch, 2009).

Essstörungen im schulischen Kontext vorbeugen

Wie aus den Ausführungen zu den Faktoren, die Essstörungen begünstigen und sie aufrechterhalten, hervorgeht, wird ihnen am besten frühzeitig und ohne Anlassfall vorgebeugt, indem an jenen breiten (Selbst-)Kompetenzen angesetzt wird, die für die gesamte psychische Gesunderhaltung relevant sind. Zentral sind hier die Arbeit an einem starken Selbstwert, an einer wohlwollenden Haltung der eigenen Person und des eigenen Körpers sowie der eigenen Besonderheiten gegenüber oder eines kritischen, reflektierten Umgangs mit Medien und den daraus vermittelten Botschaften und »Idealen«. Auf die Förderung dieser Kompetenzen wird in Kapitel 5 (▶ Kap. 5) eingegangen.

Für die spezifische Prävention von Essstörungen im schulischen Kontext existieren darüber hinaus etliche standardisierte, wissenschaftlich auf ihre Wirksamkeit hin evaluierte Programme, die im Überblick etwa bei Lohaus und Domsch (2009) nachgelesen werden können. Sie alle verbinden einige wesentliche Elemente, die sich in der Prävention von Essstörungen als relevant erwiesen haben und auch außerhalb ihrer programmatischen Einbindung für den Unterricht aufgegriffen bzw. für die eigene Situation adaptiert werden können. Diese sind:

- Die Förderung eines positiven Körperbildes und erhöhter Selbstakzeptanz.
- Die Thematisierung und Infragestellung von in (sozialen) Medien und der Gesellschaft aktuell verbreiteten »Idealen« von Körper, Gewicht und Aussehen (inkl. Geschlechtsstereotype) mit dem Ziel, die diesbezüglichen, internalisierten Werte der Jugendlichen »aufzuweichen«.
- Die Vermittlung von Wissen und (im Idealfall) der Aufbau und Erhalt von Gewohnheiten hinsichtlich eines gesunden Lebensstils

4.3 Die häufigsten psychischen Auffälligkeiten in der Schule

in Bezug auf Ernährung und Bewegung inklusive der Einschränkung von Fernseh- und Medienkonsum (Bsp. Adipositas: bereits im Kindesalter wurde ein Zusammenhang zu erhöhtem Fernsehkonsum empirisch nachgewiesen; vgl. Lohaus & Domsch, 2009).

• Stärkung von Kompetenzen und Copingstrategien im Umgang mit Stress, Konflikten, Misserfolg, Unsicherheit und Medien, Stärkung sozialer Kompetenzen.

• Stellung und Verhalten der eigenen Person in Schlüsselbeziehungen, also gegenüber den Eltern und anderen subjektiv wichtigen Personen (exemplarische Themen Umgang mit Macht, Rebellion, Aufmerksamkeitsstrategien in Beziehungen).

Diese Ansätze wurden für die primäre Prävention entwickelt, d.h. für die präventive Arbeit gegen Essstörungen vor dem ersten Anlassfall. Es wird bei ihrer Betrachtung einerseits deutlich, dass sie breite Problemlösekompetenzen, Selbstakzeptanz und einen kritischen Umgang mit den Medien ins Zentrum stellen, wie sie für eine Vielzahl psychischer Problembereiche nützlich sind. Andererseits behandeln sie teilweise auch essstörungsspezifische Themen, wie Gewichtsphobie, rigide Essrituale oder Reflexionen gegenüber Kontrollverlust und negativem/gestörtem Körperbild (vgl. das Programm »Primärprävention Magersucht« (PriMa); im Überblick Lohaus & Domsch, 2009). Diese Tatsache kann uns bei Ängsten bestärken, die manchmal bei Eltern und auch bei Pädagog:innen im Zusammenhang mit dieser Thematik bestehen, dass Jugendliche erst durch unser Ansprechen auf Essstörungen und problematische Strategien der Gewichtsregulation aufmerksam werden könnten. Dies ist nicht der Fall; heute können wir mehr denn je davon ausgehen, dass unsere Kinder und Jugendlichen über ihre Aktivitäten online schon mehr als genug mit diesem Thema in Berührung gekommen sind. Zudem zeigt uns die wissenschaftliche Evidenz zum Einsatz dieser Programme, dass ein präventives Ansprechen der Problematik und eine gezielte Arbeit daran die Auftretenswahrscheinlichkeit von Essstörungen nicht erhöhen, sondern verringern (vgl. zusammenfassend Lohaus & Domsch, 2009). Für die Arbeit im Unterricht bedeutet das, dass solche existierenden Programme entweder ohne viel Vorbereitungsaufwand umgesetzt werden können (z. b. im Rahmen einer Schulentwicklungsstrategie zur gesunden Schule oder projektbasiert); es gibt zu den etablierten Angeboten wie PriMa selbsterklärende Manuale und vollständige Arbeitsmaterialien. Oder es können eher die breiten Kompetenzen aufgegriffen und im Unterricht gestärkt werden, wie es in Kapitel 5 (▶ Kap. 5) vorgestellt wird. In beiden Fällen sollten sich Lehrpersonen aber bestärkt fühlen, diese Themen nicht nur einmalig aufzugreifen oder »nur« im Workshopformat »durchzuarbeiten«. Vielmehr sollten sie sich durch das gesamte Schuljahr und durch möglichst viele Unterrichtsfächer und Lerngelegenheiten ziehen; so kann die kritische Betrachtung von Medieninhalten in vielen Unterrichtsfächern eingesetzt werden, ebenso wie Konfliktlösestrategien und Problemlösekompetenzen in vielfältiger Weise, z. B. in entsprechenden Lektüretexten, Dilemma-Diskussionen oder Sozialstunden, Platz finden können. Darüber hinaus kann auch gegen Essstörungen ein Klima der gegenseitigen Verantwortung, Wertschätzung des/r »anderen« und des »Aufeinander Schauens« in der Schule und der Klasse viel bewirken. Bei Essstörungen ist das auch deshalb so relevant, weil die meist betroffenen Schüler:innen augenscheinlich bzw. in der Wahrnehmung ihrer Kamerad:innen oft die sind, die eigentlich nicht so viele Probleme haben (können/ sollten), da sie immer die besten Noten schreiben, die Lieblinge der Lehrpersonen sind u. a. m.

Konstruktive Gesprächsführung und Intervention bei Verdachtsfällen

Wie aus der obigen Darstellung ersichtlich, ist es für Lehrpersonen nicht immer leicht, im schulischen Umfeld ein problematisches Verhältnis der Schüler:innen zu Essen und Gewicht zu erkennen und auf eine Essstörung aufmerksam zu werden, da von betroffenen Schüler:innen oft gerade besondere Energie darin investiert wird,

4.3 Die häufigsten psychischen Auffälligkeiten in der Schule

die eigenen ungesunden Verhaltensweisen zu verheimlichen und zu kaschieren. Doch auch andere Anzeichen sind nicht leicht zu erkennen, so sind gerade im Jugendalter sehr schlanke Erscheinungsbilder und augenscheinliches Untergewicht bei den Schüler:innen häufig, die »nur« in einem stark erhöhten Grundumsatz durch Wachstum etc. begründet liegen und kein Anzeichen einer Essstörung sein müssen. Ebenso kann weite Kleidung Ausdruck des persönlichen Stils sein, wird aber auch von Schüler:innen mit Anorexia nervosa oft zur Kaschierung und zur Regulation des Wärmehaushalts getragen. Und soziale Unsicherheit sowie eine übermäßige Beschäftigung mit Fragen des Aussehens inklusive der Körperform können wir überhaupt bei dem Großteil unserer Jugendlichen feststellen. Wie also eine Gefährdung abschätzen?

Hier ist es bei der Einschätzung der Lage hilfreich, neben dem Untergewicht noch an die weiteren für die Essstörungen typischen Symptome bzw. deren Kombination zu denken, wie sie oben beschrieben sind. Wirkt eine sehr dünne Schülerin besonders sorgenvoll, hat sie besonders hohe Standards und Erwartungen an sich selbst, ist sie auffallend oft müde oder hat im Sportunterricht keine Kraft mehr, den Ball über das Netz zu schlagen? Steht beim Sport der Spaß und die Freude an der Bewegung zumindest großteils im Vordergrund oder scheint er eine andere Funktion zu haben? »Prahlt« die Jugendliche mit ihrer Gewichtsabnahme oder erhält sie viele Komplimente für ihre Selbstkontrolle beim Essen?

Da, wie erwähnt, das eigene restriktive Essverhalten bei Essstörungen einen hohen Anteil des Selbstwerts ausmacht und Verstärkungsmechanismen unterliegt, die mit positiven Gefühlen einhergehen, wird es oftmals nicht als Problem gesehen bzw. möchten die betroffenen Jugendlichen es nicht verändern. In deren Wahrnehmung sind es eher die Umstände, die verändert gehören: z. B. der hohe Leistungsdruck in Schule oder Sport oder das problematische Verhältnis zu den Eltern. Und oft haben die Jugendlichen damit auch insofern recht, als die Essstörung sich erst als eine Reaktion auf (u. a.) diese Belastungen entwickelt hat. Daher empfiehlt es sich, bei einem Verdacht nicht direkt das Essverhalten zum Gesprächsthema zu machen, sondern eher über die Frage nach dem Wohlbefinden und dem Gesamtzustand einzusteigen (z. b. »Ich habe in letzter Zeit den Eindruck, es geht Dir nicht so gut/dass Du ziemlich unter Druck stehst [...], und ich wollte mal schauen, ob ich damit richtig liege«). Wenn auf Symptome eingegangen wird, dann über Beobachtungsschilderungen (z. b. »Ich habe bemerkt, dass du beim Volleyball neulich so müde und erschöpft/kraftlos warst, dass du den Ball nicht schlagen konntest. Das macht mir Sorgen« o. ä.). Die Schulpsychologie kann bei einer entsprechenden Gesprächsführung auch unterstützen und kennt Stellen, an die sinnvoll weitervermittelt werden kann.

Wiederum kann ein Gespräch in der Schule aber nur ein »Stein des Anstoßes« sein, die eigentliche Behandlung von Essstörungen ist vielgestaltig, (meist) langwierig und erfolgt außerhalb der Schule. In Schule und Unterricht können wir also unsere Schüler:innen am besten durch ein tolerantes, unterstützendes, nicht urteilendes Umfeld sowie durch einen möglichst deutlichen Fokus auf die inhaltlichen Fragen des Unterrichts statt auf Leistungsdruck und Noten unterstützen. Nach einem stationären Aufenthalt kommt letzterem besondere Bedeutung zu, da oft Unterrichtsinhalte nachgearbeitet werden müssen, gleichzeitig die reduzierte Leistungsfähigkeit, ein niedriges Selbstkonzept und hohe eigene Standards für großen Druck bei den Schüler:innen sorgen, die wiederum einen Rückfall begünstigen können. Eine individuelle Lernbegleitung und ein bewusst kleinschrittiges Vorgehen sind hier wichtige stützende Elemente.

Nicht stoffgebundene Süchte

Abhängigkeiten verstehen

Wie bei allen psychischen Problembereichen lassen sich auch beim Suchtverhalten biologische, psychische und soziale sowie Verhaltenskomponenten ausmachen, die an ihrer Entstehung, Aufrechterhaltung und auch an ihrer erfolgreichen Bewältigung beteiligt sind. Dies trifft nicht nur auf den Substanzmissbrauch zu (hier kennt jede/r das Konzept der »körperlichen« vs. einer »psychischen« Abhängigkeit von Alkohol, Nikotin und anderen Drogen), sondern auch auf nicht stoffgebundene Süchte, also problematisches (i. S. v. für die Lebensqualität des Individuums und seines Umfelds schädliches, vom Individuum nicht kontrollierbares) Verhalten. Allen Süchten sind dabei verschiedene Charakteristika gemein, die sich wie folgt zusammenfassen lassen:

- Das Verhalten hat einen starken Zusammenhang mit Belohnungsreizen, d. h. unmittelbar auf den Konsum oder die Handlung folgen starke, positive Emotionen (z. B. Erlebnis »besonders lustiger Abende« unter Alkoholeinfluss, Abnahme von Stresserleben durch Nikotin, Gewinn bei Spielen oder Wetten).
- Das Verhalten wird oft durch subjektiv wichtige Personen im Umfeld und/oder gesellschaftlich anerkannt und bestärkt (zumindest am Anfang).
- Die betreffende Person verstärkt das betreffende Verhalten immer mehr in Frequenz, Dauer und Dosis, um das ursprünglich/bisher erlebte gute Gefühl wieder zu erleben oder dauerhaft aufrechtzuerhalten.
- Betroffene Personen verspüren einen sehr starken, oft überwältigenden Drang nach der Substanz oder dem Verhalten, auch wenn sie gerade mit anderen Aktivitäten beschäftigt sind (»*craving*«). In bestimmten Kontexten, in denen das Verhalten besonders oft gezeigt und verstärkt wurde (z. B. zu Hause am Abend, in der Bar), ist das Verlangen besonders stark. Oft werden mehrere Versuche unternommen, sich von dem problematischen Verhalten zu lösen, doch gelingt dies nicht oder nur kurzfristig.
- Es werden große – und im Verlauf der Suchtentwicklung immer größere – Anstrengungen unternommen, um das gewünschte Verhalten ausführen zu können, auch wenn dies mit erheblichen Schwierigkeiten in persönlichen Beziehungen, gesundheitlichen Problemen oder anderen empfindlichen Kosten verbunden ist.

Ebenso wird versucht, das problematische Verhalten zunehmend vor anderen zu verstecken.
- Die Funktion des Verhaltens verändert sich allmählich. Es bewegt sich weg von seinem ursprünglichen Sinn (z.b., den Abend mittels Alkohol etwas »aufzulockern«, beim Online-Spiel mit Anderen Spaß zu haben und »herunterzukommen« oder sich etwas Neues zu kaufen) und nimmt eine neue Dynamik an, die die ursprüngliche Funktion ersetzt (z.b.: ohne Alkohol wird ein Abend mit Freund:innen nicht mehr als lustig empfunden; das Online-Spiel wird zum einzigen Ort, an dem Bestätigung erfahren werden kann; Shopping oder Gaming werden zum Mittel der Wahl, um mit Frustration umzugehen).

Prinzipiell kann nahezu jedes Verhalten einen solchen Suchtcharakter annehmen. Entsprechend groß ist die Bandbreite an stoffungebundenen Süchten, die heute in psychologischen Praxen und in der gesellschaftlichen Wahrnehmung vorhanden sind; man denke an »Internet-Sucht«, »Kaufsucht«, »Spielsucht«, »Sportsucht«, »Insta-Sucht« u.a.m.

In der neuen ICD-11 werden aufgrund der Entwicklungen der letzten 20 Jahre verschiedene Verhaltenssüchte separat (bzw. neu) ausgewiesen; insbesondere betrifft dies das pathologische Glücksspiel (*Gambling disorder*) sowie die Computerspielsucht (*Gaming disorder*). Gemeinsam mit den stoffgebundenen Süchten (z.B. nach Alkohol und anderen Drogen sowie nach Medikamenten) konstituieren sie die Kategorie »Störungen durch Substanzmissbrauch und Verhaltenssüchte«, was die oben umschriebenen Gemeinsamkeiten aller Suchtverhalten betont. Die ICD-11 grenzt Süchte von Impulskontrollstörungen ab, die von einem starken, unkontrollierbaren und wiederkehrenden Drang einer Person gekennzeichnet sind, punktuell eine (verbotene) Handlung zu setzen. Dies kann sexuelles Verhalten, Stehlen (Kleptomanie), Feuer legen (Pyromanie) oder eine mangelnde Kontrolle aggressiver Impulse betreffen (WHO, 2024). Im Unterschied zu Suchtverhalten, das sich über einen längeren Zeitraum aufbaut und über viele Situationen hinweg gezeigt wird, stellen sich die Impulse sehr plötzlich ein und sind auf eine der beschriebenen Verhaltensweisen fokussiert. Typischerweise treten sie auf, wenn die Person sehr hohe Spannungszustände erlebt. Wird dem Impuls dann nachgekommen, erlebt die Person eine Reduktion dieser Spannung, was sich kurzfristig gut anfühlt. Längerfristig führen diese Impulskontrollstörungen, wie auch Abhängigkeiten, nachvollziehbarerweise zu einschneidenden negativen Auswirkungen im Leben einer Person.

Abhängigkeiten erkennen: Beispiel pathologisches Gaming

Wie oben angesprochen, kann man eine Abhängigkeit nicht allein daran festmachen, dass jemand viel/sehr oft/»zu oft« oder »zu intensiv« seinem/ihrem Problemverhalten nachgeht; vielmehr handelt es sich wieder um ein Zusammenspiel aus vielen Faktoren, bei denen Frequenz und Dosis nur ein Aspekt sind. Entscheidend sind darüber hinaus verschiedene für Abhängigkeiten typische Verhaltensweisen, wie das Erleben von »Craving« oder deutliche Veränderungen im Verhalten, um der betreffenden Passion nachgehen zu können, ungeachtet von vielfältigen negativen Konsequenzen, die das für das eigene Leben und jenes nahestehender Personen hat.

Exemplarisch für den Verhaltensbereich soll eine Störung näher beleuchtet werden, die im Jugendalter dermaßen zunehmend an Bedeutung und Prävalenz gewonnen hat, dass die WHO sie in der ICD-11 als »neue« Störung klassifiziert hat, nämlich die Computerspielsucht (*Gaming Disorder*). Doch sind die zentralen Eigenschaften und Charakteristika im Verhalten und in der Suchtentwicklung auch auf andere Verhaltenssüchte übertragbar.

> **Fallbeispiel: Adrian**
> Adrian ist 16 Jahre alt und besucht eine Fachschule mit technischem Schwerpunkt. Schon seit Jahren gehört das Spielen am Computer zu seinen liebsten Freizeitbeschäftigungen. Dabei war sein Gaming auch immer wieder Thema und Quelle für Spannungen zwischen ihm und seinen Eltern, die u. a. über verschie-

dene Beschränkungen (der Bildschirmzeit, von bestimmten Apps etc.) versucht haben, den Konsum einzuschränken, mit wechselndem Erfolg. Da Adrian so begeistert vom Gamen ist, kreisen auch alle seine Wünsche, z.b. zum Geburtstag oder zu Weihnachten, stets um neue Spiele, Credits für Upgrades in seinen Lieblingsspielen und Ausstattung wie einen Gaming-Schreibtischstuhl oder eine neue VR-Brille. Im Rahmen eines Schulversuchs wird Adrian Teil einer Klasse, die zur Erhöhung des praktischen Anteils der Ausbildung und zur Annäherung an die Arbeitswelt Teile des Unterrichts im Online-Format anbietet. Adrian ist begeistert und erledigt anfangs auch seine Aufgaben rund um die Schule und die neue Form des Unterrichts gewissenhaft. Von seinem selbst verdienten Geld aus dem letzten Sommerjob und Geldgeschenken von Verwandten möchte er sich einen noch leistungsstärkeren PC kaufen, die Eltern unterstützen dies, da sie es als Investition u.a. in die Schule sehen.

Nach einiger Zeit jedoch bemerken Eltern und Lehrpersonen eine Abnahme seines schulischen Engagements; Hausaufgaben werden immer öfter nicht erledigt, bei synchronen Online-Phasen lässt er die Kamera aus und ist für seine Lehrpersonen schwer erreichbar. Gleichzeitig bemerken die Eltern, dass Adrian auch außerhalb der Schulzeiten immer mehr Zeit in seinem Zimmer und vor dem PC verbringt; verorten sie dies anfangs als Teil bzw. Folge des neuen Unterrichtsmodells, stellen sie nach und nach fest, dass die Gamingzeiten immer mehr zunehmen, vor allem abends ist Adrian oft bis spät in die Nacht auf und scheint die Zeit dabei völlig zu vergessen, entsprechend müde und gereizt präsentiert er sich tagsüber. Seine Leistungen fallen über die nächsten Monate quer über alle Unterrichtsfächer ab und seine Versetzung erscheint gefährdet. Jeder Versuch der Eltern, das Thema anzusprechen oder den Konsum zu regulieren, endet in größtem Streit und scheint eher den gegenteiligen Effekt zu haben, dass Adrian nämlich noch mehr statt weniger spielt. Dazu schließt er sich auch immer öfter im Zimmer ein und isst auch nur mehr dort bzw. vor dem PC. Da er in einigen kooperativen Spielen,

4.3 Die häufigsten psychischen Auffälligkeiten in der Schule

bei denen er besonders gut ist, auch mit Spieler:innen aus anderen Zeitzonen interagiert, beginnt er, sich den Wecker mitten in der Nacht zu stellen, um an Turnieren oder besonderen Events teilnehmen zu können oder fehlt zu diesem Zweck im Unterricht. Mit den Eltern spricht er überhaupt nicht mehr und wenn, nur in sehr aggressivem Ton, mit Freunden unternimmt er »offline« praktisch nichts mehr. Über viele Monate werden die Eltern immer verzweifelter und hilfloser, auch die Lehrpersonen wissen nicht mehr, wie sie Adrian erreichen können, zumal er an nichts Interesse zeigt, das außerhalb seiner »Gaming-Sphäre« liegt.

Kinder und Jugendliche, das ist empirisch eindrucksvoll dokumentiert (vgl. z.B. die JIM-Studie, 2022), verbringen viel Zeit mit Smartphone und Online Medien. Digitale, auch kollaborative online- und Konsolenspiele am PC machen hier einen großen Anteil der Bildschirmzeit bei vielen Jugendlichen aus, insbesondere bei Jungen zwischen 12 und 20 Jahren. Dabei sind die Belohnungsmechanismen, die bei jeder Abhängigkeit eine Rolle spielen, ein Kern»feature« von PC- und online-Spielen; bei kollaborativen Spielen, bei denen der Erfolg einer Mission o. ä. von der kontinuierlichen, intensiven und qualitätsvollen Beteiligung mehrerer/aller Spieler:innen abhängt, kommt noch eine soziale Dynamik und Verstärkung dazu.

Wann wird aus einem Hobby oder einer Gewohnheit also eine Abhängigkeit? Für die Computerspielsucht definiert die WHO (2024), dass es sich um ein persistierendes Muster von Spielen am Computer (online oder offline) handelt, das vom Spielenden nur mehr schwer willentlich kontrollierbar scheint (z.B. hinsichtlich Beginn und Beendigung einer Gaming-Einheit, Frequenz und Dauer, Intensität oder Kontext). Des Weiteren wird dem Spielen immer mehr Priorität und persönliche Zeit eingeräumt, sodass es Vorrang gegenüber anderen Aufgaben, Lebensinteressen und Aktivitätsbereichen bekommt. Und das Spielverhalten wird weiter fortgesetzt oder weiter erhöht, auch wenn dies subjektiv schwerwiegende negative Konsequenzen, wie familiäre Konflikte, schulischen Leistungsabfall oder gesundheitliche Probleme, mit sich bringt. Dabei kann das Spielverhalten sowohl kontinuierlich als auch episodisch-wiederkehrend sein, es muss sich aber über einen längeren Zeitraum manifestieren (in der Regel mindestens 12 Monate, der Zeitraum kann aber auch kürzer sein, wenn die assoziierten Probleme entsprechend groß sind) und wesentliche negative Auswirkungen auf das Leben der betreffenden Person haben. Das Verhalten darf nicht durch eine andere Störung (z. B. manische Episode oder Zwangsstörung) oder durch Substanzmissbrauch bedingt sein, um von einer Gaming Disorder sprechen zu können.

In Abgrenzung zur Spielsucht (*Gambling Disorder*) geht es bei der Gaming Disorder auch nicht darum, durch gezielten Einsatz von Geld oder anderen Gütern einen erhofften Gewinn zu lukrieren, sondern um das Spielen an sich und die damit verbundenen Belohnungsreize. Auch professionelles Spielen ist davon zu unterscheiden, als es in deutlich begrenzteren, kontextuell eng umrissenen Rahmen stattfindet, eventuelle Verluste von der Person gut verkraftbar sind und andere Charakteristika von Süchten (z. B. Unkontrollierbarkeit hinsichtlich Intensität und Dauer, negative Auswirkungen auf persönliche Beziehungen, andere Interessen und Funktionalität im Alltag) nicht gegeben sind (vgl. WHO, 2024).

Über diese Kernsymptome hinaus gibt es noch weitere Charakteristika, die für problematisches (Computer-)Spielen typisch sind. So ist es für viele Spieler:innen (analog zu anderen Abhängigkeiten) notwendig, die Intensität, Dauer und Komplexität bzw. die »Skill levels« kontinuierlich zu erhöhen, um die gleichen positiven »Kicks« beim Spielen zu verspüren und um Langeweile zu vermeiden. Die Betroffenen spüren einen starken Drang zu gamen, auch während sie anderen Aktivitäten nachgehen. Wenn Versuche unternommen werden, die Gaming Zeit zu kontrollieren oder merklich zu reduzieren (auf Eigeninitiative oder – häufiger – auf die Initiative anderer hin), sind diese nicht oder nur kurzfristig erfolgreich. Eine Beendigung oder deutliche Reduzierung der Gaming-Zeit (meist von anderen erzwungen) geht mit starken negativen Verstimmungen und aggressivem Verhalten einher. Und oftmals werden andere Bedürfnisse wie Schlafen, Essen oder Bewegung deutlich und überdauernd

4.3 Die häufigsten psychischen Auffälligkeiten in der Schule

hintangestellt, was negative Folgen auf die Gesundheit, das Wohlbefinden und die Leistungsfähigkeit nach sich zieht. Dabei persistiert das Gaming-Verhalten auch in Anbetracht dieser Konsequenzen. Jugendliche, die pathologisch gamen, haben laut WHO (2024) häufiger externalisierende (z.B. antisoziales Verhalten, Kontrolle von Ärger) und auch internalisierende Probleme, wie depressive und ängstliche Verstimmungen und niedrigen Selbstwert. Darüber hinaus sind sie gefährdeter, bei den schulischen Leistungen unter ihren Möglichkeiten zu bleiben, wiederholen öfter Schulstufen oder brechen die Schule ab, und haben mehr psychosoziale sowie Schlafprobleme. Überzufällig häufig haben Jugendliche mit Gaming-Abhängigkeit auch noch weitere psychische Probleme, wie Depressionen, Ängste, ADHS, Zwänge und andere Abhängigkeiten (WHO, 2024).

Pathologische Verhaltensweisen entwickeln sich oft schleichend und unterliegen, ähnlich der Essstörungen, potenten biologischen, innerpsychischen und sozialen Verstärkungsmechanismen, die sehr veränderungsresistent sind. Der nächste Abschnitt zeigt auf, wo Schule dennoch ansetzen kann, vor allem wenn es darum geht, die Auftretenswahrscheinlichkeit von Verhaltenssüchten zu verringern.

Abhängigkeiten und Verhaltenssüchten in der Schule vorbeugen

Die bisherigen Ausführungen haben gezeigt, dass (Verhaltens-)Süchte wie Gaming und Co. in der Schule schwer erkennbar sind, da das eigentliche Problemverhalten in der Regel außerhalb der Schule stattfindet. Doch spüren wir Abhängigkeiten in der Schule dennoch stark, da praktisch alle Süchte typischerweise einen Einbruch schulischer Leistungen und Veränderungen im Sozialverhalten zur Folge haben, auch Schulabsentismus und -abbruch sind häufige Folgen von Abhängigkeiten. Da Schüler:innen mit schlechten Leistungen und Problemen im Sozialverhalten – bekanntermaßen – eine Vielzahl von Ressourcen der Schule beanspruchen, tun Schulen also dennoch gut daran, sich mit allen Möglichkeiten der Vermeidung und Vorbeugung von (Verhaltens-)Süchten auseinanderzusetzen, auch wenn das Problem auf den ersten Blick primär ein Problem des Elternhauses zu sein scheint.

An folgenden Bausteinen kann Schule unter anderem ansetzen, da sie sich für die Entwicklung aller Arten von Abhängigkeiten als relevant erwiesen haben.

Psychoedukation und Umgang mit Neugier. Neugier ist eine biologisch tief grundgelegte Triebfeder für die Motivation, neue Dinge auszuprobieren (vgl. Berk, 2019). Um diese eigentlich sehr erfreuliche menschliche Eigenschaft für die Schule und gegen die Entstehung von Abhängigkeiten besser nutzbar zu machen, hat Schule mehrere Möglichkeiten. Einmal kann die Neugier auf »verbotene« Dinge (z. B. Vapen und andere schädliche Substanzen, bestimmter »verbotener« Online-Content, noch nicht genützte/heiß diskutierte Social Media Plattformen und Apps etc.) etwas »entzaubert« werden, indem offen darüber gesprochen wird, wie diese Dinge funktionieren und welche Mechanismen z. B. in der Entstehung von Abhängigkeiten beteiligt sind. So können beispielsweise die Algorithmen, die hinter der Auswahl des »persönlichen« Feeds auf Instagram und Co. liegen, sowie deren psychologische und finanzielle Hintergründe gemeinsam offen gelegt und diskutiert oder – etwa im Biologieunterricht – Belohnungsmechanismen und deren Wirkung auf unser Gehirn erklärt werden.

Zweitens kann und sollte die natürliche Neugier ganz allgemein im Unterricht wieder (mehr) genutzt werden, um Schüler:innen z. B. über entdeckendes und forschendes Lernen und neue Unterrichtsthemen, ungewöhnliche Unterrichtsgegenstände und nicht alltägliche Methoden auch wieder mehr für Themen zu interessieren, die nicht das Thema Nr. 1 auf Social Media sind. Hier liegt ein großer Vorteil in Ganztagsschulen bzw. Schulen mit Angeboten der Freizeitbetreuung, da sie über mehr Zeit und Möglichkeiten als der reguläre Unterricht verfügen, Schüler:innen breite Angebote zu machen und abseits von Smartphone und Co. vielgestaltige, interessante und neue Wege der Freizeitgestaltung aufzuzeigen.

4.3 Die häufigsten psychischen Auffälligkeiten in der Schule

Erhöhte Selbstwahrnehmung und Stärkung von Selbstverantwortung

Weiters kann im Unterricht an der Selbstkompetenz der Schüler:innen gearbeitet werden, damit sie selbst ihre Bedürfnisse und Gefühle besser erkennen können und auf vielfältige Weise mit ihnen umgehen lernen. Sie sollen sich auf allen Ebenen gut »spüren« können sowie einen möglichst »bunten Strauß« an Möglichkeiten zur Verfügung haben, wie sie mit negativen Gefühlen und Langeweile konstruktiv umgehen können. Konkrete Methoden dazu werden in Kapitel 5 (▶ Kap. 5) vorgestellt.

Wenn problematisches Verhalten v.a. im Umgang mit Medien oder Smartphone bemerkt wird, ist eine verständliche Strategie Erwachsener, mehr Kontrolle von außen ausüben zu wollen, um die fehlende Selbstkontrolle zu »ersetzen«. Während Medienexpert:innen tatsächlich Ansätze wie klare, gemeinsam mit den Kindern ausverhandelte und nachvollziehbare Beschränkungen von Bildschirmzeit und -inhalten empfehlen, liegt auch deren erklärtes Ziel darin, Jugendliche zu einem selbstverantwortlichen Umgang zu führen, die Beschränkungen von außen sollten hier eher als Mittel zum Zweck statt als Lösung des Problems gesehen werden. Daher ist es wichtig, Jugendlichen diese Selbstverantwortung auch zuzugestehen und sie in deren Aufbau zu unterstützen, etwa, indem sie die Regeln für die Nutzung mit entscheiden und auch mit (= selbst) kontrollieren. Dass das angesichts der potenten Mechanismen, die uns in sozialen Medien und Co. ans Smartphone binden, nicht auf Anhieb perfekt gelingen wird, liegt auf der Hand. Daher braucht es Geduld, viele Wiederholungen und eine gemeinsame, verlässliche und kontinuierliche Aufmerksamkeit auf die Nutzung. Der Fokus sollte hier nicht auf Verbote und (negative/strafende) Kontrolle, sondern auf Wohlbefinden und Gesunderhaltung gerichtet sein – und dies fällt leichter innerhalb bewusst definierter Zeiten ohne Bildschirme und digitale Ablenkung. Für Lehrpersonen und Eltern finden sich in Online-Ressourcen wie www.saferinternet.at viele wertvolle Hinweise zur Umsetzung.

Langeweile. Es gilt als empirisch erwiesen, dass Langeweile ein treibender Motor in der Entstehung und Aufrechterhaltung von Verhaltenssüchten wie Gaming ist (vgl. WHO, 2024). Auf der anderen Seite betonen Kinderpsycholog:innen und Forscher:innen richtigerweise Langeweile als wichtigen Anstoß für kreative Ideen bei Kindern und fordern Eltern und Lehrpersonen auf, diese Langeweile »auszuhalten« bzw. nicht gleich lenkend einzuspringen, um die Selbstregulation und Exploration bei Kindern und Jugendlichen zu aktivieren (vgl. Berk, 2019; Haidt, 2024). Wie bei der Neugier geht es also auch bei der Langeweile nicht darum, diese zu unterdrücken oder durch viel Aktionismus bzw. »Dauerbespaßung« im Keim zu ersticken. Wohl geht es aber darum, die Schüler:innen in ihrer Langeweile aufmerksam und wohlwollend zu begleiten und ihnen eine Struktur zur Verfügung zu stellen, in der sie tätig werden können, um ihre Langeweile zu kanalisieren, wie es etwa in vorbereiteten Lern- und Freizeitangeboten in der Schule der Fall ist. Wiederum geht das viel leichter, wenn Smartphone und Co. nicht »greifbar« sind.

Aufzeigen von Alternativen und breite Coping-Strategien im Umgang mit Belastungen. Je breiter die Interessen und die Möglichkeiten eines Kindes sind, mit negativen Gefühlen wie Frustration und Langeweile konstruktiv umzugehen, desto besser ist es gegen Belastungen allgemein, aber auch gegen Suchtentwicklung geschützt, die u. a. durch mangelnde Copingstrategien begünstigt wird (vgl. u.a. Berk, 2019; Heinrichs & Lohaus, 2020; Lohaus & Domsch, 2009). Schule kann hier konkret unterstützen, indem z.B. die Entdeckung von neuen Sportarten ermöglicht wird oder vielfältige kreative Angebote gemacht werden.

Eine Möglichkeit hierzu kann sein, gemeinsam eine Bewegungs- oder auch Freizeitlandkarte mit allen Angeboten und Möglichkeiten im Umfeld der Schule zu erstellen (vgl. z.B. Rothauer & Ertl, 2024). Damit diese wirklich allen Schüler:innen zugänglich sind, sollte kostenlosen oder sehr kostengünstigen Angeboten (inkl. Naturerlebnissen wie einem Ausflug in den Wald, Spielplätzen u.ä.) der Vorzug gegenüber teuren oder organisatorisch aufwändigeren

4.3 Die häufigsten psychischen Auffälligkeiten in der Schule

Möglichkeiten gegeben werden. Gemeinsame Besuche oder gemeinsames Ausprobieren von Angeboten können noch mehr motivieren, den eigenen Radius zu erweitern und die persönliche »Hemmschwelle« zu überwinden. Neben Bewegungsangeboten kann dieser Ansatz auch auf kreative, musische etc. Angebote in der Umgebung ausgedehnt werden. Dementsprechend hoch ist die Bedeutung künstlerisch-kreativer, musikalischer und sportlicher Fächer (auch) für das Aufzeigen vielfältiger Möglichkeiten zur sinnstiftenden Beschäftigung und zum Stressabbau.

Auch die Modellfunktion von Lehrpersonen im Umgang mit Belastungen und in der Vielfalt ihrer Interessen ist hier nicht zu unterschätzen, orientieren sich doch vor allem jüngere Kinder und Jugendliche noch stark an Erwachsenen, was ihre eigenen Interessen und Werte betrifft. Wird z.b. im Fachunterricht themenbezogen Stressbewältigung besprochen, kann die Lehrperson selbst auch »mitmachen« und die eigenen Strategien vorstellen, die in Zeiten erhöhter Belastung für einen selbst gut funktionieren, um dann zusammen mit den Schüler:innen noch viele weitere Möglichkeiten zu sammeln. Gemeinsam kann besprochen werden, dass jede/r in den kommenden Schulwochen eine konkrete für ihn/sie neue Strategie ausprobiert, um dann gemeinsam über die Umsetzung zu reflektieren. So können gesundheitsfördernde Maßnahmen über mehrere Wochen und Monate wie selbstverständlich und ohne viel zusätzlichen Aufwand in den Unterrichtsalltag integriert werden.

Selbstverletzendes Verhalten und Suizidalität

Manchmal verletzen sich Schüler:innen absichtlich selbst, indem sie etwa mit dem Kopf gegen die Wand schlagen oder sich in die Haut schneiden. Für Eltern und Lehrpersonen ist ein solches Verhalten oft horrend anzusehen und nicht nachvollziehbar, weswegen auch die Unsicherheit im Umgang mit solchen Jugendlichen groß ist. Auch ist die Angst der Nachahmung im Freundeskreis und im Klassenumfeld Thema. Daher sollen abschließend zu diesem Kapitel einige Anmerkungen zu nicht suizidalem selbstverletzenden Verhalten (auch bekannt als NSSV) und Suizidalität gegeben werden, die Lehrpersonen mehr Handlungssicherheit im Umgang mit diesem sicherlich extremen Ausdruck psychischer Belastung bei Jugendlichen geben können. Bei selbstverletzendem Verhalten sind suizidale Absichten von nicht suizidalen zu unterscheiden (WHO, 2024). Wenn Jugendliche sich aus suizidalen Gedanken heraus selbst verletzen, sind die Handlungen meist eindeutig auf das »Ziel« des Suizids oder Suizidversuchs ausgelegt (z. b. aus dem Fenster springen, Medikamente einnehmen) und werden von den Jugendlichen auch so bezeichnet bzw. treten gemeinsam mit anderen Anzeichen von Suizidalität auf (vgl. Bründel, 2014). Ausdrücke suizidaler Ideen (schriftlich, mündlich oder im Verhalten) sollten von Lehrpersonen auch im Zweifelsfall immer und unbedingt ernst genommen werden, zumal Suizid weltweit tragischerweise die zweithäufigste Todesursache bei Jugendlichen ist (Richardson et al., 2024) und die meisten Suizide vorab angekündigt werden (Bründel, 2014). Suizidalität bei Schüler:innen erfordert in Prävention und Intervention ein koordiniertes Vorgehen der gesamten Schulgemeinschaft und spezifisches Fachwissen, auf das im vorliegenden Band aus Platzgründen nicht umfassend eingegangen werden kann. Interessierte seien daher auf den eigens diesem Thema gewidmeten Band von Bründel (2014) verwiesen, der ebenfalls in dieser Reihe erschienen ist.

Nicht (explizit) suizidales selbstverletzendes Verhalten verstehen

Zu selbstverletzendem Verhalten (v. a. schneiden, zerkratzen, Kopf gegen harte Widerstände schlagen, verbrennen) kann es bei Jugendlichen auch kommen, wenn diese nicht suizidal sind. Sie können Teil und Ausdruck einer depressiven Episode bei Kindern und Jugendlichen sein oder im Rahmen anderer Störungsbilder, wie einer Persönlichkeitsstörung des Borderline-Musters, auftreten (WHO, 2024). Missbrauchs- und Gewalterfahrungen sind bei Jugendlichen, die sich selbst verletzen, besonders häufig und auch ein wesentlicher

4.3 Die häufigsten psychischen Auffälligkeiten in der Schule

Risikofaktor für die oben genannten Störungsbilder, in deren Rahmen Selbstverletzung besonders oft auftritt. Tatsächlich zeigt die Forschung, dass die überwiegende Mehrheit von Jugendlichen, die sich selbst verletzen, noch durch weitere Psychopathologien belastet ist (Richardson et al., 2024). Allerdings gibt es auch empirische Anhaltspunkte, die darauf hinweisen, dass selbstverletzendes Verhalten ohne direkte suizidale Absicht (NSSV) auch ohne weitere psychische Begleitstörungen auftreten kann (Zetterqvist, 2015). Daher wurde NSSV im amerikanischen Klassifikationssystem psychischer Störungen, DSM-V, als eigenes Störungsbild aufgenommen, während es im Klassifikationssystem der WHO, ICD-11, als Ausdruck bzw. Symptom anderer Störungsbilder eingeordnet wird.

In beiden Fällen wird NSSV als ein Ausdruck großer innerpsychischer Belastung, genauer als eine Strategie des Umgangs mit extremen inneren Spannungszuständen, gesehen. Besonders in persönlich stark belastenden Situationen und Konflikten mit wichtigen Bezugspersonen spüren betroffene Jugendliche den starken Impuls, sich selbst zu verletzen (Richardson et al., 2024; Zetterqvist, 2015). Durch die Selbstverletzung nimmt die negative Spannung ab, positive Gefühle stellen sich ein und die eigene Situation ist für den/die Jugendliche:n wieder besser erträglich, sie »spüren« sich sozusagen wieder und andere Gefühle werden wieder möglich.

Durch ihren meist repetitiven Charakter, der positiven Wirkung, die sich in Folge der Selbstverletzung einstellt und der gleichzeitigen »Senkung« der individuellen Schwelle, mit Drucksituationen durch gegen sich selbst gerichtete Aggression umzugehen, gelten Selbstverletzungen auch ohne suizidale Absicht als ein Hauptrisikofaktor für spätere Suizidalität (vgl. etwa Richardson et al., 2024). Unbehandelt verstärkt sich NSSV meist in Frequenz und Intensität (WHO, 2024).

Manche, aber nicht alle Jugendlichen fügen sich von außen sichtbare Verletzungen zu bzw. stellen diese absichtlich zur Schau. Letztere haben meist noch andere Psychopathologien (Zetterqvist, 2015). Es muss jedoch davon ausgegangen werden, dass auch Jugendliche in unseren Klassen und Schulen betroffen sind, denen man es nicht »ansieht«, da wissenschaftliche Studien zeigen, dass die Prävalenz von Selbstverletzungen im Jugendalter insgesamt hoch ist (um die 18 % in der Gesamtpopulation vs. über 40 % bei Jugendlichen im klinischen Setting; Zetterqvist, 2015; Richardson et al., 2024). Es handelt sich daher um kein »Randthema«, das nur einige wenige betrifft. Der durchschnittliche Beginn des selbstverletzenden Verhaltens liegt laut Studien zwischen 12 und 13 Jahren (!), wobei zwischen Jugendlichen, die nur hin und wieder zu solchen Maßnahmen greifen, und jenen, die diese häufig anwenden, unterschieden werden muss. In jedem Fall sollten Jugendliche unterstützt werden, im Umgang mit Belastungen und Konflikten auf andere Strategien zurückgreifen zu können. Der nächste Abschnitt erläutert, was dabei im Zusammenhang mit Selbstverletzungen in der Schule besonders beachtet werden kann.

Selbstverletzendem Verhalten in der Schule vorbeugen

Wie also Jugendliche unterstützen, damit sie andere Copingstrategien im Umgang mit Belastungen entwickeln können, die kein selbstverletzendes Verhalten beinhalten? Die Forschung ist dieser Frage ebenfalls nachgegangen und hat neben Risikofaktoren auch protektive Faktoren identifiziert, die vor allem im Schulumfeld gegen (NS)SV wirksam werden können (vgl. zusammenfassend Richardson et al., 2024). Als ein Hauptrisikofaktor von Suizidalität und NSSV wurde Viktimisierung von Schüler:innen durch Bullies in der Schule identifiziert (Richardson et al., 2024; Zetterqvist, 2015). Demgegenüber zeigt die Forschung eindeutig, dass eine positive schulische Einbindung in Klasse und Schulgemeinschaft spezifische schützende Wirkung hat (ebenda). Daher kann die Investition in eine gute Klassen- und Schulgemeinschaft, in der Ausgrenzung und Viktimisierung von anderen (sowohl off- als auch online) keinen Platz haben und Mobbing- bzw. Bullyingdynamiken sofort und entschieden entgegengetreten wird, auch im Fall von Suizidalität und NSSV in ihrer Wichtigkeit nicht überschätzt werden. Präventive

4.3 Die häufigsten psychischen Auffälligkeiten in der Schule

Programme haben hier den Studienergebnissen nach die besten Erfolge (Richardson et al., 2024).

Möglicherweise wenig überraschend in diesem Zusammenhang erscheint das weitere Forschungsergebnis, dass Schüler:innen aus dem LGBTQIA+*-Spektrum für Suizidalität und NSSV besonders gefährdet sind (Zetterqvist, 2015; Richardson et al., 2024) – wohl deswegen, weil diese Schüler:innen besonders viele Erfahrungen mit Ausgrenzung und Viktimisierung machen. Auch hier kann Schule wirksam werden, indem sie in allen Settings (in- und außerhalb des Unterrichts) Toleranz und Wertschätzung für die Vielfalt und Individualität aller Mitglieder ihrer Gemeinschaft zum Ausdruck bringt und glaubhaft lebt.

Vielleicht weniger intuitiv als die vorigen Faktoren, aber umso beeindruckender im Sinne seiner »Einfachheit« und Wirkung identifiziert die Forschung *Schlaf* bei den Jugendlichen als einen zentralen Risiko- bzw. protektiven Faktor. So fand eine Metaanalyse von Chiu et al. auf Basis von Daten von über 440.000 Teilnehmenden (2018, berichtet in Richardson et al., 2024), dass sich für jede Stunde, die zusätzlich von Jugendlichen geschlafen wurde, suizidale Pläne um 11 % senkten; das niedrigste relative Suizidrisiko und assoziierte Verhaltensweisen wie Selbstverletzung fanden sich bei 8–9 Stunden Schlaf pro Nacht. Natürlich werden die Schlafdauer und -qualität wiederum von einer Vielzahl an Faktoren beeinflusst, die ihrerseits Zusammenhänge mit Suizidalität und selbstverletzendem Verhalten haben, wie etwa allgemeines Stresserleben, depressive Symptome u. a. m. Doch illustriert dieses Ergebnis, wie beeindruckend auch die Wirkung von scheinbar »kleinen«, alltäglichen Faktoren auf die psychische Gesundheit sein kann.

Vor diesem Hintergrund kann die Bedeutung von Schlaf und Faktoren, die auf eine gesunde Schlafqualität Einfluss nehmen, auch in Schule und Unterricht sowie in der Zusammenarbeit mit den Eltern thematisiert werden. Des Weiteren geben solche Studienergebnisse Anlass, über einen späteren (und damit dem Biorhythmus von Jugendlichen angepassteren) Schulbeginn bzw. ein Überdenken der klassischen Ausrichtung des (Schul-)Alltags in unseren Breiten nachzudenken, wie es im internationalen Raum stellenweise – etwa in Neuseeland – bereits mittels bildungspolitischer Reformen umgesetzt wird (vgl. zusammenfassend Richardson et al., 2024). Schließlich betonen Studien zu Suizidalität und selbstverletzendem Verhalten bei Jugendlichen einmal mehr die Wichtigkeit, im Unterricht auf präventive Maßnahmen (statt Intervention, wenn z. B. Mobbing sich bereits etabliert hat) und auf Kooperation statt auf Wettbewerb und sozialen Vergleich zwischen den Schüler:innen zu setzen (vgl. zusammenfassend Richardson et al., 2024), um das soziale Gefüge zu stärken und ein Gefühl der sozialen Einbettung bei den Schüler:innen zu fördern. Ein positives Bild des Selbst und des eigenen Körpers wird ebenfalls als wichtig herausgestellt (Oktan, 2017). Und die Wichtigkeit einer positiven Beziehung zwischen Lehrperson und Schüler:innen wird auch im Zusammenhang mit Suizidalität und SVV als Grundpfeiler effektiver Prävention und Interventionen einmal mehr durch die Forschung bekräftigt (Richardson et al., 2024; Scherzinger & Wettstein, 2022; Siwek-Marcon, 2022). Alle diesbezüglichen Bemühungen können umso besser gelingen, als Lehrpersonen am Schulstandort auf geschultes Unterstützungspersonal wie Beratungskräfte, Schulpsychologie, Schulsozialarbeit u. ä. zurückgreifen können (ebenda).

Beobachten oder erfahren Lehrpersonen bei Schüler:innen von selbstverletzendem Verhalten, kann jedenfalls davon ausgegangen werden, dass der/die betreffende Schüler:in stark belastet ist und Unterstützung benötigt. Während eine Bearbeitung der hinter dem Verhalten liegenden Problemlagen wiederum nur außerhalb der Schule erfolgen kann, können Lehrpersonen durch ein erstes Gesprächs- und Beziehungsangebot schon wertvolle Unterstützung liefern. Was genau in Aufbau und Durchführung solcher Gespräche zu beachten ist, wird im nächsten Abschnitt zusammenfassend erläutert.

4.3 Die häufigsten psychischen Auffälligkeiten in der Schule

Störungsübergreifende konstruktive Gesprächsführung

Bekannterweise ist es für jedermann/-frau sehr erleichternd, in Krisen und Belastungen jemanden zu haben, der Zeit für einen hat und einem wertungsfrei zuhört. Was banal anmuten mag, ist einer der wichtigsten Stützfaktoren der professionellen Krisenintervention (vgl. Einstiegssatz in der Begleitung von Krisen: »Ich bin jetzt da und ich habe Zeit für Dich«; Juen, 2010), gleichzeitig will gutes Zuhören und Beraten aber auch gelernt und geübt werden. Eine Orientierung für den Aufbau von Gesprächen über potenziell belastende Themen gibt die nachfolgende Grundstruktur. Dabei weist jedes Beratungsgespräch drei wesentliche Teile auf, nämlich zunächst die Herstellung einer vertrauensvollen, positiven Atmosphäre (Beziehungsaufbau), dann die Exploration des Problems an sich und im Abschluss das Besprechen weiterer Schritte. Tabelle 5 gibt Hinweise und Formulierungsvorschläge zu den verschiedenen Phasen.

Tab. 5: Aufbau und Inhalt konstruktiver Gespräche bei psychischen Belastungen (mit Schüler:innen und Eltern)

Gesprächs-phase	Inhalt	Formulierungsbeispiele (Vorschläge)
Einstieg	Positive Atmosphäre herstellen, Vertrauen schaffen	»Ich freue mich sehr, dass Du da bist.«/»Danke, dass Sie sich heute Zeit nehmen.«/»Ich kann mir vorstellen, dass es nicht leicht war für Dich, mit diesem Thema auf mich zuzukommen. Danke für Dein Vertrauen!«
	Ziel, Ablauf und Rahmen (inkl. Vertraulichkeit) des Gesprächs erläutern, Struktur geben	»Wir haben heute xy Minuten Zeit, ungestört zu sprechen. Dabei möchte ich mich vor allem auf ... konzentrieren. Ich möchte mir einige Notizen machen, damit ich mich später besser erinnern kann und nichts Wichtiges übersehe. Passt das so für Dich?/Gibt es noch irgendetwas, das Du loswerden möchtest, bevor wir starten?«

Tab. 5: Aufbau und Inhalt konstruktiver Gespräche bei psychischen Belastungen (mit Schüler:innen und Eltern) – Fortsetzung

Gesprächs-phase	Inhalt	Formulierungsbeispiele (Vorschläge)
	Vertraulichkeit/ Verschwiegenheitsfrage	»Alles, was wir hier besprechen, bleibt in diesem Raum, und ich zeige auch meine Notizen niemandem. Unser Gespräch ist vertraulich. Aber Du musst wissen: solltest Du mir Dinge erzählen, aus denen für mich klar wird, dass Du in Gefahr bist, dann bin ich gesetzlich verpflichtet, jemanden zu informieren, der dafür sorgt, dass Du Hilfe bekommst. Aber ich kann Dir versprechen, dass ich nichts unternehmen werde, ohne es vorher mit Dir zu besprechen. Ist das so ok für Dich?«
Problemexploration	Freie Problemschilderung durch Betroffene/n	»Möchtest Du mal anfangen, zu erzählen, worüber Du heute sprechen wolltest?« Alternativ kann auch über die eigenen Beobachtungen eingestiegen werden, z. B. wenn das Gespräch von der Lehrperson gesucht wurde und/oder zum Gesprächseinstieg mit Eltern. Diese sollten objektiv und nachvollziehbar geschildert werden, z. B. »Ich habe Dich/Sie heute zum Gespräch gebeten, weil mir in letzter Zeit einige Dinge bei Dir/xy aufgefallen sind, die mir Sorgen bereiten. [Fortsetzung mit konkreten, möglichst objektiv formulierten Beispielen, z. B. häufiges Fehlen, starker Leistungsabfall, S/S wirkt unglücklich o. ä.]. Nun wollte ich sehen, ob ich damit richtig liege. Was ist Deine/Ihre Einschätzung?« [aufmerksames, aktives Zuhören, verstärkende Äußerungen etc.; Notizen machen, möglichst wenig unterbrechen oder lenkend eingreifen, keine wertenden Gesten oder Äußerungen].
	Klärung und Konkretisierung:	Nachfragen stellen unter Einsatz von was – wann – wann nicht – , z. B. »Du sagst also, dass das schon seit ... so geht und xy auch mit-

4.3 Die häufigsten psychischen Auffälligkeiten in der Schule

Tab. 5: Aufbau und Inhalt konstruktiver Gespräche bei psychischen Belastungen (mit Schüler:innen und Eltern) – Fortsetzung

Gesprächs-phase	Inhalt	Formulierungsbeispiele (Vorschläge)
	Hauptprobleme erfassen	macht. Wie oft kommt das vor, dass Du ...?« »Was meinst Du genau mit: dann verlierst Du die Kontrolle? Woran merkst Du das? Was tust Du dann genau?« [...] Kommunikative Validierung: »Du fühlst Dich also sehr von ... unter Druck gesetzt und hast deswegen Angst, in die Schule zu gehen. Das ist der Grund, dass Du in letzter Zeit öfter gefehlt hast. Habe ich das so richtig verstanden?«
	Anliegen & Veränderungswunsch präzisieren	z.B. S sagt: »Ich möchte nicht mehr jeden Nachmittag über die HÜ streiten«: »Wie hättest Du gerne, dass die HÜs stattdessen ablaufen?/ Wie würde ein Nachmittag aussehen, mit dessen Ablauf Du zufrieden wärst?« »Brücken bauen« zu unausgesprochenen Themen: »Könnte es sein, dass...?«
	Ressourcen und bisherige Versuche zur Veränderung erfragen und validieren	»So wie Du das schilderst, begleitet Dich ... jetzt schon sehr lange. Das muss unheimlich anstrengend und schwierig sein! Wie hast Du es bisher geschafft, Dich da ›durch zu retten‹?«/ »Du hast ja vorhin gesagt, manchmal ist es besser. Was machst Du da, damit es besser wird?« »Hast Du schon einmal versucht, etwas an ... zu verändern? Wie hast Du das gemacht?«
Gesprächsabschluss	Besprechen von (umsetzbaren) Veränderungen und nächsten Schritten; ggf. Folgevereinbarungen treffen	»Ich kann verstehen, dass Dich das jetzt gerade total mitnimmt. Ich möchte, dass Du weißt, dass ich auch weiterhin für Dich da bin. Aber für den Fall, dass Du mehr machen möchtest, kenne ich da diese [...] großartige Beratungsstelle/ Hilfsangebot o. ä. Möchtest Du Dir hier einmal die Telefonnummer/Webseite aufschreiben? Die sind 24 Stunden erreichbar und haben auch einen Chat...«

Tab. 5: Aufbau und Inhalt konstruktiver Gespräche bei psychischen Belastungen (mit Schüler:innen und Eltern) – Fortsetzung

Gesprächs-phase	Inhalt	Formulierungsbeispiele (Vorschläge)
		»Das finde ich großartig, dass Du ... versuchen möchtest. Bis wann denkst Du, dass Du das machen möchtest? Erzählst Du mir dann, wie es gelaufen ist?« »Bis ... werde ich mit ... sprechen, ich gebe Dir dann Bescheid« »Ich habe jetzt ein viel klareres Bild über die Lage, das finde ich sehr hilfreich, um T. in Zukunft noch besser begleiten zu können. Ich würde vorschlagen, wir geben uns jetzt einmal x Wochen Zeit, in denen wir uns anschauen, wie sich das bei T. weiterentwickelt und dann treffen wir uns wieder. In dieser Zeit mache ich, wie wir gesagt haben, xy, Sie machen xy und T. macht xy. Ist das so in Ordnung?«
	Positiver Abschluss und Hinlenkung zu »leichteren« Themen, Beziehungsarbeit	»Vielen Dank für Deine/Ihre große Offenheit. Es ist nicht leicht, über solche Themen zu reden. Dein/Ihr Vertrauen weiß ich sehr zu schätzen. Ich bin sicher, so können wir gut zusammen weiterarbeiten.« »Ich freue mich sehr auf unser nächstes Treffen/auf die Klassenfahrt/auf Deine Erzählungen nach dem Camp.«

Anmerkungen: Zusammenstellung basierend auf Schnebel (2017) und Siwek-Marcon (2022).

Weitere detaillierte Hinweise zur Gesprächsführung und verschiedenen Gesprächstechniken, wie aktives Zuhören oder die Präzisierung von Anliegen, finden sich bei Siwek-Marcon (2022) oder Schnebel (2017).

Bei Gesprächen über psychische Belastungen sind außerdem folgende Punkte wichtig zu beachten (vgl. Siwek-Marcon, 2022, S. 154 ff.):

4.3 Die häufigsten psychischen Auffälligkeiten in der Schule

Gesagtes ernst nehmen. Leider kommt es immer wieder vor, dass auch direkten suizidalen Äußerungen von Jugendlichen kein Glauben geschenkt wird (etwa, weil der/die Betroffene als jemand bekannt ist, der/die gerne »Theater spielt« oder die Aufmerksamkeit auf sich ziehen möchte). Die Lehrperson sollte *immer* zeigen, dass sie dem/r Jugendlichen glaubt (die Prüfung des Wahrheitsgehalts von Aussagen, z. B. bei suizidalen Äußerungen oder Missbrauchsschilderungen, obliegt anderen Professionist:innen bzw. den Behörden und gehört nicht zu den Aufgaben der Lehrperson) und mit ihren Möglichkeiten voll hinter ihm/ihr steht. Es sollten keine »aufdeckenden« Fragen oder Suggestivfragen gestellt, sondern anteilnehmend und aktiv zugehört werden und Fragen nur zum besseren Verständnis und zur Präzisierung gestellt werden (z. B. »Wann ist das zum ersten Mal passiert«, »Wie oft kommt das vor, dass es Dir so geht« etc.). Sollte sich tatsächlich herausstellen, dass die Äußerung »im Spaß« gemeint war, ist es umso wichtiger für den/die Jugendliche (und alle potenziell ebenfalls Beteiligten) zu sehen, dass ernste Themen ernst behandelt werden.

Im Suchen von Hilfe bestärken, Probleme normalisieren und informieren. Viele Jugendliche mit psychischen Problemen, aber auch mit Gewalterfahrungen u. ä. meinen, vollkommen allein dazustehen. Fühlen sich Jugendliche in der Sekundarstufe ohnehin entwicklungsbedingt schon sehr oft als »anders« und wollen um jeden Preis vermeiden, aufzufallen und aus ihrer Bezugsgruppe herauszustechen (vgl. Berk, 2019), fällt es ihnen noch schwerer, ein vermeintliches »Alleinstellungsmerkmal«, das noch dazu so stigmatisiert ist wie psychische Belastungen, anzusprechen oder dafür Hilfe zu suchen. Gleichzeitig zeigen Studien, dass Schüler:innen mit Gewalterfahrungen sich im Schnitt sieben Mal (!) an Erwachsene wenden, bevor ihnen geholfen wird (vgl. Handreichung zum Kinderschutzkonzept der Bildungsdirektion Salzburg, 2024). Wenn sich also der/die Schüler:in mit einer besonderen Belastung an eine Lehrperson wendet, ist das eine besondere Überwindung und ein Vertrauensbeweis, der Mut und Stärke erfordert, was auch so rückgemeldet werden sollte. Wenn man sich im Thema sicher fühlt, können auch

Informationen gegeben werden, die das Erleben der Schüler:innen normalisieren (Bsp. Prävalenzzahlen post-Corona deuten auf depressive Symptomatik bei ca. jeder/m 4. Schüler:in; es ist gesetzlich verboten, Kinder zu schlagen u. ä.). Dies dient nicht dem Zweck, das Erlebte »kleinzureden«, sondern dem/r Jugendlichen zu signalisieren, dass er/sie nicht allein ist und gehört wird. Gleichzeitig kann es sehr entlastend sein zu hören, dass es anderen ähnlich geht und dass das, was man erlebt, einen Namen hat.

Keine vorschnellen Ratschläge oder zu optimistische Zukunftsperspektiven geben; den eigenen Handlungsspielraum realistisch einschätzen und kommunizieren. Gerade im psychischen Störungsbereich haben Betroffene oft schon mehrere (gescheiterte) Bewältigungsversuche hinter sich oder einen so starken Leidensdruck, dass sie sich nicht vorstellen können, dass es ihnen jemals wieder besser gehen wird. Vom Umfeld erfahren sie dabei oft Unverständnis und vorschnelle Ratschläge, die zur Verbesserung der Situation rein gar nichts beitragen und das Gefühl des Nicht-verstanden-Werdens noch weiter erhöhen (Bsp. Depression: »Jetzt reiß Dich mal ein bisschen zusammen«, »Das wird schon wieder«, »Anderen geht es noch viel schlechter«, »Probier' doch mal xy, das hat mir auch gut geholfen« o. ä.). Im Beratungsgespräch soll dies nicht passieren. Stattdessen kann die Schwere der Situation direkt angesprochen und anerkannt werden (vgl. Tab. 5: »Brücken bauen zu Unausgesprochenem«, Bsp.: »Das hört sich wirklich schwierig an«, »Du klingst sehr verzweifelt« u. ä.). Ressourcen und Bewältigungsversuche sollten im Anschluss natürlich trotzdem erfragt und verstärkt werden, um dann gemeinsam zu beraten, was die nächsten Schritte sein können. Hier ist es aber wichtig, eine realistische (auch zeitliche) Perspektive zu wahren: psychische Störungen, aber meist auch Gewalterfahrungen z. B. im häuslichen Umfeld haben, so inakzeptabel die Situationen auch sein mögen, eine lange Vor- und Entstehungsgeschichte und bestehen meist seit Monaten oder sogar Jahren. Hier ad hoc Lösungen anzubieten, die eine schnelle/sofortige Beendigung des Leidens in Aussicht stellen, wäre nicht hilfreich und unprofessionell. Stattdessen kann dem/r Jugendlichen aber gezeigt werden, dass die

4.3 Die häufigsten psychischen Auffälligkeiten in der Schule

Lehrperson (bzw. die von ihr einbezogenen weiteren Stellen) ab sofort verlässlich an seiner/ihrer Seite sein wird auf dem Weg der Bewältigung. Dementsprechend wichtig ist es auch, den/die Schüler:in bei allen weiteren Schritten, die die Lehrperson eventuell unternehmen möchte, einzubinden und mit größter Transparenz vorzugehen.

Den eigenen Handlungsspielraum sollte die Lehrperson ebenso realistisch einschätzen und offenlegen; oft wird es so sein, dass sie »nur« als verlässliche Ansprechperson innerhalb der Schule verbleiben kann, weitere Schritte aber von anderen Stellen begleitet werden müssen. Dazu gehört im Übrigen auch, dass man dem/r Jugendlichen offen sagt, wenn man in einer Problematik ad hoc zu wenig Bescheid weiß, um die optimale Hilfestellung geben zu können, sich aber informieren wird und am Thema »dranbleiben« wird (was man dann natürlich auch tun muss; Folgetermin!). Es ist ebenso ein Zeichen von Professionalität, einen Fall an Kolleg:innen oder schulische Unterstützungssysteme abzugeben, wenn die eigenen Ressourcen für dessen kompetente Begleitung nicht ausreichen. Als »Faustregel« kann gelten, dass ein Fall abgegeben werden sollte, wenn es mehr als einen, maximal zwei Termine zur Problembearbeitung braucht.

Gesprächsführung mit Mitschüler:innen und Behandlung von »Problemthemen« im Unterricht

Immer wieder stellt sich für Lehrpersonen im Umgang mit psychisch belasteten Schüler:innen die Frage, inwiefern deren Mitschüler:innen einbezogen werden sollten und wie/ob ein potenziell schwieriges Thema wie jenes einer psychischen Belastung im Unterricht angegangen werden sollte.

Wie ich an anderer Stelle (Siwek-Marcon, 2022) ausführe, sollten Lehrpersonen prinzipiell keine Scheu haben, mit den Schüler:innen über solche Themen zu sprechen, zumal meistens die Schüler:innen ohnehin schon mehr oder weniger gut Bescheid wissen. Gleichzeitig sind Informationen unterschiedlichster Qualität über sämtliche Erscheinungsformen psychischer Belastungen heute nur einen Klick mit dem Smartphone entfernt. Um der Bildung von Gerüchten, Halbwahrheiten und – in der Folge – Stigmatisierungen entgegenzuwirken, bewährt sich daher Offenheit gegenüber diesen Themen. Gleichzeitig hat die Lehrperson eine wichtige Modellfunktion dafür, wie der Umgang mit psychischen Störungen gelebt wird.

Psychische Gesundheit oder bestimmte Störungsbilder (ebenso wie andere »Problemthemen« wie Tod etc.) werden am besten präventiv, also vor dem ersten Anlassfall in der Klasse, angesprochen. Hier empfiehlt es sich, vor Beginn eine anonyme Abfrage zum Thema durchzuführen (z. B. zum Störungsbild abzufragen, ob jemand damit Erfahrung hat, ob jede/r teilnehmen möchte, wichtige Hinweise für die Behandlung im Unterricht hat o. ä.) und den Unterricht an den Ergebnissen auszurichten. Dies deswegen, da uns u. a. die in Kapitel 2 (▶ Kap. 2) vorgestellten Zahlen zeigen, dass die Wahrscheinlichkeit sehr hoch ist, dass auch in unseren Klassen betroffene Schüler:innen sitzen.

Außerdem empfiehlt es sich, vorab die Schulleitung und die Eltern zu informieren und »mit ins Boot« zu holen, da manche Eltern Bedenken gegenüber der Behandlung von »Problemthemen« wie Selbstverletzung u. ä. haben. Diese sind zwar nachweislich unbegründet (vgl. z. B. Bründel, 2014), doch sollten sie abgefangen werden, indem Ziele, Sinn und Vorgehensweise beim Thema transparent erklärt werden. Spätestens das Argument, dass sich Schüler:innen ansonsten im Internet zu Themen wie Selbstverletzung etc. kundig machen, das einen weitaus weniger kontrollierten und geschützten Rahmen bietet, überzeugt die meisten Eltern.

Sollte sich die Lehrperson im Umgang mit der jeweiligen Thematik nicht ausreichend kompetent fühlen (oder auch wenn doch), ist es sehr sinnvoll, in Vorbereitung und Umsetzung auf existierende Unterstützungsangebote aus dem schulischen und außerschulischen Umfeld zurückzugreifen. Schulpsychologie, Schulsozialarbeit und zahlreiche externe Stellen verfügen über fachlich fundierte, fertig ausgearbeitete Unterrichtsmaterialien und -manuale zu verschiedensten Themen der psychischen Gesundheit. Informieren Sie sich

4.3 Die häufigsten psychischen Auffälligkeiten in der Schule

rechtzeitig (d. h. vor dem ersten Anlassfall) über Angebote in Ihrer Umgebung. Dabei sind längerfristige Maßnahmen (z. b. Einbettung in ein größeres »Rahmenthema«, regelmäßiges Wiederaufgreifen und »Booster« des Themas) effektiver und nachhaltiger wirksam als einmalige Workshops (vgl. Lohaus & Domsch, 2009). Auch zu dieser größeren Einbettung können die zugezogenen Fachkräfte beraten, die z. B. für einen Workshop eingeladen werden.

Sollte es bereits einen Anlassfall in der Klasse geben (z. B., ein/e Mitschüler:in wurde stationär aufgenommen o. ä.), sollte das Thema ebenso nicht »totgeschwiegen« werden. Allerdings sollte in diesem Fall vorab mit dem/r betroffenen Schüler:in gesprochen werden, ob und inwiefern einer Einbindung und Information der Klassenkolleg:innen zugestimmt wird, und das Vorgehen sollte mit ihm/ihr abgesprochen werden. Meist möchte der/die Betroffene bei einem solchen Gespräch nicht dabei sein; auch darüber liegt die Entscheidung beim/bei der Schüler:in. Möchte die Schüler:in die anderen gar nicht einbinden, kann man sich vielleicht einigen, dass zumindest über die »Basics« transparent Auskunft gegeben wird. Etwa in dieser Form: »Es ist Euch vielleicht aufgefallen, dass es xy in letzter Zeit nicht so gut geht. Tatsächlich ist er/sie derzeit deswegen im Krankenhaus und bekommt dort Hilfe. Ich/die Schule ist mit ihm/ihr in Kontakt und wir hoffen, dass es ihm/ihr bald wieder besser geht und er/sie zu uns zurückkommen kann. Er/sie möchte momentan nicht, dass ich Euch mehr darüber erzähle, und das möchte ich auch respektieren. Wenn er/sie wieder zurückkommt, können wir auf die folgenden Arten dazu beitragen, dass er/sie sich möglichst wohlfühlt und sich weiterhin gut erholen kann: [...]«. Dies mag vielleicht die Neugierde der Schüler:innen nicht ganz stillen, dennoch ist diese Maßnahme auch für sie vertrauensbildend, da sie merken, dass die Lehrperson die Wünsche der Schüler:innen respektiert und man sich auf sie verlassen kann.

Mit Schüler:in, Eltern und Therapeut:innen können dann gemeinsam Maßnahmen definiert werden, die die Rückkehr in den Schulalltag erleichtern.

5 Schulrelevanten psychischen Störungen vorbeugen

5.1 Möglichkeiten, Verantwortung und Grenzen der Schule: »Back to Basics«

Angesichts der Ausführungen aus den Vorkapiteln zur Verbreitung psychischer Probleme bei Schüler:innen, deren Vielgestaltigkeit, Tiefe und Dringlichkeit drängt sich die Frage auf, was Schule denn nun tatsächlich zu leisten im Stande ist, um zu einer Verbesserung dieser Problematik beizutragen, ohne dabei den eigenen Rahmen und die eigenen Möglichkeiten zu sprengen. Der Rahmen des Möglichen wird dabei in hohem Maß von bildungspolitischen und soziologischen Rahmenbedingungen mitbestimmt, auf die die Schule per se keinen Einfluss hat, die aber ihrerseits stark lenkend eingreifen. Beispiele wie die Zusammensetzung der Schüler:innenschaft (und damit die Häufung von Belastungen jeder Art) in verschiedenen Einzugsgebieten, Herausforderungen der Integration von Schüler:innen mit unterschiedlichsten kulturellen und sprachlichen Hintergründen oder Fragen der (Nicht-)Investition politischer und finanzieller Mittel, z.B. in schulrelevante Unterstützungssysteme, seien hier nur stellvertretend für viele andere herausfordernde strukturelle und systemische Bedingungen genannt.

Um angesichts dieser systemischen (Un-)Möglichkeiten als einzelne Schule und Lehrperson dennoch handlungsfähig zu bleiben, müssen Lehrpersonen den jeweils gegebenen Rahmen zunächst realistisch abschätzen und sind dann gefordert, aus diesen Rahmenbedingungen und den eigenen Möglichkeiten das jeweils Beste zu machen. Dementsprechend möchte dieses Kapitel Lehrpersonen

5.1 Möglichkeiten, Verantwortung und Grenzen der Schule: »Back to Basics«

ermutigen, sich bei der Frage, wie psychische Gesundheitsförderung in der Schule (auch noch und trotz allem) gut gelingen kann, an dem Motto *Back to Basics* zu orientieren. Insofern nämlich, als wir uns auf jene Faktoren konzentrieren sollten, die im Unterricht immer schon schulischem Lernen, Lernfreude und Wohlbefinden zuträglich waren und die die (psychische) Gesundheit – quasi »nebenbei« – mitfördern. Damit machen wir uns auch etwas unabhängiger gegenüber den – oft im wahrsten Sinne des Wortes bedrückenden – systemischen Faktoren.

Auf ganz allgemeiner Ebene können dabei u. a. folgende Grundprinzipien hilfreich sein:

- Der Aufbau von wenig(er) Leistungsdruck (auch gegenüber sich selbst!) und einer lern- und entwicklungsfördernden Gestaltung von Lernen und Prüfungen, wie sie z. B. in Kapitel 4 (▶ Kap. 4) unter der Prävention schulischer Angststörungen beschrieben sind; weiters die Unterstützung der Schüler:innen bei der Lernplanung und der Zerlegung von Aufgaben in Teilziele.
- Arbeit an einem positiven Klassenklima und einem Gefühl der sozialen Einbindung für alle Mitglieder eines Klassenverbands; dabei sollte möglichst konstant und oft an der Gemeinschaftsstärkung gearbeitet werden, da sie viele protektive Wirkungen hat. Einige (nicht erschöpfende) methodische Vorschläge hierzu werden in diesem Kapitel gegeben.
- Der Aufbau einer positiven, von gegenseitiger Wertschätzung, Vertrauen und Zusammenarbeit geprägten Beziehung zwischen Lehrer:innen und Schüler:innen. Spezifische Hinweise, wie dies besonders gut gelingen kann, finden sich z. B. bei Scherzinger und Wettstein (2022) sowie bei Siwek-Marcon (2022).
- Die Unterstützung der Schüler:innen beim Aufbau und Erhalt eines positiven Selbstkonzepts, z. B. durch förderliche Leistungsrückmeldungen, oder gezielte Übungen zur Selbstwahrnehmung und Selbstverantwortung.
- Die Vermittlung von Freude und Interesse für jene Dinge, mit denen man sich gerade beschäftigt, sowie die Nutzung der urei-

gensten Eigenschaft von Schule, neue Themen, Fachgebiete und Aktivitäten für sich zu erschließen, von denen man vorher noch nichts wusste; dies schafft auch einen Ausgleich zu Aktivitäten im digitalen Raum.

All dies sind Faktoren, die wir für einen produktiven Unterricht und ein positives Schulumfeld ohnehin anstreben. In Hinblick auf die psychische Gesundheit können, gestützt durch Ergebnisse aus dem aktuellen Hochschulprojekt »Monitor Bildung und psychische Gesundheit« (BiPsy; Bauch, Rodney-Wolf & Schmitz, 2024), noch folgende Faktoren ergänzt werden:

- Die Kompetenz zur frühzeitigen Erkennung von psychischen Belastungen bei Schüler:innen (▶ Kap. 4), zum Führen entlastender erster Gespräche und zur frühzeitigen Weitervermittlung an andere inner- und außerschulische Unterstützungssysteme. Dazu gehört die Kenntnis der Angebote im eigenen Schulumfeld und die Zusammenarbeit und Absprache mit Vertreter:innen der Schulpsychologie, der Schulsozialarbeit und mit niedergelassenen Einrichtungen und Therapeut:innen.
- Wissen um Bedeutung von und Einflussfaktoren auf Gesundheit und das Commitment, einen entsprechenden Fokus auf diese Thematik im Schulumfeld (z. B. durch Nutzung der Unterstützungssysteme am Standort, die Entstigmatisierung von Belastungen durch eine akzeptierende, offene und wertschätzende Haltung und Modellverhalten) sowie im Unterricht zu setzen (z. B. durch vielfältige thematische Auseinandersetzungen mit verschiedenen gesundheitsbezogenen Themen im Unterricht). Punktuelle Workshops können hier eine sinnvolle Ergänzung sein, doch gesundheitsfokussierten Unterricht nicht ersetzen.
- Konstanter Druck auf (lokal-)politische Entscheidungsträger:innen, um die inner- und außerschulischen Unterstützungs- und Versorgungsnetzwerke (z. B. Schulpsychologie, Schulsozialarbeit, Therapeut:innen) weiter auszubauen, um dem Bedarf gerecht zu

5.1 Möglichkeiten, Verantwortung und Grenzen der Schule: »Back to Basics«

werden und Lehrpersonen und Schulen diesbezüglich zu entlasten.

Dies bedeutet: es ist für Lehrpersonen nicht möglich, notwendig oder sinnvoll, therapeutisch tätig zu werden oder den Anspruch zu haben, alle Belastungen, die die Schüler:innen von außen mitbringen, ausgleichen zu können. Die Fähigkeit zur Akzeptanz, dass manche strukturellen Bedingungen einfach nicht verändert werden können und anders sind, als wir es uns für uns und unsere Schüler:innen wünschen würden, ist hingegen ein wichtiger Teil einer konstruktiven Grundhaltung. Ein offenes Ohr, Interesse an den Schüler:innen, ihrer Lebenswelt und ihren Problemen und ein Vertrauen in die eigene Kompetenz und das eigene »Bauchgefühl«, wann vielleicht doch einmal Not am Mann sein könnte, ebenso wie der Mut und die Bereitschaft, hinzuschauen und Probleme anzusprechen, sind ebenso wertvoll (und bereits mehr, als die meisten Kolleg:innen mitbringen). Wenn dann auch noch Grundwissen zum Erkennen von Anzeichen einiger psychischer Störungsbilder, der Wille und die Kompetenz zum Führen eines ersten konstruktiven Gesprächs mit Schüler:innen und Eltern sowie zum Weiterverweisen an gute Unterstützungsnetzwerke vorhanden sind, sind die Schüler:innen schon sehr gut begleitet. Wer darüber hinaus im Unterricht noch weiter unterstützend für die Schüler:innen tätig werden möchte, findet im Folgenden einige Vorschläge, wie psychische Gesundheit und Resilienz gegenüber Belastungen in der Schule (und nicht nur dort) gestärkt werden können.

5.2 Psychische Gesundheit in der Schule stärken

Wie sich aus den bisherigen Ausführungen gezeigt hat, gibt es zahlreiche Faktoren der »allgemeinen« psychischen Gesundheit, die auch bei vielen spezifischen Störungsbildern und ihrer Vorbeugung eine tragende Rolle spielen, wie ein positives Selbst- und Körperbild, stärkende Beziehungen und soziale Ressourcen, vielfältige Stressbewältigungsstrategien und Problemlösekompetenzen. Nicht zufällig überschneiden sich diese Aspekte z. B. mit von der WHO definierten »life skills« (auch Lebens-/Schlüssel- oder transversale Kompetenzen) und Faktoren von *Resilienz* (also jener innerpsychischen Widerstandsfähigkeit, die es uns ermöglicht, Belastungen und kritische Lebensereignisse »unbeschadet« zu überstehen bzw. sogar gestärkt aus ihnen hervorzugehen; zusammenfassend z. B. Thun-Hohenstein et al., 2020).

Es gibt dabei in der Forschung keinen vollständigen Konsens, was Resilienz genau konstituiert oder ausmacht, vielmehr existieren mehrere parallele Modelle in Wissenschafts- und Populärliteratur, die aber viele Gemeinsamkeiten aufweisen (Thun-Hohenstein et al., 2020). Mauritz (2024) arbeitet in seiner Gegenüberstellung verschiedener Resilienzmodelle der letzten Jahre folgende »überspannende« Faktoren von innerpsychischer Widerstandsfähigkeit heraus:

- Stabile Bindungen und positive, tragfähige soziale Beziehungen (soziales Netzwerk, soziale Unterstützung, Erfahrung von Liebe, Nähe und Wärme in engen Beziehungen); damit verbunden soziale Kompetenz und Empathie
- Zukunftsorientierung/Zielorientierung/Vorwärtsorientierung (d. h. einen Fokus auf Lösungen und eine – erfolgreiche, positive – Zukunft statt auf Probleme und die Vergangenheit)
- Problemlösefähigkeiten und Kreativität

5.2 Psychische Gesundheit in der Schule stärken

- Akzeptanz (z. B. von unveränderbaren Lebensumständen oder biografischer Vergangenheit) und Realitätsbezug
- Eine positive Grundeinstellung dem Leben gegenüber, Vertrauen und Optimismus
- Erleben von Selbstwirksamkeit und Autonomie
- Übernahme von Verantwortung für das eigene (Er-)Leben und die eigenen Bedürfnisse (Selbstfürsorge)
- Fähigkeiten zur Selbstwahrnehmung und Selbstreflexion
- Vielfältige und konstruktive Bewältigungsstrategien für den Umgang mit Stress, Belastungen und Gefühlen.

Um mit Schüler:innen konstruktiv an solchen Kompetenzen zu arbeiten, ohne dabei gleichzeitig den Rahmen des Unterrichts zu sprengen, möchte dieses Kapitel Lehrpersonen einen Katalog aus Methoden und Beispielen zur Integration der Förderung psychischer Gesundheit und Resilienz im Unterricht zur Verfügung stellen. Es wird dabei auf all jene Kompetenzen fokussiert, die sich in der Prävention von schulrelevanten psychischen Störungen als besonders relevant erwiesen haben (etwa, weil ein direkter Bezug zu einer bestimmten Störungsgruppe vorhanden ist, wie etwa beim positiven Köperbild im Fall der Prävention von Essstörungen) und die gleichzeitig sehr niederschwellige Umsetzungsmöglichkeiten bieten, sodass sie einen breiten Einsatz im Unterricht fachunabhängig und ohne großen Vorbereitungsaufwand ermöglichen.

Self care! Oder: Das eigene Wohlbefinden kennenlernen

Einleitend soll ein Rahmenmodell vorgestellt werden, das auch im Unterricht eingesetzt werden kann, um eine Bewusstseinssteigerung darüber zu erreichen, was dem eigenen Wohlbefinden der Schüler:innen und im speziellen der eigenen psychischen Gesundheit zuträglich ist. Dabei orientiert sich der Begriff der psychischen Gesundheit an jenem, der im Eingangskapitel vorgestellt wurde, also dem bio-psycho-sozialen Modell von Gesundheit als Zusammenspiel von Schutzfaktoren und individuellen Vulnerabilitäten. Ferner stützt sich der Rahmen auf das Modell des aktuellen vs. habituellen Wohlbefindens nach Abele und Becker (2009), das zwischen glücklichen Erlebnissen, individueller Freude und einem Wohlbefinden im Hier und Jetzt (aktuelles Wohlbefinden) und einem befriedigenden, sinnerfüllten Leben (habituelles Wohlbefinden; sozusagen der eigene »Gesamteindruck« über das persönliche Wohlbefinden über die letzten Monate/Jahre gesehen und die allgemeine Lebenszufriedenheit) unterscheidet. Dies ist insofern wichtig, als es uns hilft, schwierige Phasen und Momente, in denen es uns nicht so gut geht, als Teil des Lebens anzunehmen und nicht dem Irrtum aufzusitzen, um glücklich und zufrieden zu sein, müsse alles immer perfekt laufen. Solange das habituelle Wohlbefinden allgemein zufriedenstellend ist, lassen sich auch kleine »Schwankungen« im aktuellen Wohlbefinden gut aushalten bzw. belasten sie die eigenen Ressourcen nicht übermäßig. Handlungs- und Veränderungsbedarf lässt sich dagegen erkennen, wenn die eigene Bilanz über das habituelle Wohlbefinden der letzten Monate nicht positiv ausfällt. Gleichzeitig kann über dieses Modell den Schüler:innen verständlich vermittelt werden, dass es sich manchmal auch lohnen kann, Dinge, die scheinbar subjektiv zum aktuellen Wohlbefinden beitragen (wie z. B. stundenlanges »Chillen« beim Konsumieren von Videos auf Social Media), die sich aber langfristig gesehen negativ auf das habituelle Wohlbefinden auswirken (etwa, weil man dadurch mit seinen Aufgaben für Schule und Familie in Verzug kommt, sich dadurch Stress mit den Eltern ergibt, man wenig Sinnempfinden in seiner Freizeit hat u. a. m.), hintanzustellen oder zu verändern.

Je besser jede/r Einzelne von uns dabei die eigenen Faktoren kennt, die sowohl zu aktuellem als auch zum habituellen Wohlbefinden beitragen, desto besser stehen die Chancen, sich möglichst viel mit Dingen zu beschäftigen, die den eigenen Interessen und Fähigkeiten entsprechen und in der Folge kurz- als auch langfristig mehr Freude und Sinn im Leben zu empfinden.

5.2 Psychische Gesundheit in der Schule stärken

Anregung für den Unterricht: »My personal happiness factors«

Notiere zu den folgenden Aspekten psychischer und physischer Gesundheit alles, was Dir in den Sinn kommt und auf Dich zutrifft.

Psychisches Wohlbefinden:

- Bereich »Leben«: Mit wem beschäftige ich mich gerne, wer tut mir gut? Freund:innen, Familienmitglieder, Tiere, Pflanzen …?

  _____
  _____
  _____

- Bereich »Interessen und Hobbys«: Welchen Hobbys, Interessen und Aktivitäten gehe ich am liebsten nach? Wobei fühle ich mich gut und glücklich?

  _____
  _____
  _____

- Bereich »Umwelt«: Was mag ich an meinem Zuhause, meinem Zimmer, meiner Schule? Was hilft mir, um mich dort wohlzufühlen?

  _____
  _____
  _____

- Bereich »Ziele«: Was möchte ich in den nächsten Wochen und Monaten gerne erreichen? Was oder wen brauche ich dazu?

  _____
  _____
  _____

- Bereich »Stärken«: Was kann ich gut? Was fällt mir besonders leicht?

  _____
  _____
  _____

- Bereich »Genuss und Freude«: Was kann ich besonders genießen? Welche »alltäglichen« Dinge mag ich gerne?

- Was sonst noch dazu beiträgt, dass ich mich psychisch wohlfühle:

Körperliches Wohlbefinden:

- Bereich »Körpergefühl«: Was hilft mir, mich in meiner Haut so richtig wohlzufühlen? Sport/Bewegung/Körperpflege...?

- Bereich »Ernährung/Genuss«: Was finde ich so richtig lecker? Womit kann ich mich verwöhnen?

- Bereich »Gesund fühlen«: Was ist bei mir wichtig, um mich so richtig gesund zu fühlen? Was brauche ich dazu?

- Bereich »Entspannung«: Wie/wobei kann ich so richtig abschalten? Was tut mir gut, wenn ich mich entspannen möchte? Welche Arten der Entspannung funktionieren bei mir am besten?

5.2 Psychische Gesundheit in der Schule stärken

◆ Was sonst noch dazu beiträgt, dass ich mich körperlich wohlfühle:

_____

_____

◆ Als Ergänzung oder auch, wenn es schwerfällt, Antworten zu finden, kann die Ergänzung folgenden Satzes helfen: »Wenn ich mal richtig viel Zeit für mich hätte, dann....«

_____

_____

_____

Diese Reflexionsübung kann für sich genommen eingesetzt werden oder – idealerweise – in einen größeren Rahmen eingebettet werden, der sich mit dem Thema Gesundheit beschäftigt.

Dabei können die unterschiedlichen Blickwinkel, Herangehensweisen und Stärken der einzelnen Fächer gewinnbringend fächerübergreifend eingesetzt werden. Tabelle 6 gibt einige Vorschläge für eine fächerübergreifende Beschäftigung mit dem gemeinsamen Thema: »Gesundheit und Wohlbefinden«.

Tab. 6: Beispielhafte Umsetzungsvorschläge für fächerübergreifende Gesundheitsförderung im Unterricht

Fach	Beispielhafter Beitrag zum Thema
Psychologie, soziales Lernen, KV-Stunde o. ä.	Einführung in das Modell von Wohlbefinden und Bearbeitung der Übungen »My personal happiness factors«, Signaturstärken, »Schatzkiste« (s. unten) u.a.m.; gruppen- und zusammenhaltsstärkende Übungen; Übungen zu Empathie, Möglichkeiten zum Gefühlsausdruck und zur Konfliktaustragung u.a.m.
Deutsch	Kreative Schreibübungen z.B. »Me, at my best«; Übungen zum Problemlösen (s. unten); Umformulierung negativer Gedanken (s. Depressionskapitel); ...

Tab. 6: Beispielhafte Umsetzungsvorschläge für fächerübergreifende Gesundheitsförderung im Unterricht – Fortsetzung

Fach	Beispielhafter Beitrag zum Thema
Englisch/weitere lebende Fremdsprachen	Kreative Schreibübungen zu Ressourcen und Stärken, z. B. »Me, at my best« in der Fremdsprache; Rollenspiele, Songanalysen u. a. m. zur Darstellung, Erkennung, Benennung und Ausdruck verschiedener Gefühle; ...
Geografie und Wirtschaftskunde	Ländervergleiche hinsichtlich »Happiness Index« und Analyse der Bedingungen, die zu dessen Entstehung beitragen; Zusammenhänge zwischen verschiedenen Faktoren des Wohlbefindens und Lebensbedingungen (z. B. sozioökonomischer Status, Nutzung sozialer Medien etc.) mit den Schüler:innen analysieren und reflektieren
Biologie	Rolle und Funktionsweisen von Stresserleben, Neurotransmittern (inkl. Belohnungssystem), Schlaf, verschiedener Arten von Nahrungsmitteln etc. in Körper und Gehirn behandeln, Zusammenhänge mit Wohlbefinden und Gesundheit aufzeigen. Gemeinsame Erkundung und Wertschätzung der Natur mit Achtsamkeitsübungen z. B. im Wald.
Mathematik/ Informatik	Nutzungsdaten von digitalen Medien von Schüler:innen im Selbstversuch erheben lassen, grafisch darstellen und analysieren und Ergebnissen z. B. aus der JIM-Studie gegenüberstellen, Zusammenhänge mit psychischem Wohlbefinden und Gesundheit empirisch betrachten
Geschichte und politische Bildung	Wandlung von Schönheitsidealen, maskulinen/femininen/gesellschaftlichen Wertvorstellungen und idealen Körperbildern über die Zeit behandeln; Kompetenzvermittlung zum kritischen Umgang mit Quellen und zur Bildanalyse (Beschreibung – Analyse – Interpretation) und Anwendung auf aktuelles Bildmaterial; Behandlung von Mechanismen (politischer) Beeinflussung und Meinungsbildung über die Zeit (Bsp. Propaganda, Fake News, Analyse der Verlässlichkeit von Quellen)

5.2 Psychische Gesundheit in der Schule stärken

Tab. 6: Beispielhafte Umsetzungsvorschläge für fächerübergreifende Gesundheitsförderung im Unterricht – Fortsetzung

Fach	Beispielhafter Beitrag zum Thema
Religion/Ethik	Behandlung der Bedeutung von Spiritualität, Sinnerleben und Einbettung und deren Umsetzung und Verständnis in den verschiedenen Weltreligionen; Zusammenhänge mit Wohlbefinden, Lebenszufriedenheit und Sinnerleben (vgl. Signaturstärken) aufzeigen

> **Fokus auf die Lehrer:innengesundheit: Persönliches Modell von Wohlbefinden**
> Wie für die Schüler:innen ist es auch für uns selbst hilfreich, unsere persönlichen Faktoren des Wohlbefindens zu kennen und diese immer wieder einzusetzen. Dies gelingt umso leichter, je präsenter uns diese Faktoren sind; vielleicht geht es auch Ihnen so, dass es in herausfordernden und schwierigen Phasen besonders schwerfällt, sich überhaupt noch an das zu erinnern, was einem guttut, geschweige denn, etwas davon umzusetzen. Umso nützlicher kann es sein, die oben stehenden »personal happiness factors« auch für sich selbst auszufüllen und die Notizen an einem leicht zugänglichen Ort aufzubewahren, an dem sie im Notfall (oder einfach so) immer wieder konsultiert werden können.

Das positive (Selbst-)Bild und der Weg dorthin

Selbstzweifel begleiten uns alle im Alltag, Jugendliche allein schon entwicklungsbedingt in besonders hohem Maß. Den ständigen negativen Stimmen etwas entgegenzusetzen und die eigene Person mit all ihren Besonderheiten anzunehmen, bedarf – nicht nur bei den Schüler:innen – viel Übung und Selbstreflexion.

Eine einfache, aber sehr potente Methode aus Ansätzen der Therapie und Beratung, die sich auch für die innerschulische Gesundheitsförderung sehr anbietet, ist, der inneren kritischen Stimme, die jede/n von uns in seinem/ihrem Alltag in unterschiedlicher Deutlichkeit und Präsenz begleitet, einen wohlwollenden »Counterpart« gegenüberzustellen. Die Schüler:innen können sich einen solchen nur vorstellen (im Sinne eines »Engelchens« auf der einen Schulter, das einem nur nette Dinge sagt und dem »Teufelchen« auf der anderen Schulter dagegen hält) oder auch ein Objekt ihrer Wahl aussuchen (z. B. ein kleines Stofftier o. ä.; oft sind solche Objekte ohnehin als Glücksbringer im Schulalltag und vor allem bei Prüfungen präsent), das diesen »wohlwollenden Begleiter« repräsentiert. Der wohlwollende Begleiter verhält sich wie ein/e gute/r Freund:in, der/die möchte, dass es einem möglichst gut geht und der/die nur freundliche Dinge sagt. Den »Erfolg« des wohlwollenden Begleiters kann man daran erkennen, dass sich bei seinen Aussagen nur positive Gefühle einstellen (zweideutige Nachrichten, wie »heute siehst du nicht ganz so doof aus wie sonst«, wären aufgrund ihrer folgenden gemischten Gefühle eher dem »Teufelchen« zuzuordnen). Bei Misserfolgen oder Schwierigkeiten, aber auch bei Erfolgen und anderen Anlässen (z. B. bei anderen Methoden der Ressourcenarbeit; siehe unten) können die Schüler:innen auch explizit aufgefordert werden, den wohlwollenden Begleiter nach seiner Meinung zu fragen. So lernen die Schüler:innen eine Alternative zu allzu kritischen inneren Stimmen kennen und lernen, diese mehr zu hinterfragen und nicht immer als »die Wahrheit« anzusehen (im Sinne von: »Glaube nicht alles, was Du denkst«).

> **Fokus auf die Lehrer:innengesundheit: Eigener wohlwollender Begleiter**
> Setzen auch Sie Ihrer inneren kritischen Stimme einen wohlwollenden »Counterpart« gegenüber. Stellen Sie sich vor, wie diese/r aussehen könnte (vielleicht wie eine liebe Person, die Sie immer als sehr unterstützend oder weise erlebt haben) und wie

sich seine/ihre Stimme anhört. Versuchen Sie, ihre/n wohlwollende/n Begleiter:in in Ihrem Alltag möglichst oft zu Wort kommen zu lassen, durch Lob, Zuspruch und hoffnungsvolle Perspektiven. Bemühen Sie sich, ihm/ihr (mindestens) genau so viel Glauben zu schenken und ihn/sie genau so oft zu Wort kommen zu lassen wie die kritische innere Stimme.

Das Glück im Kleinen sehen können

Nicht nur aus der positiv-psychologischen Forschung gilt weithin als erwiesen, dass glückliche Menschen sich dadurch auszeichnen, dass sie oft und auf vielfältige Weise im Alltag Glück empfinden können und ein hohes habituelles Wohlbefinden haben (d. h. solche, die sich im »Gesamteindruck« über die letzten 3-6 Monate, losgelöst von Einzelereignissen, als zufrieden und glücklich beschreiben; u.a. Dalbert, 2002). Um Wertschätzung und Dankbarkeit für die kleinen Dinge des Alltags entwickeln zu können, ist zunächst eine Hinlenkung der Wahrnehmung auf diese kleinen Dinge notwendig.

Dies fällt uns deswegen so schwer, weil die menschliche Wahrnehmung von jeher stark darauf fokussiert ist, negative und bedrohliche Dinge wahrzunehmen, was u.a. mit evolutionsbiologischer Notwendigkeit (Kampf um das Überleben) erklärt wird (vgl. zusammenfassend etwa Haidt, 2024). Diese Wahrnehmung wird zusätzlich medial durch einseitige, großteils negative Berichterstattung und auf den sozialen Medien durch potente Algorithmen verstärkt (vgl. Haidt, 2024): Auf einer der von Jugendlichen meistgenutzten Online-Plattformen erscheinen auch bei wenigen oder gar nicht vorhandenen persönlichen Angaben zu Interessen etc. nach nur etwa zehn Minuten (im Selbstversuch getestet) immer düsterer werdende Inhalte und radikalisierende Beiträge aller Art.

Um diese negativ gepolte Alltagswahrnehmung zu konterkarieren, bedarf es also ebenfalls einer wiederholten Auseinandersetzung und einem Training von Gewohnheiten, die auf die positiven Dinge fokussieren. Eine zentrale Methode der positiven Psychologie, die diese Wahrnehmung effektiv schult, sind die »3 *good things*« (Seligman et al., 2005), auch bekannt als »Glückstagebuch« u. ä. Die Methode ist denkbar simpel: an jedem Tag (oder Abend) sollen zumindest 3 kleine Dinge aufgeschrieben werden, die an diesem Tag gut waren und in der Person ein positives Gefühl (wie klein auch immer) ausgelöst haben (Leitfrage: »Was war heute schön und warum?/Was habe ich dazu beigetragen?«; Peterson, 2006, n. Sommerfeldt, 2021). Natürlich zählen auch größere, »offensichtliche« positive Momente und Erlebnisse dazu, wie ein schulischer oder sportlicher Erfolg, ein besonders schöner Abend mit der Familie, eine Geburtstagsfeier u. ä.; doch geht es vor allem um die weniger offensichtlichen schönen Momente des Alltags. Dies sind so banale Dinge wie morgens den Bus perfekt zu erwischen, sein Lieblingsmüsli im Abstellraum zu finden oder das Streicheln der Katze, deren Fell sich an einem verregneten Wintertag besonders weich und kuschelig angefühlt hat. In einem Alltag, in dem die meisten Jugendlichen (und Erwachsenen) in einer »Bubble« aus Negativität leben, kann die Wichtigkeit einer solchen Wahrnehmungsveränderung und -lenkung nicht genug betont werden, zumal vielfach wissenschaftlich belegt ist, dass ein regelmäßiger (!) Einsatz dieser Methode das Wohlbefinden nachhaltig erhöht und das Belastungserleben verringert (zusammenfassend z. B. Mongrain & Anselmo-Matthews, 2012; Sommerfeldt, 2021). Diese Erweiterung der Wahrnehmung hinsichtlich positiver Emotionen, Gedanken und Erlebnissen bildet laut Broaden-and-Build-Theorie (Frederikson, 2001) die Grundlage für einen Auf- und Ausbau weiterer positiver Eigenschaften, stabiler Ressourcen und neuer Bewältigungsfähigkeiten (vgl. zusammenfassend Sommerfeldt, 2021).

Die Methode war ursprünglich als Kurzzeitintervention konzipiert und zeigte nach einem Einsatz von sieben Tagen bereits breite positive Effekte auf Wohlbefinden, Ängstlichkeit und Depressivität (Seligman et al., 2005; Mongrain & Anselmo-Matthews, 2012), doch wurde ebenfalls empirisch gezeigt, dass eine längere regelmäßige Anwendung auch zu längerfristigen positiven Effekten führt und die Ausbildung einer »positiven Gewohnheit« leichter fällt (im Überblick Sommerfeldt, 2021). Der Einsatz kann in der Schule angeregt werden, indem die Lehrperson den Schüler:innen z.b. »Glückstagebücher« (kleine Kalender o.ä.) zur Verfügung stellt oder die Anschaffung organisiert (auch vielfältige digitale Anwendungen dazu sind verfügbar), in die Methode einführt und die Schüler:innen immer wieder daran erinnert bzw. den Einsatz immer wieder einmal thematisiert oder nebenbei nachfragt. Auch können positive Erlebnisse in der Schule zum Anlass genommen werden, die Schüler:innen an die »3 good things« zu erinnern.

> **Fokus auf die Lehrer:innengesundheit: Eigene Glücksmomente festhalten**
> Die Einfachheit und Effektivität der vorgestellten Methode »3 good things« lässt es besonders naheliegend erscheinen, auch den eigenen Alltag mit einem Glückstagebuch zu bereichern und so die eigene Wahrnehmung schrittweise auf die positiven Dinge des Lebens zu »trimmen«. Legen Sie sich einen kleinen Kalender oder ein hübsches Notizbuch zu, das nur diesem Zweck gewidmet ist. Bemühen Sie sich um regelmäßige Einträge von zumindest 3 kleinen Dingen, die Sie schön fanden und die Ihrem Wohlbefinden zuträglich waren, und bemühen Sie sich dabei darum, festzuhalten, was genau zu diesem positiven Effekt beigetragen hat (z.B.: statt »schönes Abendessen mit dem/r Partner:in«: »Tisch war sehr liebevoll gedeckt mit Kerzen/Blumen, Nudeln schmeckten ausgezeichnet, sehr anregendes Gespräch über ..., fühlte mich sehr gut verstanden, endlich wieder einmal Zeit zu zweit genossen« o.ä.). Sie werden bemerken, dass Sie dadurch nicht nur den Tag positiv abschließen und wieder mehr Freude an kleinen Dingen empfinden, sondern dass Sie auch aufmerksamer auf schöne Momente im Alltag werden (sozusagen als »Kandidaten« für das Glückstagebuch) und Sie sich beim Lesen besser an die schönen Momente erinnern werden, als es bei anderen schönen Ereignissen der Fall ist, die Sie nicht aufgeschrieben haben.

Eine weitere, für das Wohlbefinden ebenfalls sehr wirksame Methode ist die Variation »*Dankbarkeitstagebuch*«. Dankbarkeit wird in der positiven Psychologie verstanden als die Fähigkeit, Dinge und Menschen des Alltags, die einen umgeben, nicht als gegeben und selbstverständlich hinzunehmen, sondern wahrzunehmen und wertzuschätzen. Sie ist insofern eine der tragendsten Signaturstärken nach Peterson und Seligman (2004), als sie nachweislich einen besonders großen Einfluss auf unser psychisches Wohlbefinden und Glücksempfinden hat (vgl. Seligman, 2011). In Alternative oder Ergänzung zu den »3 good things« kann also auch täglich aufgeschrieben werden, wofür man dankbar ist (»*Counting my blessings*«), um die Wahrnehmung auf Dinge zu lenken, die vielleicht doch nicht so selbstverständlich sind, wie wir allgemein meinen, und wieder mehr Wertschätzung für all die guten Dinge zu entwickeln, die uns in unserem persönlichen Leben umgeben. Wie alle der vorgestellten Interventionen ist auch diese besonders effektiv zur nachhaltigen Veränderung der Wahrnehmung, wenn man sie regelmäßig und über einen längeren Zeitraum durchführt, also eine »Gewohnheit« daraus entstehen lässt.

Ressourcen sehen und ausbauen

Im pädagogischen Setting ist »Ressourcenorientierung« seit Jahren allgegenwärtige Maxime, sei es in der Inklusiven Pädagogik (vgl. Schwab & Fingerle, 2013), der Leistungsbeurteilung (vgl. z. B. Stern, 2010), der pädagogischen Beratung (vgl. Schnebel, 2017) oder ganz allgemein im Zusammenhang mit der pädagogischen Grundhaltung (vgl. Schwer & Solzbacher, 2014). Doch nicht nur für pädagogische Zwecke, sondern auch spezifisch für die Förderung von psychischer Gesundheit spielen individuelle Ressourcen einer Person eine wichtige Rolle.

Als zentrales Element psychischen Wohlbefindens und dessen Förderung betonen verschiedene theoretische Rahmenmodelle, allen voran die positive Psychologie (u. a. Seligman, 2019), dement-

5.2 Psychische Gesundheit in der Schule stärken

sprechend die Aktivierung und Förderung von individuellen Stärken und Ressourcen, d. h. jener individuellen, inner- und außerpsychischen Kräfte, die jede/r von uns schwierigen Zeiten und Krisen entgegenstellen kann. Zu innerpsychischen (internalen) Ressourcen gehören etwa ein stabiler Selbstwert, eine positive und hoffnungsvolle Grundeinstellung oder Überzeugungen, mit den eigenen Anstrengungen die gewünschten Effekte erzielen zu können, aber auch die vielfältigen eigenen Talente, Begabungen, Fähigkeiten und Fertigkeiten.

Externe Ressourcen umfassen etwa ein Unterstützungsnetzwerk aus Personen, auf die man für verschiedene Anliegen zählen kann, aber auch materielle Güter oder der Zugang zu vielfältigen Angeboten aus dem Bildungs- oder Gesundheitsbereich gehören hier dazu.

Die protektive Wirkung verschiedener Ressourcen gegenüber Belastungen und deren Bedeutung für das Wohlbefinden ist international vielfach wissenschaftlich belegt (vgl. im Überblick Seligman, 2019). Entsprechend hoch ist ihr Wert in der Prävention, aber auch in der Behandlung psychischer Störungen. Dabei geht es nicht nur darum, über solche Stärken zu verfügen, sondern auch darum, sie zu (er-)kennen und im richtigen Moment einsetzen zu können. Dies mag banal klingen, ist aber angesichts der Selbstzweifel und des Optimierungsdrucks, denen Jugendliche heute täglich ausgesetzt sind, keine Selbstverständlichkeit; im Gegenteil, ist die Identifikation, die Aktivierung und der Ausbau eigener Ressourcen in den meisten psychologischen und psychotherapeutischen Beratungen und Behandlungen zentraler Bestandteil des Erfolgs, da sie den Betroffenen jene Strategien in die Hand geben, die er/sie nicht nur zur Bewältigung des aktuellen Problems, sondern auch für die Zukunft nutzen kann.

Es sollen daher im Folgenden einige bewährte Methoden aufgezeigt werden, mittels derer Ressourcenförderung und -aktivierung in der Schule gelingen kann. Sie alle entstammen der positiven Psychologie, jener Fachrichtung, die seit etwa 25 Jahren versucht, den Fokus der psychologischen Forschung und Praxis weg von einem defizit- und krankheitsorientierten Blick und hin zu gesundheitserhaltenden und -fördernden psychologischen Faktoren zu lenken (im Überblick Seligman, 2019). Im Kontext der reichen Forschung, die diese Fachrichtung anstiftete, wurden die hier vorgestellten Methoden vielfach erprobt und im klinischen wie nicht klinischen Setting auf ihre Wirksamkeit überprüft.

Die Schatzkiste

Bei der Intervention »Schatzkiste« handelt es sich um einen »Klassiker« unter jenen positiv-psychologischen Methoden, die ein höheres Bewusstsein für bereits vorhandene innerpsychische Ressourcen einer Person schaffen möchten. Sie benötigt in ihrer Durchführung kaum mehr als zehn Minuten, ihre langfristige positive Wirkung auf das psychische Wohlbefinden ist aber weitreichend und nachhaltig, insbesondere, wenn sie immer wieder aufgegriffen und »erweitert« wird.
Material: idealerweise für jede Person eine kleine, stabile Kartonschachtel (etwa faustgroß); farbige Notizzettel
Durchführung: Die Lehrperson gibt einen thematisch passenden Einstieg, z. B.:

> »Wir haben ja in unserer letzten Einheit zu Social Media unter anderem gesehen, dass es ganz schön schwierig ist, bei den ganzen perfekten Influencer:innen nicht zu unzufrieden mit sich selbst und dem eigenen Leben zu werden. Daher wollen uns heute einmal damit beschäftigen, was ihr an Euch selbst gut findet und worauf ihr stolz seid. Dazu habe ich Euch hier ein paar Zettel mitgebracht. (LP zeigt Zettel her und teilt jedem/r Schüler:in eine großzügige Anzahl Notizzettel aus). Ich möchte, dass Ihr in den nächsten Minuten mal ein bisschen über Euch selbst nachdenkt und möglichst viele verschiedene Eigenschaften aufschreibt, die ihr an Euch selbst mögt oder gut findet. Dabei ist wichtig: Jede Eigenschaft schreibt ihr auf einen eigenen Zettel und faltet die Zettel zusammen, aber behaltet sie bei Euch. Weil das oft nicht so leicht ist, positive Dinge an einem selbst zu finden, habe ich Euch ein paar Leitfragen mitgebracht. Sie lauten:

5.2 Psychische Gesundheit in der Schule stärken

- »Das mag ich an mir«
- »Das kann ich gut«
- »Das mögen andere an mir« (Leitfragen visualisieren und für die Dauer der Übung stehen lassen).

Schreibt so viele Zettel, bis Euch wirklich gar nichts mehr einfällt. Und weil jede/r von uns anders ist, braucht Ihr auch nicht zum/r Nachbar:in zu schauen). Ok, los!«

Die Schüler:innen bekommen dann reichlich Zeit (einige Minuten), um ihre Eigenschaften aufzuschreiben. Wenn es so aussieht, als wären die Schüler:innen oder einige von ihnen schon fertig, sollte die Lehrperson bewusst noch nicht reagieren und noch einige Minuten länger ruhig abwarten; meistens fallen dann noch einige Eigenschaften mehr ein.

Wer fertig ist, erhält von der Lehrperson eine Schachtel (oder darf sich eine aussuchen, die ihn/sie besonders anspricht) und soll seine/ihre Zettelchen gefaltet dort hineinlegen. Wenn alle fertig sind, erklärt die Lehrperson, dass es sich bei der Schachtel um die persönliche Schatzkiste handelt, in der alle Stärken und positiven Eigenschaften einer Person gesammelt sind. Sie kann immer wieder geöffnet werden, wenn man z.B. einen schlechten Tag hat oder traurig ist, und darüber kann man sich erinnern, was man alles gut kann und warum man wertvoll ist. Sie kann und sollte natürlich auch immer weiter ergänzt werden, wenn einem noch Dinge einfallen oder man z.B. von anderen ein Kompliment bekommt oder eine neue Kompetenz erlernt hat. Darüber hinaus sind verschiedene Variationen möglich, die die Methode noch nachhaltiger positiv wirken lassen; exemplarisch sind hier zwei davon dargestellt.

Variation 1 - »Rücken stärken«: Die Schatzkiste kann (idealerweise in einem zweiten Schritt, d.h. wenn man sie schon selbst etwas befüllt hat) auch als gruppen- und zusammenhaltsstärkende Maßnahme eingesetzt werden, indem die LP die Schüler:innen positive Eigenschaften für die anderen in der Klasse aufschreiben lässt, die dann in die persönliche Schatzkiste hinzugefügt werden. Damit niemand benachteiligt wird, sollten die Schüler:innen angehalten werden, dass jede/r jede/m anderen in der Klasse einen Zettel schreibt (eine gute Eigenschaft kann jede/r zumeist auch bei den Kolleg:innen erkennen, die nicht zu den liebsten Freund:innen gehören). Wichtig ist auch hier, dass die Lehrperson die Methode ernst nimmt und das auch gegenüber den Schüler:innen signalisiert, um »Spaßantworten« vorzubeugen. Auch die Lehrperson selbst kann für jede/n Schüler:in einen Zettel schreiben. Am besten wird diese Variante durchgeführt, wenn sich die Klasse schon ausreichend gut kennt, z. B. am Ende eines Semesters oder Schuljahrs.

Variation 2 – »Happy you-day«: die erste Variante kann auch so abgeändert werden, dass an verschiedenen Tagen verschiedene Schüler:innen im Fokus stehen (z. B. am Geburtstag). Statt Geschenken oder Glückwünschen gibt es von jedem/r Mitschüler:in ein schriftliches Kompliment oder eine positive Eigenschaft für die Schatzkiste. Diese Variante ist auch als »warme Dusche« (mit Worten) bekannt, doch ist die schriftliche Methode noch nachhaltiger, da sie dem/der Schüler:in auch über den Tag selbst hinaus erhalten bleibt und die Ergebnisse immer wieder »nachgelesen« werden können, was die Erinnerungsleistung erhöht.

Signaturstärken

Ähnlich wie bei der »Schatzkiste« handelt es sich bei den persönlichen Signaturstärken (»*signature strenghts*«; Peterson & Seligman, 2004) um eine Methode, bei der die Bewusstmachung der eigenen, bereits vorhandenen Fähigkeiten und Stärken im Vordergrund steht, die in der Folge verstärkt aktiviert und zur Prävention und Bewältigung von Problemen genutzt werden können. Die Signaturstärken sind dabei eines der ältesten und bewährtesten sowie am vielfältigsten beforschten Konzepte der positiven Psychologie. Sie werden als individuelle Stärken gesehen, die sich dadurch auszeichnen, dass sie alle kulturübergreifend um ihrer selbst willen als positiv bewertet werden. Die eigenen »stärksten Stärken« zeichnen sich dadurch aus, dass sie sich authentisch und kraftvoll anfühlen, dass man

5.2 Psychische Gesundheit in der Schule stärken

selbst Freude bei ihrem Einsatz empfindet und sich danach energetisiert und glücklich fühlt.

Peterson und Seligman (2004) definieren in diesem Konzept sechs fundamentale »Tugenden« (*virtues*), die jeder Mensch in unterschiedlicher Ausprägung besitzt, nämlich Weisheit, Mut, Menschlichkeit, Gerechtigkeit, Mäßigung und Transzendenz, die sich wiederum aus insgesamt 24 Signaturstärken zusammensetzen (Al Taher, 2024).

Tabelle 7 fasst die übergeordneten Eigenschaften und ihre assoziierten fundamentalen Stärken zusammen.

Tab. 7: Signaturstärken nach Peterson & Seligman (2004)

Übergeordnete Tugend	Assoziierte individuelle Stärken	Beschreibung der Stärke
Weisheit (*wisdom*)	Kreativität	Man findet originelle, kreative Lösungen für Herausforderungen und bringt praktische Intelligenz bei Problemlösungen mit.
	Liebe zum Lernen	Man ist die Art von Person, die die Schule, Lesen oder Museen liebt. Man ist wahrscheinlich Expert:in für irgendetwas, nur weil man es so gern hat. Man bildet sich gerne weiter und erweitert seinen Horizont aus Freude an der Sache.
	Perspektive	Man kann die Dinge ruhig und abwägend betrachten; andere kommen zu einem, wenn sie einen Rat brauchen.
	Neugier	Man ist offen für neue Erfahrungen und fühlt sich mit unbekannten Situationen wohl. Neugierigen Menschen ist selten langweilig.

Tab. 7: Signaturstärken nach Peterson & Seligman (2004) – Fortsetzung

Übergeordnete Tugend	Assoziierte individuelle Stärken	Beschreibung der Stärke
	Urteilsfähigkeit	Man ist für kritisches Denken und für andere Perspektiven offen. Man besitzt die Fähigkeit, Fakten objektiv abzuwägen und die eigenen Gefühle dabei außen vor zu lassen.
Mut (courage)	Mut zum Wagnis	Man hat den Mut, schwierigen Herausforderungen auf verschiedenen Ebenen trotz Angst oder Vorbehalten entgegenzutreten.
	Ehrlichkeit und Integrität	Man ist ehrlich, transparent und authentisch in seinen Worten und Taten und steht zu dem, was man denkt und sagt, auch wenn das manchmal für einen selbst oder andere unangenehm sein kann.
	Durchhaltevermögen	Man hat die Fähigkeit, durchzuhalten und etwas zu Ende zu bringen, was man angefangen hat. Man erfüllt oder übertrifft Erwartungen, aber setzt sich dabei keine unerreichbaren Ziele.
	Begeisterung	Man geht an neue Tage, Aktivitäten und Herausforderungen mit Leidenschaft, Energie und Inspiration heran.
Menschlichkeit (*humanity*)	Liebe im Leben	Man hat starke Beziehungen im Leben, in denen man Liebe geben und spüren kann.
	Wärme & Wertschätzung	Man findet Freude darin, andere glücklich zu machen, auch wenn man sie nicht so gut kennt (vgl. »*random acts of kindness*«). Man behandelt andere als ebenbürtig und nimmt ihre Person und ihre Ansichten wichtig.

5.2 Psychische Gesundheit in der Schule stärken

Tab. 7: Signaturstärken nach Peterson & Seligman (2004) – Fortsetzung

Übergeordnete Tugend	Assoziierte individuelle Stärken	Beschreibung der Stärke
	Soziale Intelligenz	Man kann die Gefühle und Beweggründe anderer und von sich selbst gut wahrnehmen und verstehen und hat die Fähigkeit, soziale Situationen dadurch positiv zu gestalten.
Gerechtigkeit (*justice*)	Teamwork	Die Fähigkeit, in einer Gruppe konstruktiv zusammenzuarbeiten und mit Teammitgliedern wie Leitungspersonen respektvoll umzugehen.
	Führungskompetenz (*leadership*)	Man ist gut darin, Aktivitäten zu planen und zu koordinieren, und behandelt die Teammitglieder als gleichwertig und auf Augenhöhe.
	Fairness	Man zeigt einen starken Sinn und Einsatz für Gerechtigkeit, Moral und faire Behandlung aller Menschen, ungeachtet der eigenen Befindlichkeiten.
Mäßigung (*temperance*)	Vorsicht	Man denkt langfristig, wiegt verschiedene Optionen ab und agiert vorausschauend und vernünftig.
	Bescheidenheit	Man übt sich in Zurückhaltung und Bescheidenheit die eigenen Errungenschaften betreffend, anstatt dafür um Aufmerksamkeit zu heischen.
	Selbstkontrolle	Die Fähigkeit, das eigene Verhalten und die eigenen Gefühle gut zu regulieren.
	Fähigkeit zu verzeihen	Man kann Anderen verzeihen und ihnen eine zweite Chance geben. Man hegt keine Rachegefühle und ist nicht nachtragend.

Tab. 7: Signaturstärken nach Peterson & Seligman (2004) – Fortsetzung

Übergeordnete Tugend	Assoziierte individuelle Stärken	Beschreibung der Stärke
Transzendenz (*transcendence*)	Wertschätzung von Schönheit und Exzellenz	Die Fähigkeit, v. a. im Kleinen, im Alltag und in den uns umgebenden Dingen Schönheit und Besonderheit zu sehen und diese zu bewundern.
	Dankbarkeit	Man ist dankbar für andere Menschen und Umstände und nimmt diese nicht als gegeben oder selbstverständlich an.
	Spiritualität	Man fühlt sich von starken Überzeugungen und einem grundsätzlichen Sinnerleben getragen und versteht sich selbst als Teil eines größeren Ganzen, ob religiös oder anderweitig eingebettet.
	Humor	Man ist lustig und bringt andere gerne zum Lachen.
	Hoffnung und Optimismus	Man hat Hoffnung und erwartet grundsätzlich gute Dinge vom Leben, daher blickt man positiv in die Zukunft.

Anmerkungen: Zusammenstellung basierend auf Al Taher (2024, nach positivepsychology.com) und Peterson & Seligman (2004, nach positivepsychlopedia.com).

Die »klassische« Identifikation dieser individuellen Stärken kann über den Einsatz von Fragebögen geschehen, die die beteiligten Forscher dazu entwickelt haben. Diese können auf der Website des »Vaters der positiven Psychologie«, Martin Seligman, unter www.authentichappiness.com kostenlos durchgeführt werden, allerdings ist dafür eine Registrierung erforderlich und die Daten werden für Forschungszwecke gesammelt. Es stehen Fragebögen für Erwachsene, Kinder und Jugendliche in verschiedenen Altersstufen zur Verfügung, deren Ergebnisse die individuellen Stärken illustrieren und erklären. Dadurch werden diese (besser) bewusst und leichter einsetzbar. Solche besonderen individuellen Stärken sind dadurch charakterisiert, dass uns ihr Einsatz leichtfällt, wir kommen dabei in eine Art Flow-Erleben (gehen also selbstvergessen in der Tätigkeit auf) und fühlen uns danach energetisiert, was in der Folge das Wohlbefinden erhöht (Peterson & Seligman, 2004). Die Kenntnis der eigenen »Signaturstärken« ist also auf mehreren präventiven Ebenen hilfreich und gesundheitsfördernd.

Für einen Einsatz in der Schule ist eine Arbeit mit den Stärken aber auch außerhalb der oben genannten formalisierten Diagnostik möglich, sind sie doch (▶ Tab. 7) recht selbsterklärend und auch für Jugendliche gut verständlich. Vielfältige Einsatzmöglichkeiten sind denkbar; in der Folge werden einige davon kurz vorgestellt.

Stärken nutzen, um die persönliche »Ressourcenschatzkiste« zu erweitern: Eine einfache Möglichkeit, Schüler:innen auf ihre Stärken im Sinne der *Signaturstärken* aufmerksam zu machen, ist, die Auflistung aus Tabelle 7 (▶ Tab. 7) heranzuziehen und die Schüler:innen in Einzelarbeit reflektieren zu lassen, welche Stärken und Eigenschaften auf sie besonders zutreffen. Beschreibungen, in denen sich die Schüler:innen stark wiedererkennen, können farblich markiert werden. Dabei passiert es nicht selten, dass Schüler:innen auf diesem Weg neue Eigenschaften entdecken, die sie bisher an sich zwar wahrgenommen, aber nicht als Stärke kategorisiert hatten (z. B.: andere gerne zum Lachen bringen, was im Schulumfeld nicht unbedingt nur positiv konnotiert wird). Da die Stärken über Lebensbereiche übergreifend sind und nicht auf den akademischen Bereich fokussiert sind, öffnet die Reflexion darüber zudem den Blick der Schüler:innen für Eigenschaften, die über den Leistungsbereich hinaus wertvoll sind, und kann damit eine Ressource bilden v. a. für jene Schüler:innen, die sich und ihren Selbstwert (zu) sehr über Leistung definieren. Aufgrund der Breite der Eigenschaften findet sich auch jede/r tatsächlich in zumindest einer Stärke wieder, was bei offeneren Methoden, wie der Schatzkiste, nicht immer der Fall ist.

5 Schulrelevanten psychischen Störungen vorbeugen

Wird von der Lehrperson betont, dass diese Stärken forschungsgeleitet erarbeitet wurden und universale (d.h. weltweit als positiv wahrgenommene) positive Eigenschaften darstellen, die nachweislich in Zusammenhang mit dem Erleben von Glück und Wohlbefinden stehen, kann das den Stolz der Schüler:innen auf »ihre« Stärke(n) mitunter noch steigern. Gleichzeitig werden Schüler:innen auf weitere positive Eigenschaften aufmerksam, auf die es sich lohnen kann, verstärkt zu achten oder deren Einsatz im eigenen Leben und Alltag noch auszubauen (i.S.v.: »Was könnte ich noch üben? Was könnte mir noch helfen, um zufriedener zu werden?«).

Die identifizierten Stärken können auch auf einzelnen Zetteln der persönlichen »Schatzkiste« (siehe oben) hinzugefügt werden. Wenn es sich vom Klassengefüge her anbietet, kann auch zu zweit oder in einer anderen Sozialform über die gegenseitigen Stärken reflektiert werden, da die »Fremdwahrnehmung« oft noch wertvolle zusätzliche Perspektiven bringen kann.

Tag unter ein »Stärkenmotto« stellen: Eine weitere einfache Möglichkeit zur Aktivierung und Anwendung der persönlichen Stärken ist es, nach deren Identifikation (mittels Fragebogen oder obiger Übung) deren Einsatz bewusst zu üben, indem ein Tag unter ein bestimmtes Stärkenmotto gestellt wird. Dies schärft – sozusagen nebenbei – auch die Wahrnehmung der Jugendlichen, wie ihr Verhalten auf andere wirkt und erhöht die Selbstwirksamkeit, indem erfahren wird, wie Verhalten und Wahrnehmung bewusst positiv beeinflusst werden können. Die Jugendlichen können dazu angeregt werden, dies für sich allein umzusetzen, es kann aber auch ein bestimmter Tag mit der Klasse gemeinsam ausgesucht und vereinbart werden. Letzteres erhöht die Verbindlichkeit und macht gleichzeitig Erfahrungen möglich, welche positiven Veränderungen sich im Alltag durch eine andere Herangehensweise und einen anderen Fokus auf den Tag und die Mitmenschen ergeben können, auch wenn man darauf eigentlich gar keine Lust hatte.

Wie auch die anderen vorgestellten Methoden in diesem Kapitel ist auch der »Stärkentag« besonders effektiv, wenn im Anschluss über die Durchführung und die Erfahrungen damit reflektiert wird

5.2 Psychische Gesundheit in der Schule stärken

(z. B.: »Wie ist es mir mit dem Einsatz meiner Stärke gegangen? Was ist mir evtl. schwergefallen? Was war an diesem Tag – weil ich meine Stärke eingesetzt habe – besonders oder besonders positiv? Wie möchte ich weitermachen?«).

Wie für viele andere Methoden aus diesem Kapitel eignet sich der Einsatz dieser Methode insbesondere in Fächern, die ohnehin auf die Persönlichkeitsbildung der Schüler:innen und die Auseinandersetzung mit selbstwertbezogenen Themen abzielen, wie soziales Lernen oder Psychologie, doch sind für alle Methoden vielfältige Fachbezüge denkbar (z. B. Deutsch: schriftliche Reflexionsaufgaben, Englisch: Durchführung der Fragebögen im Original bzw. Besprechung des Konzepts der Signaturstärken, u. a. m.).

»Neue Stärke« besonders fördern: Analog zur Idee des »Stärkentages« kann auch eine Eigenschaft aus der Liste ausgewählt werden, die die Schüler:innen bei sich persönlich noch ausbauen bzw. verbessern und trainieren möchten. Ebenso wie oben beschrieben werden die Schüler:innen ermutigt, sich einen Anlass oder Tag auszusuchen, an dem sie sich im Einsatz ihrer ausgewählten »noch nicht Stärke« besonders versuchen möchten (z. B. Selbstkontrolle oder Dankbarkeit). Gemeinsam kann dann schriftlich oder mündlich reflektiert werden, was daran schon gut gelungen ist, welche Reaktionen man aus der Umwelt auf sein Verhalten bekommen hat und was man z. B. weiterhin besonders üben oder beachten möchte.

»Me, at my best«: Als weitere Möglichkeit des Einbaus der eigenen besonderen Stärken in den Unterricht und einer Verbindung von fachlicher und präventiver Arbeit soll die Übung »Me, at my best« von Niemiec (2012, n. Pennock & Alberts, 2020) vorgestellt werden. Da dabei ein Text geschrieben werden soll, eignet sich die Übung besonders als Hausübung in Deutsch oder Englisch. Es ist hilfreich, aber nicht zwingend notwendig, zuvor in das Konzept der Signaturstärken theoretisch einzuführen.

Nachfolgend eine mögliche Instruktion:

HÜ: »Me, at my best«
Bei dieser Übung geht es darum, die Kraft des Geschichtenerzählens zu nutzen, um Deine einzigartigen Stärken besser kennenzulernen. Außerdem soll dadurch eine schöne Erinnerung angeregt werden.

Schritt 1: Finde Deine Geschichte. Denk an einen Anlass in der letzten Zeit, es kann auch schon länger her sein, bei dem Du Dein Bestes gegeben hast. Vielleicht standest Du vor einer besonders schwierigen Situation oder Du hast eine bereits schöne Sache noch besser gemacht. Du hast dabei die Eigenschaften von Dir eingesetzt, die sich für Dich gut anfühlen und die Dir Energie geben. Nach dem Erlebnis hast Du Dich stolz und glücklich gefühlt. Entwickle eine Geschichte zu dieser Erfahrung.

Schritt 2: Schreiben. Schreibe Deine Geschichte so konkret wie möglich. Die Geschichte soll und darf Deine Stärken zeigen! Was ist in der Situation passiert? Welche Rolle hast Du gespielt? Was hast Du getan, das besonders erfolgreich oder nützlich für jemanden war? Welche Art von Gefühlen hast Du erlebt?
Hinweise zum Aufbau: Gib der Geschichte einen Anfang, eine Mitte und versuche, Deine Geschichte mit einem kraftvollen Ende abzuschließen. Vielleicht stellst Du Dir das positive Erlebnis in Deinem Kopf noch einmal vor, so, als würdest Du einen Film davon sehen. Schreibe Deine Geschichte auf.

Schritt 3: Lesen und Stärken finden: Nachdem Du Dein Erlebnis niedergeschrieben hast, lies Deine Geschichte noch einmal durch. Kreise dabei die Wörter und/oder Sätze ein, an denen man persönliche Stärken von Dir erkennen kann.
Schreibe die Stärken, die Du gefunden hast, unter dem Text als Liste auf.

5.2 Psychische Gesundheit in der Schule stärken

Diese Instruktion kann mit individuellen Hinweisen zur Abgabe etc. ergänzt werden. Wie auch bei anderen Methoden der schriftlichen Reflexion sollte zudem klargestellt werden, dass alle Inhalte – wenn überhaupt – nur von der Lehrperson gelesen werden und vertraulich behandelt werden.

Diese Methode regt einerseits über das intensive Durchdenken und Aufschreiben einer schönen Erinnerung positive Emotionen an, gleichzeitig wird ein schönes Erlebnis »dokumentiert« und bleibt dadurch länger und stärker in der Wahrnehmung der Schüler:innen präsent, und zusätzlich wird der Fokus wiederum auf die Stärken der Schüler:innen und deren Einsatz sowie deren positive Wirkung gelegt. Insbesondere, wenn die gesundheitsfördernde Wirkung der Methode (vs. des sprachlichen und stilistischen Ausdrucks) in den Vordergrund gestellt werden soll, kann die Methode auch unabhängig von der Sprachkompetenz der Schüler:innen eingesetzt werden, indem z. B. die Instruktion mit technologischer Unterstützung in die Muttersprache der Schüler:innen übersetzt wird und jede/r Schüler:in die Geschichte in der Sprache seiner/ihrer Wahl schreibt.

Für das Jugendalter wurde empirisch nachgewiesen, dass insbesondere die Stärken Begeisterung, Hoffnung und soziale Kompetenzen mit weniger depressiven Verstimmungen und Ängsten einhergehen. Für die Zufriedenheit mit sich selbst und dem eigenen Leben sind ebenfalls positive soziale Beziehungen, der Entwurf von Lebensträumen und das Erleben von Dankbarkeit und Sinn im Jugendalter besonders bedeutsam (vgl. zusammenfassend Al Taher, 2024).

Aus diesen Forschungsergebnissen lässt sich einfach ein Zusammenhang mit der Nutzung sozialer Medien herstellen, der auch mit den Jugendlichen besprochen werden kann. Die stundenlange, passive Konsumation fragwürdiger Inhalte in Form des Scrollens durch Kurzvideos, die von Algorithmen nach Interessen und Finanzierung von Dritten in Endlosschleife generiert werden, kann wohl guten Gewissens als das Gegenteil von Sinnerleben bezeichnet werden. Ebenso sind die meisten referenzierten Modelle auf Social Media ungeeignet für den Entwurf realistischer, positiver, und für die eigene Person angemessener Lebensträume. Ein Erleben positiver sozialer Beziehungen und ein Einsatz von sozialen Kompetenzen sind im virtuellen Raum, wenn überhaupt, dann nur sehr eingeschränkt möglich und haben erwiesenermaßen keinen mit »echten« Interaktionen vergleichbaren Effekt auf das eigene Wohlbefinden (vgl. Seligman, 2011). Diese Zusammenhänge können auch mit den Schüler:innen gemeinsam hergestellt werden, indem z. B. die Umsetzungsmöglichkeit der individuellen Stärken und deren Bedeutung im virtuellen Raum bzw. auf sozialen Netzwerken gemeinsam beleuchtet werden.

Davon unabhängig können uns aber die genannten Forschungsergebnisse rund um Erleben von Glück und Wohlbefinden insgesamt bestärken, uns in unserem (auch schulischen) Alltag auf »echte« Erlebnisse und Beziehungen außerhalb des virtuellen Raums zu konzentrieren und diese so positiv wie möglich für uns selbst zu gestalten.

Wege aus der Krise

Probleme, Stress und Krisen sind normal. Sie gehören zu unser aller Alltag und lassen sich auch mit der besten Prävention nicht verhindern – und wir wollen sie auch nicht vollkommen aus unserem Leben verbannen, regen sie uns doch zu kreativen Lösungen, Selbstdisziplin, Veränderungen und Selbstwachstum an und geben uns noch viele andere (auch positive) Impulse. Damit sie aber eine solche positive Wirkung entfalten können, müssen wir über Strategien verfügen, die es uns erlauben, mit negativer Energie, Spannungszuständen und Stress konstruktiv umzugehen. Je funktionaler (also je geeigneter für die Problemlösung, dabei gleichzeitig konstruktiv-hilfreich für das Selbst und auch sozial verträglich) und breiter diese Strategien sind, desto höher die Wahrscheinlichkeit, dass sie uns im Belastungsfall gut unterstützen und auffangen können.

5.2 Psychische Gesundheit in der Schule stärken

In der Identifikation möglicher, für uns persönlich sinnvoller Strategien hilft es uns, wieder an die verschiedenen Ebenen zu denken, an denen Belastungen und Störungen, aber auch jede Art von Ressource und protektivem Faktor abgebildet werden können: Kognition (d. h. gedankliche Strategien), Emotion (also Gefühle richtig erkennen und benennen können, zulassen können, reflektieren können, Strategien zu ihrer Regulation kennen und anwenden können), Physiologie (körperliche Abläufe und Einflussfaktoren) und soziale sowie Verhaltensebene. Aus allen diesen Ebenen ergibt sich eine Vielzahl von Möglichkeiten, wie auf eine Belastung reagiert werden kann. Oft fällt es leichter, zunächst Strategien für die Probleme von anderen zu entwickeln, da die »objektive Distanz« größer ist als bei den eigenen Problemen. Im Anschluss wird eine Methode vorgestellt, wie im Unterricht konkret vorgegangen werden kann. Das Vorgehen orientiert sich hierbei am »klassischen« Problemlösetraining, wie man es auch aus Coaching, Beratung und kognitiver Verhaltenstherapie kennt.

Beispielmethode für den Unterricht: Hilfreiche Copingstrategien entwickeln

Zunächst kann in das Thema eingeführt werden, indem die Lehrperson z. B. die Begriffe Gesundheit oder auch Stress klärt und in das bio-psycho-soziale Modell bzw. die Zusammenhänge zwischen den verschiedenen Funktionsebenen Gedanken, Gefühle, Körper und Verhalten einführt und dafür ein paar Beispiele gibt (für Anregungen siehe Tabelle 1: Risiko- und Schutzfaktoren). Im Anschluss wird den Schüler:innen ein Arbeitsblatt mit folgender Situation ausgeteilt:

> Lisa ist gestresst. Sie hat viele Termine in der Schule, jede Woche sind Klassenarbeiten und Tests, dazu kommt noch jede Menge Hausaufgaben und Streit zu Hause: Lisas kleine Schwester nervt sie, will dauernd mit ihr spielen, auch wenn Lisa keine Zeit hat.

> Wegen der ständigen Unterbrechungen beim Lernen, ihrer allgemeinen Überforderung etc. vergisst sie oft Dinge, was ihr dann noch mehr Schulstress einbringt. Ihre Mutter ist ihr auch keine große Hilfe, sie ist nach der Trennung von ihrem Vater vor zwei Jahren alleinerziehend, arbeitet viel und ist ständig müde, abends hört Lisa sie manchmal weinen. Lisa weiß nicht mehr, was sie machen soll, um sich wieder besser zu fühlen.
> Als Lisas Freund:innen möchtet Ihr ihr helfen. Sammelt zusammen *möglichst viele* verschiedene Möglichkeiten, was Lisa alles tun könnte, um sich wieder besser zu fühlen. Das können kleine, kurzfristige Lösungen sein (z. B. laufen gehen, ein Bad nehmen) oder auch solche, die ihr auch längerfristig bei ihren Problemen helfen können (z. B. regelmäßige To-Do-Listen für die Woche erstellen).

In der Kleingruppe (etwa 4–6 Schüler:innen pro Gruppe) werden in einem ersten Schritt alle möglichen Lösungen aufgeschrieben, die den Jugendlichen einfallen. In einem zweiten Schritt werden alle Lösungen gestrichen, die für Lisa und/oder ihre Gesundheit gefährlich und nicht hilfreich sind (z. B. Kopf gegen die Wand schlagen), und jene, die nicht umsetzbar sind (z. B. von zu Hause ausziehen) sowie Spaßlösungen (z. B. nach Disneyland auswandern). In einem dritten Schritt werden die noch verbleibenden Lösungen, falls nötig, nachgeschärft (d. h. konkretisiert, positiv statt negativ formuliert) und im Klassenverband gesammelt. Das Ergebnis könnte in etwa so aussehen:

> **Was könnte Lisa tun, um sich wieder besser zu fühlen?**
>
> • Sich selbst mit kleinen Belohnungen zum Durchhalten motivieren
> • Teilziele setzen und regelmäßige »reality checks« durchführen

5.2 Psychische Gesundheit in der Schule stärken

- Eine Struktur einführen, die für sie persönlich funktioniert (z. B. Schultasche und Pausenbrot am Vorabend vorbereiten, Kleidung für den nächsten Tag herauslegen, eine Liste mit den wichtigen Dingen für den Tag anlegen, einen Kalender führen u. a. m.)
- Nicht hilfreiche Gedanken (z. B. Übergeneralisierung; »Das werde ich nie schaffen«, »Dafür bin zu blöd« oder Katastrophendenken »Wenn ich die Prüfung nicht schaffe, ist alles vorbei«) identifizieren und verändern, d. h. hilfreiche Gedanken daraus machen; vgl. Depressionsprävention
- Sich mit Freund:innen oder anderen Personen treffen, die ihr guttun
- Mit einer Vertrauensperson reden
- Mit einem Haustier kuscheln
- Etwas Neues ausprobieren, das ihr Ausgleich bietet oder von dem ich denke, dass es ihr guttun könnte (z. B. ein neues Hobby)
- Bewusst Einfluss auf körperliches Wohlbefinden nehmen (z. B. mehr Schlaf, »Auszeit«/körperliche Entspannung, Bewegung wie spazieren gehen oder gezielter Sport ...)
- Die Gedanken auf die Dinge richten, die gerade gut laufen und die Lisa glücklich machen (z. B. Freundschaften, persönliche kleine Erfolge)
- Achtsamkeit praktizieren (d. h. Aufmerksamkeit auf die kleinen Dinge des Alltags richten, versuchen, diese mit allen Sinnen wahrzunehmen) und »kleine Dinge« mehr genießen
- Bei einer Helpline anrufen
- Freund:innen ansprechen, um gemeinsam zu lernen
- Bei Lehrer:innen oder Mitschüler:innen nachfragen, wenn sie etwas nicht verstanden hat oder die HÜ nicht mehr weiß
- Einen Termin bei dem/der Schulpsycholog:in/ Schulsozialarbeiter:in vereinbaren
- Bewusst Spielzeiten für die Schwester, aber auch Zeiten zum Lernen und für eigene Auszeiten reservieren

- Etwas Schönes mit ihrer Familie unternehmen, um wieder positive gemeinsame Momente zu schaffen
- ...

In einem weiteren Schritt können die Lösungen noch den Bereichen »bio-psycho-sozial« zugeordnet werden. Sollte sich dabei herausstellen, dass ein Bereich noch etwas »unterrepräsentiert« ist, können gemeinsam noch weitere Möglichkeiten für mehr Wohlbefinden in diesem Bereich, dann auch noch weitere Ideen für die anderen Bereiche gesammelt werden. Auch die Lehrperson darf Anregungen geben.

Danach wird die Übertragung auf die eigene Situation vorgenommen: wieder empfiehlt sich ein zweistufiges Vorgehen. Dabei werden die Schüler:innen zunächst aufgefordert, alles aufzuschreiben (große und kleine Dinge), die ihnen guttun und ihnen helfen können, Stress zu überwinden. Das kann in Form einer Mindmap oder einer persönlichen »Seelentankstelle« (siehe auch https://www.erstehilfefuerdieseele.at/blog/das-tankmodell-wo-sind-ihre-tankstellen/) geschehen, kreative Darstellungen sind erwünscht.

Im letzten Schritt sollen die Schüler:innen an ein konkretes Problem oder eine Situation aus der letzten Zeit denken, die sie beschäftigt, und die oben beschriebene Technik des Problemlösens (Sammeln aller möglichen Lösungsideen – Streichung unrealistischer oder ungeeigneter Ideen – Konkretisierung der Ideen und »Übersetzung« in positiv formulierte, konkrete Vorhaben – Zuordnung zu den Bereichen bio-psycho-sozial und Ergänzung um weitere Ideen) darauf in Einzelarbeit anwenden. Die gemeinsame Lösung aus dem »Lisa«-Beispiel und ihre eigene »Wellbeing-Mindmap« können dabei als Ideengeber visualisiert bleiben.

Soziales Miteinander und Gruppenkohäsion

Wie bereits in den vorigen Kapiteln herausgearbeitet, nehmen stabile, tragfähige soziale Beziehungen und Bindungen eine zentrale Rolle in der Entstehung und Aufrechterhaltung psychischer Probleme, aber auch psychischer Gesundheit ein. So wirken sie einerseits direkt als soziale Einflussfaktoren auf das Wohlbefinden, aber auch indirekt z. b. über die Entstehung innerer Arbeitsmodelle für Beziehungen aus frühen Erfahrungen mit Bezugspersonen (▶ Kap. 2). Nur wenige Settings sind für die Förderung so geeignet wie die Schule mit ihren Dynamiken aus Freundschaften, Liebesbeziehungen, Gruppenbildungen und Co. Es existieren Unmengen an Handbüchern und Methodensammlungen zur Gestaltung von Gruppenprozessen und Klassenklima für Lehrpersonen; es seien daher wiederum nur einige wenige, sehr breit einsetzbare und effektive Methoden exemplarisch herausgegriffen, die das soziale Miteinander und die Gruppenkohäsion im Unterrichtsalltag befördern können.

»Unser Netz«

Diese Methode ist sehr geeignet, die Verbindungen, die Gemeinsamkeiten und den Zusammenhalt zwischen den Mitgliedern einer Gruppe oder Klasse aufzuzeigen. Sie kann sowohl zum Kennenlernen am Schuljahresanfang als auch zur Reflexion über gemeinsame »Highlights« am Schuljahresende eingesetzt werden oder einen thematischen Fokus haben. Ebenso kann sie mit der Übung einer methodischen oder sozialen Kompetenz verbunden werden, wie z. B. gegenseitiges Feedback geben. So kann sie je nach Passung und Wunsch, welcher Aspekt bearbeitet werden soll, variiert werden und auch mit anderen Methoden aus diesem Kapitel, z. B. der Ressourcenstärkung, kombiniert werden.
Dauer: etwa 10 Minuten, je nach Fragestellung, Gruppengröße und Variation auch länger
Material: Wollknäuel (rund) in beliebiger Farbe (kann sich auch am

Thema oder einer von der Klasse positiv besetzten Farbe orientieren) *Durchführung:* die Schüler:innen sitzen oder stehen in einem Kreis. Es ist dabei in Ordnung bzw. sogar konstruktiv, wenn beste Freund:innen nebeneinander stehen, da das Wollknäuel quer durch den Kreis geworfen werden soll und die Schüler:innen demnach meistens zu Mitschüler:innen schießen, mit denen sie sonst nicht so viel zu tun haben. Die Lehrperson hält das Knäuel in der Hand und stellt eine Eingangsfrage, die für das Ziel der Übung, nämlich die Sichtbarmachung und Stärkung der gegenseitigen Zusammenhänge und des Zusammenhalts, geeignet ist. Z. B. zum Abschluss und zur Reflexion über eine Projektarbeit, die mit Präsentationen abgeschlossen wurde:

> »Wir haben ja jetzt in den letzten Wochen eine Menge über [...] gelernt und ihr habt alle an Euren eigenen Themen gearbeitet und die Präsentationen von den anderen gehört. Zum Abschluss wollen wir jetzt noch einmal sichtbar machen, wie viel wir voneinander gelernt haben. Dazu wollen wir uns das Wollknäuel jetzt gegenseitig zuwerfen und dazu sagen, was uns von den Projekten der anderen besonders beeindruckt hat. Das kann etwas sein, was jemand in seiner Präsentation gesagt hat, was Du vorher noch nicht wusstest, oder was Dir an der Präsentation besonders gefallen hat, z. B. wenn die Maddie besonders frei gesprochen hat oder dass der Theo die tollen Fotos gemacht hat. Dann wirfst Du das Wollknäuel weiter zu der Person, zu der Du das gesagt hast und hältst dabei den Faden fest, sodass eine Art Spinnennetz entsteht. Damit es auch ein richtiges Netz wird, sollten wir am besten kreuz und quer werfen, also sucht Euch jemanden aus, der nicht direkt neben Euch steht. Jede/r soll mindestens einmal drankommen, es geht aber auch öfter!«

Die Übung kann so lange fortgesetzt werden, bis ein schönes Netz entstanden ist oder auch mit mehreren Fragen hintereinander wiederholt werden.

Sind Faden und Netz dicht genug und wird das Netz gut gehalten, dann kann sich sogar ein Gruppenmitglied auf das gespannte Netz legen und erleben, wie das Netz hält. Dies symbolisiert den Gruppenzusammenhalt und dass die Gruppe eine/n jede/n (er)tragen kann.

5.2 Psychische Gesundheit in der Schule stärken

Im Anschluss sollte mittels Reflexionsfragen nachbesprochen werden, welchen Sinn das Spiel hatte und was die Fäden symbolisieren. Weiters kann überlegt bzw. damit fortgesetzt werden, über welche »Netze« die Schüler:innen in ihrem Leben insgesamt verfügen (vgl. untenstehende Übung »Mein Netz«).

Variation: Stärken stärken/sich gegenseitig den Rücken stärken: im Anschluss an andere Ressourcenübungen (z. B. »Schatzkiste«) und bei entsprechend stabilem Gruppenklima kann die Methode auch eingesetzt werden, um sich gegenseitig Eigenschaften zu sagen, die man am/an der anderen schätzt. Dabei sollten es am besten konkrete, beobachtbare (Charakter-)Eigenschaften sein, die mit Beispielen untermauert werden (z. B. »Ich finde Dich echt hilfsbereit. Ich war so froh, dass Du mir neulich gleich die Unterlagen vorbeigebracht hast, als ich krank war.« Oder: »Ich finde, Du kannst gut erklären. Die Englisch-Grammatik habe ich sofort verstanden, als Du sie mit mir durchgemacht hast.«). Um verletzende oder zweideutige Aussagen zu vermeiden, kann als Faustregel gelten, dass die Gefühle, die die Aussage beim anderen voraussichtlich auslöst, eindeutig positiv sein sollen.

Diese Methode ist besonders geeignet, den gegenseitigen Zusammenhalt, aber auch die Interdependenz einer Gruppe mit einfachen Mitteln zu verdeutlichen. Weitere Stärken liegen in ihrem geringen Zeit- und Materialbedarf, ihrer Versatilität und der Tatsache, dass mehrere gesundheitsfördernde Aspekte, insbesondere bezogen auf soziale Kompetenz und soziale Unterstützung, gleichzeitig angesprochen werden können (u. a. Empathie, Formulierung eigener und Wahrnehmung fremder Bedürfnisse, Formulierung konstruktiver Kritik, Übung von Ich-Botschaften, Einsatz sozial verträglicher Sprache, eigener und kollektiver Fokus aufs Positive, Formulierung beobachtbarer Fakten statt Wertungen, Vorwärtsorientierung u. a. m.).

Soziogramm »Mein Netz«

Diese Methode ist als Einzelreflexion konzipiert, die den Schüler:innen ihre vielfältigen sozialen Ressourcen bewusst machen soll.
Dauer: 5–10 Minuten, individuell variabel
Material: Papier (Querformat), Stifte, ggf. Tafel o. ä. mit Leitfragen
Durchführung: Die Schüler:innen legen ein leeres Blatt Papier im Querformat vor sich hin. In die Mitte des Blattes wird der eigene Name geschrieben. Rundherum sollen die Schüler:innen dann Namen von allen Menschen sammeln, die in ihrem Leben wertvoll sind, für die sie dankbar sind und auf die sie auf die eine oder andere Art zählen können, wenn sie sie brauchen. Je näher die Namen dabei bei der eigenen Person stehen, desto wichtiger sind diese Personen für eine/n, d. h. meist steht die Familie im Innenkreis. Dann kommen einige wenige gute Freund:innen und andere Vertrauenspersonen, denen man z. b. Geheimnisse anvertrauen würde, die für einen selbst »Kraftmenschen« sind oder auf die man sich immer stützen kann, wenn es einem schlecht geht (die Lehrperson kann auch entsprechende Hilfsfragen vorgeben). Weiter außen stehen jene Personen, denen man vielleicht nicht sein Innerstes anvertrauen würde, mit denen man aber z. B. Spaß haben kann oder mit denen man ein Hobby teilt. Noch weiter außen stehen lose Bekanntschaften, die man bedarfsbezogen aktivieren könnte, wie z. B. Nachbarn, die die Katze füttern können, wenn man selbst verreist, die große Schwester der Freundin, die auf die andere Schule geht, die einen interessiert u. a. m.

Wie bei der »Schatzkiste« gilt: lieber etwas mehr Zeit lassen, dann kommen oft noch mehr bzw. andere Ideen; es sollte einzeln und in »Privatsphäre« gearbeitet werden.

Das Blatt soll dann mit einer persönlich gewählten Überschrift versehen werden und darf auch nach Belieben verziert werden o. ä.; insgesamt kann die Gestaltung und auch die Anordnung der Personen frei gewählt werden, die Lehrperson gibt nur Vorschläge bzw. Impulse. Die Lehrperson sollte sich vergewissern, dass das Blatt anschließend einen guten Platz (z. B. in der eigenen Mappe jedes/r

5.2 Psychische Gesundheit in der Schule stärken

Schüler:in) bekommt, an dem es im Idealfall immer wieder, oft auch zufällig, gesehen wird.

Die Ergebnisse werden nicht von der Lehrperson angesehen und nicht inhaltlich nachbesprochen; sehr wohl sollte sich aber wieder eine allgemeine Beobachtung und Reflexion anschließen, die z. b. herausstellt, dass jedes Netz vielfältige Stränge hat, verschiedene Menschen für verschiedene Bedürfnislagen da sind, und auch wenn einmal ein Strang »gekappt« werden oder eine Person wegfallen sollte, immer noch sehr viele andere Menschen übrig sind, auf die man sich verlassen kann und die einem guttun und das Netz weiterhin »hält«, sich verändert und weiter wächst.

Kooperative Spiele und Methoden sollten nicht nur im Interesse der konstruktiven Teambildung zwischen den Schüler:innen und deren Wohlbefinden in der Klasse regelmäßig und wann immer möglich in den Unterricht eingebaut werden, sondern auch im eigenen Interesse der Lehrperson, zeigt die Forschung doch deutlich, dass positive Beziehungen im Unterricht u. a. Disziplinstörungen deutlich reduzieren, die effektive Lernzeit erhöhen und eine positivere Einstellung der Jugendlichen gegenüber Schule, Lernen, Hausaufgaben u. v. m. zur Folge haben (vgl. im Überblick Siwek-Marcon, 2022; Scherzinger & Wettstein, 2022).

Zahllose Vorschläge und Anregungen zu kooperativen Spielen jedes Umfangs und Ziels sind online zu finden (vgl. z. B. https://www.vlamingo.de/kooperationsspiele/, stellvertretend genannt für viele andere online Ressourcen). Kooperative Methoden im Unterricht sind nicht nur eine willkommene methodische Abwechslung, sondern – wenn richtig gemacht – auch der Gesundheitsförderung im Sinne der Stärkung sozialer Ressourcen im Klassenverband, als Möglichkeit des Kompetenzerlebens etc. zuträglich. Dabei sollten wir als Lehrpersonen allerdings nicht dem weit verbreiteten Irrtum aufsitzen, dass Gruppenaktivitäten per se die soziale Kompetenz fördern; das tun sie nicht automatisch, sondern nur, wenn sie entsprechend organisiert sind.

Egal, ob man sich hier für Exkursionen und andere gemeinsame Unternehmungen, für längerfristige kooperative Projekte oder die klassische Gruppenarbeit entscheidet, gibt es einige wenige Aspekte, die beachtet werden müssen, damit kooperative Vorhaben in die erwünschte Richtung laufen (vgl. auch Berger & Fuchs, 2007):

- Gruppenaufgaben müssen einen eindeutigen Mehrwert gegenüber der Erledigung der Aufgabe in Einzelarbeit haben;
- jedes Mitglied muss unverzichtbar/ein echter Mehrwert für die Gruppe sein und eine eigene Aufgabe haben;
- der Arbeitsauftrag an die Gruppe muss klar, präzise und fehlerfrei formuliert sein und alle wichtigen Informationen enthalten (*Was ist zu tun, mit wem* wird gearbeitet [Gruppengröße und -zusammensetzung, ggf. Rollenverteilung], *wie viel Zeit* steht zur Verfügung, was ist das *erwartete Ergebnis, wie/welche Aspekte* der Gruppenarbeit werden bewertet);
- die Gruppenbildung muss überlegt erfolgen. Dabei können die unterschiedlichsten Zusammensetzungen Sinn machen (Sympathie vs. Zufallseinteilung vs. Einteilung nach Leistung/Interesse an Thema vs. ...), je nachdem, welches Ergebnis man anstrebt bzw. welche Kompetenz besonders gefördert werden soll.

Außerdem sollte die Lehrperson nicht nur die Arbeitsweisen und -ergebnisse während der Gruppenaktivitätsphase im Blick haben, sondern auch auf die soziale Dynamik aufmerksam sein, die sich bei Exkursionen, Gruppenbildungen etc. beobachten lässt. Wieder muss man dabei nicht sofort tätig werden, wenn man etwas beobachtet, was man als problematisch empfindet (es sei denn natürlich, das jeweilige Verhalten ist gefährlich oder völlig untragbar), sondern kann es als wichtige diagnostische Information ansehen, auf der aufbauend Interventionen geplant werden können. Mit ruhiger, überlegter Planung lassen sich nicht nur präventive, sondern auch Konfliktthemen meist besser ansprechen und bearbeiten. Das nachfolgende Fallbeispiel illustriert diese Empfehlung.

5.2 Psychische Gesundheit in der Schule stärken

Fallbeispiel: (Voreilige) Intervention der Lehrperson
Kurz vor den Ferien wird an einer Schule der Sekundarstufe ein Sporttag abgehalten. Die Klassen der Unterstufe treten dabei in einem Dodgeball-Turnier gegeneinander an, jede Klasse spielt gegen vier weitere Klassen um den Aufstieg ins Halbfinale. Die Lehrperson einer siebten Schulstufe bemerkt, wie »ihre« Klasse mit besonderem Ehrgeiz bei der Sache ist. Drei Runden wurden bereits gespielt, davon hat die Klasse ein Spiel verloren und zwei gewonnen. Die Schüler:innen besprechen aufgeregt die Aufstellung für den letzten Durchgang. Dabei hört die Lehrperson, dass die ursprünglich geplante Aufstellung (die vorgesehen hatte, dass jedes Klassenmitglied zumindest bei zwei Spielen drankommen sollte) geändert werden soll, da einige besonders ehrgeizige Schüler:innen unbedingt gewinnen wollen und daher nur die besten Kamerad:innen aufstellen wollen, obwohl dann einige zuschauen müssen, die erst einmal gespielt haben. Die Lehrperson wittert Ungerechtigkeit und interveniert; sie ordnet an, dass die ursprüngliche Aufstellung beibehalten werden soll, da es um Spaß und Miteinander gehen soll und der Sieg zweitrangig ist. Beim so abgehaltenen Spiel mit einem weniger starken Team verliert die Klasse und zieht daher nicht ins Halbfinale ein. Viele Schüler:innen der Klasse sind darüber sehr verärgert, die »Verlierergruppe« fühlt sich schuldig und die Stimmung in der Klasse ist noch einige Wochen nach dem Turnier anhaltend schlecht.

Was die Lehrperson nicht wusste: die Klasse hat in der Vorbereitung des Dodgeball-Turniers so gut zusammengearbeitet wie noch nie zuvor. In wochenlangen Vorbereitungen wurden die Aufstellungsoptionen besprochen, gemeinsame Trikots designt und die Schüler:innen trafen sich gemeinsam in ihrer Freizeit zum Training. Auch war es einer der ersten Anlässe, zu dem die ansonsten distanzierten »Mädchen vs. Jungs«-Lager der Klasse miteinander ins Gespräch gekommen waren. Die Lehrperson hat durch ihre Intervention diese Bemühungen ins Negative kippen lassen, bzw. sind die Erinnerungen an die gute Zusammenarbeit vom Ärger über das »Einmischen« der Lehrperson und dem schlechten Ergebnis überschattet.

Alternativ hätte die Lehrperson die Dynamik aus der Entfernung beobachten und sich zunächst mit ihrem (subjektiven) Gerechtigkeitsempfinden zurückhalten können, um die Schüler:innen zu einer selbstbestimmten Lösung kommen zu lassen.

Unabhängig vom Ergebnis hätte die Lehrperson ihre Beobachtungen dann im Anschluss mit der Klasse als Gesprächsanlass über Fairness, Teamgeist und Umgang mit konfliktreichen Situationen nutzen können und Ziele für künftige ähnliche Situationen formulieren lassen können. Dabei hätten wahrscheinlich alle beteiligten Seiten die jeweils andere besser verstanden, die Gesprächsbasis wäre weniger emotional gewesen und die Gemeinschaft wäre dadurch mehr gestärkt worden als durch das Eingreifen der Lehrperson.

Damit Schüler:innen gut in Gruppen zusammenarbeiten, Konflikte lösen und füreinander da sein können, wenn es einmal schwierig wird, sollten weiters in der Schule das aktive Zuhören und das gewaltfreie Kommunizieren nach Rosenberg (2009) geübt werden. Beide Methoden können als Grundpfeiler von Empathiefähigkeit, Fähigkeit zur Perspektivenübernahme und damit von Konfliktfähigkeiten und sozialer Kompetenz angesehen werden; diese wiederum haben potente Wirkung als Schutzfaktoren für die eigene psychische Gesundheit (vgl. zusammenfassend Seethaler, Giger & Buchacher, 2019). Vielfältige Materialien und methodische Vorschläge zur Umsetzung können etwa bei Orth und Fritz (2013) oder Reichenbach (2023) nachgelesen werden.

6 Zusammenfassung und Ausblick

Dieser Band hat aufgezeigt, wie sich die psychische Gesundheit unserer Schüler:innen der Sekundarstufe aktuell darstellt und wie auf sie im Schulumfeld konstruktiv eingewirkt werden kann. Dabei wurde im Einleitungsteil evident, dass Belastungen bei Kindern und Jugendlichen hoch sind und tendenziell vor allem in entwickelten Ländern ansteigen. Langfristige und breit wirkende Stressoren, allen voran die Covid-19 Pandemie und die Nutzung sozialer Medien sowie die ständige Konfrontation mit multiplen Krisen, sorgen augenscheinlich dafür, dass sich dieser Trend auch weiterhin fortsetzen wird.

Der Band zeigt insbesondere für internalisierende Störungen (Depression, Ängste, posttraumatische Störungen, Essstörungen, Verhaltenssüchte und Selbstverletzung) auf, wie zahlreiche Risiko- und Schutzfaktoren in der Entstehung, Aufrechterhaltung, aber auch in der Vermeidung psychischer Probleme zusammenwirken. Diese Erläuterungen werden im zweiten Teil des Bandes insofern nutzbar gemacht, als diese häufigsten internalisierenden Störungen, mit denen Lehrpersonen heute im Schulalltag konfrontiert sind, in ihrer Genese und ihren Erkennungszeichen beleuchtet werden und mit konkreten Hinweisen begleitet werden, wie Schüler:innen mit solchen Problemlagen in Schule und Unterricht begegnet werden kann, aber auch, wie die Erkenntnisse für präventive Maßnahmen in diesen Störungsbereichen genutzt werden können. Die Orientierung an der neuen ICD-11 Klassifikation der WHO erlaubt dabei eine Einordnung und Zusammenfassung der Störungsbilder nach neuesten empirischen und diagnostischen Kriterien, welche bereits in ihrer Implementierung in den Gesundheitssystemen des deutschsprachigen Raums begriffen sind und auch in den nächsten Jahren immer mehr zum Tragen kommen werden. In den präventiven Hinweisen wurde neben ihrer wissenschaftlichen Fundierung großer Wert auf

6 Zusammenfassung und Ausblick

einen hohen Praxis- und Unterrichtsbezug gelegt, da die besten theoretischen Erkenntnisse hohl bleiben, wenn sie nicht direkt in die Praxis transferierbar sind. Dieser Band verfolgt damit u. a. das Ziel, Lehrpersonen und anderen in der Schule tätigen Professionist:innen diese »Transferleistung« für den Bereich der internalisierenden psychischen Störungen abzunehmen bzw. zu erleichtern.

Dieses Prinzip findet sich auch im dritten Teil des Bandes, der der allgemeinen Förderung der psychischen Gesundheit und Resilienz im Umfeld Schule verschrieben ist. Die Auswahl der vorgestellten Methoden erfolgte wiederum vor der Prämisse der einfachen Umsetzbarkeit und Integration in den Unterricht und Schulalltag, aber auch vor jener, dass Schule ein Ort des gemeinsamen Lernens und Wachsens bleiben soll, anstatt therapeutische oder außerelterliche Funktionen zu übernehmen. Obwohl also Kompetenzen in fachlicher Hinsicht (z. B. Hintergrundwissen zu den einzelnen Störungsbildern, ihrer Entstehung und ihres Verlaufs), methodischer (z. B. Gesprächsführung), sozialer (z. B. Ansprechen schwieriger Themen mit Schüler:innen und Eltern) und selbstbezogener Hinsicht (Selbstfürsorge und Abgrenzung) im Umgang mit den vorgestellten Störungsbildern ein Kernanliegen des Bandes sind, möchte er auch ermutigen, sich nicht zu sehr der Fokussierung und Prävention einzelner Störungsbilder zu verschreiben. Wenn auch punktuelle Workshops zu Themen wie Essstörungen oder Smartphone-Sucht den Schulalltag sehr bereichern können und vor allem auch bei Eltern gut ankommen (im Sinne von: »Gott sei Dank, da kümmert sich die Schule jetzt darum, dann muss ich das nicht machen«), ist ihre nachhaltige Wirkung bei Schüler:innen, insbesondere für dauerhafte Veränderungen im Verhalten, nicht immer in dem Umfang gegeben, wie wir es uns wünschen würden (vgl. Lohaus & Domsch, 2009).

Dieser Band plädiert daher insgesamt für eine breitere präventive Ausrichtung von Schule im Zusammenhang mit der psychischen Gesundheit, die es sich insbesondere zur Aufgabe macht, sozialen Zusammenhalt in der Schule und allgemeine Lebenskompetenzen zu unterstützen, um mit den vielfältigen Belastungen, die das Leben

6 Zusammenfassung und Ausblick

heute für uns und die Jugendlichen bereithält, konstruktiv umgehen zu können. Dabei sollte das handlungsleitende Prinzip immer sein, aus den aktuell am Standort gegebenen Möglichkeiten – bei allen systemisch bedingten Einschränkungen – das Beste zu machen. Überfachliche Stärken der Schüler:innen aufzuzeigen, zu stärken und zu nutzen gehört genauso dazu wie soziale Einbindung und ein starker Selbstzugang, der es den Schüler:innen ermöglicht, selbstkompetent festzustellen, welche Gewohnheiten ihnen vielleicht mehr schaden als nutzen und welche Möglichkeiten sie haben, mit negativen Gefühlen umzugehen. Dies geschieht auch vor dem Hintergrund, dass wir unsere Kinder und Jugendlichen unmöglich vor allen negativen Einflüssen schützen können – die rasante Entwicklung der digitalen Technologien und der sozialen Medien sind hier sicherlich das beste Beispiel –, doch das ist aus Sicht dieses Bandes auch gar nicht nötig. Stattdessen sollten wir uns darauf konzentrieren, jene Fähigkeiten der Jugendlichen zu aktivieren und zu fördern, die ihnen helfen, für sich selbst gut zu sorgen und für sich selbst und das eigene Tun (besonders auch im Umgang mit anderen) Verantwortung zu übernehmen. Der Umgang mit Technologien und sozialen Medien spielt hier sicherlich eine Schlüsselrolle, und der selbstkompetente Umgang damit wird uns als eine der größten gesellschaftlichen Entwicklungsaufgaben durch das nächste Jahrzehnt und darüber hinaus begleiten – hier müssen wir alle noch viel dazu lernen. Neben gesellschaftlicher Verantwortungsübernahme dafür, was hier gerade passiert, bewussterer Steuerung und Anpassung von Nutzungsmöglichkeiten werden auf der individuellen Ebene Selbstkenntnis (und Selbstmonitoring) zentral zur erfolgreichen Bewältigung dieser Entwicklungsaufgabe gehören, ebenso wie ein stabiles, tatsächlich (= offline) tragfähiges soziales Netz und vielfältige Bewältigungsstrategien. Schwierigkeiten mutig anzugehen, statt zu vermeiden, und immer wieder den Blick auf jene kleinen Dinge zu lenken, die uns im (Schul-)alltag resilient und als Menschen besonders machen und uns Freude, Gemeinschaftserleben und Sinn bringen – wenn Schule an diesen Fähigkeiten mitwirken kann, hat

6 Zusammenfassung und Ausblick

sie mehr getan, als jeder Bildungs- und Erziehungsauftrag einfordern kann.

Literatur

Al Taher, R. (2016). *Character Strengths und Virtues: The Classification Explained.* Verfügbar unter: https://positivepsychology.com/.

Andersen, A. (2020). *Achtsamkeit im Unterricht. Konzentration, Entspannung und Wahrnehmung trainieren.* Berlin: Cornelsen.

Bauch, J., Rodney-Wolf, K. & Schmitz, J. (2024). *Monitor Bildung und Psychische Gesundheit: Psychosoziale Versorgungstrukturen für Kinder und Jugendliche, schulische Belastungsfaktoren und Versorgungsbarrieren. Einblick in erste Ergebnisse aus den Erhebungswellen 2024.* Verfügbar unter: https://bipsy.de/.

Beblo, T. & Dehn, L. B. (2023). *Neuropsychologie der Depression* (2., überarbeitete Auflage). Göttingen: Hogrefe.

Berger, E., & Fuchs, H. (2007). *Planen, unterrichten, beurteilen: das Wichtigste für die Praxis.* Linz: VERITAS Verlag.

Berk, L. (2019). *Entwicklungspsychologie.* Hallbergmoos: Pearson.

Bildungsdirektion Salzburg (BDS). (2024). *Kinderschutzrichtlinie an Salzburger Schulen.* Verfügbar unter https://www.bildung-sbg.gv.at/service/kinderschutzrichtlinie/kinderschutzrichtlinie.html.

Boley, E., Platz, F. & Wolf, H. (2003). *Bewegte Schule – Bewegtes Lernen* (div. Bände). Leipzig: Klett-Verlag.

Bowlby, J. (2008). *Bindung als sichere Basis. Grundlagen und Anwendung der Bindungstheorie.* München u. a.: Reinhardt.

Brakemaier, E.-L., Wirkner, J., Knaevelsrud, C., Wurm, S., Christiansen, H., Lueken, U. & Schneider, S. (2020). Die Covid-19 Pandemie als Herausforderung für die psychische Gesundheit. *Zeitschrift für Klinische Psychologie und Psychotherapie, 49*(1), 1–31.

Bründel, H. (2014). *Notfall Schülersuizid. Risikofaktoren – Prävention – Intervention.* Erschienen in der Reihe »Brennpunkt Schule«. Stuttgart: Kohlhammer.

Buchheim, A., George, C., Gündel, H. & Viviani, R. (Eds.) (2017). Neuroscience of Human Attachment. *Frontiers in Human Neuroscience, 11*(136), 6–8.

Bundesministerium für Arbeit, Soziales, Gesundheit und Konsumentenschutz. (2018). *Gesundheit und Gesundheitsverhalten von österreichischen Schülerinnen und Schülern. Ergebnisse des WHO-HBSC-Survey 2018.* Verfügbar unter https://www.sozialministerium.at/Themen/Gesundheit/Kinder--und-Jugendgesundheit/HBSC.html.

Literatur

Burwitz-Melzer, E., Riemer, C. & Schmelter, L. (2020). *Affektiv-emotionale Dimensionen beim Lehren und Lernen von Fremd- und Zweitsprachen.* Arbeitspapiere der 40. Frühjahrskonferenz zur Erforschung des Fremdsprachenunterrichts. Tübingen: Narr Francke Attempto.

Castello, A. (2019). Pädagogische Prävention und Intervention bei psychischen Auffälligkeiten im Schulalter. In: D. Urhahne, F. Fischer & M. Dresel (Hrsg.), *Psychologie für den Lehrberuf,* 604–614. Berlin: Springer.

Dalbert, C. (2002). HSWBS. Habituelle subjektive Wohlbefindensskala: Verfahrensdokumentation, Autorenbeschreibung und Fragebogen. In: Leibniz-Institut für Psychologie (ZPID) (Hrsg.), *Open Test Archive.* Trier: ZPID.

De Figueiredo, C. S., Sandre, P. C., Portugal, L. C. L., Mázala-de-Oliveira, T., Da Silva Chagas, L., Raony, I., Ferreira, E. S., Giestal-de-Araujo, E., Dos Santos, A. A. & Bomfim, P. O. S. (2021). COVID-19 pandemic impact on children and adolescents' mental health: Biological, environmental, and social factors. *Progress in Neuropsychopharmacology und Biological Psychiatry, 106,* 110–171.

Delgado, E., Serna, C., Martínez, I. & Cruise, E. (2022). Parental Attachment and Peer Relationships in Adolescence: A Systematic Review. *International Journal of Environmental Research and Public Health, 19* (3), 1064.

De Liz, S. (2022). *Girl on Fire. Alles über die »fabelhafte« Pubertät.* Hamburg: Rowohlt Polaris.

Deutsche Gesellschaft für Essstörungen e.V. (2024). *Verstehen und Behandlung von Essstörungen.* Verfügbar unter https://www.dgess.de.

Ehlers, A. (2025). *Posttraumatische Belastungsstörung.* 7., überarbeitete Auflage. Göttingen: Hogrefe.

Fahlböck, A. (2024). *What is new? – ICD-11, ihre Konzeption und neuen Inhalte.* Unterlagen zur Fortbildungsveranstaltung des Berufsverbands österreichischer Psycholog:innen, 08.02.2024.

Fend, H. (2009). *Neue Theorie der Schule. Einführung in das Verstehen von Bildungssystemen.* Berlin u.a.: Springer.

Flykt, M., Vänska, M., Punamäki, R. et al. (2021). Adolescent Attachment Profiles Are Associated With Mental Health and Risk-Taking Behavior. *Frontiers in Psychology, Sec. Developmental Psychology, 12.*

Gaertner, E. (2016). *Klassenführung als Ressource für die Lehrergesundheit: Eine salutogene Interventionsstudie mit erfahrenen Lehrkräften.* München: Herbert Utz Verlag.

Gasser, M. (2024). *Der Zusammenhang von Entwicklungsaufgaben, Selbstwert und Persönlichkeitsfaktoren während der Emerging Adulthood.* Masterarbeit, Universität Wien.

Gloger-Tippelt, G. (2022). *Bindung in der mittleren Kindheit*. Unterlagen zur Fortbildungsveranstaltung des österreichischen Berufsverbands für Psycholog:innen (BÖP) am 13.01.2022.

Haidt, J. (2024). *The Anxious Generation. How the Great Rewiring of Childhood is Causing an Epidemic of Mental Illness*. Dublin: Penguin Random House.

Heil, P. (2024). *Soziale Arbeit in der Schule. Aktuelle Herausforderungen*. Unterlagen zur Fortbildungsveranstaltung an der Paris Lodron Universität Salzburg am 11.4.2024.

Harter-Reiter, S. (2019). Prüfungsangst – wahrnehmen, verstehen und angemessen reagieren. In: E. Seethaler, S. Giger & W. Buchacher (Hrsg.), *Gesund und erfolgreich Schule leben*, 151–159. Bad Heilbrunn: Verlag Julius Klinkhardt.

Heinrichs, N. & Lohaus, A. (2020). *Klinische Entwicklungspsychologie kompakt: Psychische Störungen im Kindes- und Jugendalter* (2. Auflage). Weinheim: Beltz.

Huber, S. G., Günther, P. S., Schneider, N., Helm, C., Schwander, M., Schneider, J. A. & Pruitt, J. (2020). *Covid-19 -aktuelle Herausforderung in Schule und Bildung. Erste Befunde des Schulbarometers in Deutschland, Österreich und der Schweiz*. Münster: Waxmann.

Ingram, R. & Luxton, D. (2005). Vulnerability-Stress Models. In: A. Hankin (Ed.), *Development of Psychopathology*, 32–46. New York: Sage.

Juen, B. (2010). *Grundlagen der Gesprächsführung in der Krisenintervention*. Unterlagen zum Ausbildungsseminar in klinischer Psychologie und Gesundheitspsychologie für die Arbeitsgemeinschaft für Verhaltensmodifikation (AVM), Salzburg.

Keyes, K. M., Kreski, N. T. & Patrick, M.E. (2024). Depressive Symptoms in Adolescence and Young Adulthood. *Psychiatry, JAMA Network Open, 7*(8).

Kirsch, C., Engel de Abreu, P. M. J., Neumann, S. & Wealer, C. (2021). Practices and experiences of distant education during the COVID-19 pandemic: The perspectives of six- to sixteen-year-olds from three high-income countries. *International Journal of Educational Research Open, 2*(2), 1004–1009.

Klicpera, C., Gasteiger-Klicpera, B. & Besic, E. (2019). *Psychische Störungen im Kindes- und Jugendalter* (2. Auflage). Wien: Facultas.

Lengning, A. & Lüpschen, N. (2019). *Bindung* (2., überarbeitete Auflage). München u.a.: utb.

Liu, X., Yang, F., Huang, N., Zhang, S. & Guo, J. (2024). Thirty-year trends of anxiety disorders among adolescents based on the 2019 Global Burden of Disease Study. *General Psychiatry, 37*(2), 1-12.

Lohaus, A. & Domsch, H. (Hrsg.). (2009). *Psychologische Förder- und Interventionsprogramme für das Kindes- und Jugendalter*. Berlin: Springer.

Literatur

Madigan, S., Racine, N., Vaillancourt, T., et al. (2023). Changes in Depression and Anxiety Among Children and Adolescents From Before to During the COVID-19 Pandemic: A Systematic Review and Meta-analysis. *JAMA Pediatrics 2023, 177*(6), 567–581.

Mauritz, S. (2024). *Resilienzmodelle im Vergleich*. Verfügbar unter: https://www.resilienz-akademie.com/resilienz-allgemein/resilienzmodelle-im-vergleich/.

Medienpädagogischer Forschungsverbund Südwest (mpfs) (2023). *JIM-Studie 2023: Jugend, Information, Medien*. Stuttgart: mpfs. Verfügbar unter: www.mpfs.de1.

Mei, F. & Wang, Z. (2024). Trends in Mental Health: A Review of the Most Influential Research on Depression in Children and Adolescents. *Annals of General Psychiatry, 23*(36).

Mongrain, M. & Anselmo-Matthews, T. (2012). Do Positive Psychology Exercises Work? A Replication of Seligman et al. *Journal of Clinical Psychology, 68*(4), 382–389.

Österreichische Gesundheitskasse (Hrsg.) (2025). *Unsere Emotionen. Lehrkräfte-Handbuch*. Zum Download verfügbar unter https://www.gesundheitskasse.at/cdscontent/load?contentid=10008.770427undversion=1662555680.

Oktan V. (2017). Self-Harm Behaviour in Adolescents: Body Image and Self-Esteem. *Journal of Psychologists and Counsellors in Schools, 27*(2), 177–189.

Otto, C., Reiss, F., Voss, C., Wüstner, A., Meyrose, A. K., Hölling, M. & Ravens-Sieberer, U. (2021). Mental health and well-being from childhood to adulthood: design, methods and results of the 11-year follow-up of the BELLA study. *European Child and Adolescent Psychiatry, 30*, 1559–1577.

Pennock, S. F. & Alberts, H. (2020). *3 Strenghts Exercises for Helping Professionals*. Verfügbar unter www.PositivePsychology.com.

Perrez, M. & Baumann, U. (Hrsg.). (2011). *Lehrbuch Klinische Psychologie - Psychotherapie* (4., aktualisierte Auflage). Bern u.a.: Huber.

Peterson, C. & Seligman, M.E. P. (2004). *Character Strengths and Virtues: A Handbook and Classification*. New York: Oxford University Press.

Pieh, C., Dale, R., Plener, P. L., Humer, E. & Probst, T. (2022). Stress Levels in High-School Students after a Semester of Home-Schooling. *European Child und Adolescent Psychiatry, 31*(11), 1847–1849.

Rabanek, R. (2022). *Psychische und schulische Auswirkungen der Corona-Pandemie auf Kinder und Jugendliche in der 6.-8. Schulstufe am Bundesgymnasium Gmunden – Ressourcen, Resilienz und psychische Gesundheit in Pandemiezeiten*. Unveröffentlichte Masterarbeit, Universität Salzburg.

Raufelder, D. & Hoferichter, F. (2018). *Prüfungsangst und Stress. Ursachen, Wirkung und Hilfe*. Stuttgart: Kohlhammer.

Ravens-Sieberer, U., Kaman, A., Erhart, M., Devine, J., Schlack, R. & Otto, C. (2022). Impact of the COVID-19 pandemic on quality of life and mental health in children and adolescents in Germany. *European Child und Adolescent Psychiatry, 31*(6), 879–889.

Reed, G. M., First, M. B., Kogan, C. S., Hyman, S. E., Gureje, O., Gaebel, W., ... & Saxena, S. (2019). Innovations and Changes in the ICD-11 Classification of Mental, Behavioural and Neurodevelopmental Disorders. *World Psychiatry, 18*(1), 3–9.

Reichenbach, C. (Hrsg.). (2023). *Handbuch Heilpädagogischer Konzepte und Methoden.* Stuttgart: Kohlhammer.

Richardson, R., Connell, T., Foster, M. et al. (2024). Risk and Protective Factors of Self-harm and Suicidality in Adolescents: An Umbrella Review with Meta-Analysis. *Journal of Youth Adolescence, 53,* 1301–1322.

Rothauer, R.-T. & Ertl, B. (2024). *Manual zum Projekt »Beweg' Dich – Fühl' Dich wohl«,* erarbeitet im Rahmen der Lehrveranstaltung »Projekt Beratung, Diagnose, Elternarbeit« des Masterstudiums Lehramt an der Paris Lodron Universität Salzburg im SS 2024.

Schabus, M. & Eigl, E-S. (2021). »Jetzt Sprichst Du!« Belastungen und psychosoziale Folgen der Coronapandemie für österreichische Kinder und Jugendliche. *Paediatr. Paedolog.* 56, 170–177.

Scherzinger, N. & Wettstein, A. (2022). *Beziehungen in der Schule gestalten. Für ein gelingendes Miteinander.* Erschienen in der Reihe »Brennpunkt Schule«. Stuttgart: Kohlhammer.

Schnebel, S. (2017). *Professionell beraten: Beratungskompetenz in der Schule* (3., aktualisierte und erweiterte Auflage). Weinheim und Basel: Beltz.

Schramme, T. (2023). Health as Complete Well-Being: The WHO Definition and Beyond. *Public Health Ethics, 16* (3), 210–218.

Schwab, S. & Fingerle, M. (2013). Resilienz, Ressourcenorientierung und Inklusion. In: S. Schwab, M. Gebhardt, E. Ederer-Fick & Gasteiger-Klicpera, B. (Hrsg.), *Theorien, Konzepte und Anwendungsfelder der inklusiven Pädagogik,* 97–108. Wien: Facultas.

Schwer, C. & Solzbacher, C. (Hrsg.) (2014). *Professionelle pädagogische Haltung: historische, theoretische und empirische Zugänge zu einem viel strapazierten Begriff.* Bad Heilbrunn: Klinkhardt.

Seligman, M. E. P., Steen, T. A., Park, N., & Peterson, C. (2005). Positive Psychology Progress: Empirical Validation of Interventions. *American Psychologist, 60*(5), 410–421.

Literatur

Sheldon, K. M. & Lyubomirsky, S. (2006). How to Increase and Sustain Positive Emotion: The Effects of Expressing Gratitude and Visualizing Best Possible Selves. *Journal of Positive Psychology, 1*(2), 73–82.

SINUS-Institut (2024). *SINUS-Jugendstudie 2024: Wie ticken Jugendliche?* Berlin: Bundeszentrale für politische Bildung. Verfügbar unter: sinus-institut.de.

Siwek-Marcon, P. (2008). *Social Support, Social Integration, and Stress at Work. A Framework for Theory and Practice.* München: VDM Verlag.

Siwek-Marcon, P. (2022). *Klassenführung durch Beziehung. Grundlagen und Handlungsstrategien.* Erschienen in der Reihe »Brennpunkt Schule«. Stuttgart: Kohlhammer.

Sommerfeldt, V. (2021). *Der Einfluss von Motivation und Ergebniserwartung auf den Erfolg der Positiv-psychologischen Intervention »three good things in your life« von Seligman.* Masterarbeit, Universität Salzburg.

Stern, T. (2010). *Förderliche Leistungsbewertung* (2., ergänzte und aktualisierte Auflage). Wien: Österreichisches Zentrum für Persönlichkeitsbildung und soziales Lernen (ÖZEPS) im Auftrag des BMUKK.

Thun-Hohenstein, L., Lampert, K. & Altendorfer-Kling, U. (2020). Resilienz – Geschichte, Modelle und Anwendung. *Zeitschrift für Psychodrama und Soziometrie, 19*, 7–20.

Wittchen, H.U. & Hoyer, J. (Hrsg.). (2011). *Klinische Psychologie und Psychotherapie (Lehrbuch mit Online-Materialien).* Berlin u.a.: Springer.

World Health Organisation (WHO). (2024). *ICD-11 for Mortality and Morbidity Statistics. Chapter 6: Mental, behavioral and neurodevelopmental disorders.* Verfügbar unter https://icd.who.int/browse/2024-01/mms/en.

Wylock, J. F., Borghini, A., Slama, H. & Delvenne, V. (2023). Child Attachment and ADHD: a Systematic Review. *European Child and Adolescent Psychiatry, 32*, 5–16.

Zetterqvist, M. (2015). The DSM-5 Diagnosis of Nonsuicidal Self-Injury Disorder: a Review of the Empirical Literature. *Child and Adolescent Psychiatry and Mental Health, 9*(31), 1–13.

Zimmermann, D. (2017). *Traumatisierte Kinder und Jugendliche im Unterricht. Ein Praxisleitfaden für Lehrerinnen und Lehrer.* Weinheim u.a.: Beltz.